管理的智慧

衡水二中的腾飞

叶水涛 著

上海教育出版社
SHANGHAI EDUCATIONAL
PUBLISHING HOUSE

序言

用精神去哺育、丰富学校的文化生命体

衡水二中是个引人入胜的地方,有许多现象引人深思,因而引发了诸多教育的想象。叶水涛先生这本著作,真实记录并深度分析了衡水二中现象,更引人入胜,令人深思。

读了水涛先生的书,我自然想到学校观。作为学校,应当有其基本规定性,基本规定性决定了学校的共同原则与特点,折射出教育的基本规律。值得注意的是,在坚守基本规定性的前提下,又应当提倡和鼓励学校有自己的独特性,即个性或曰风格,而个性、风格往往表现为不同的办学主张、不同的办学形态。其实,个性抑或风格从另一个角度折射了教学规律,丰富了我们对基本规定性、基本规律的认识。这样的教育世界才是真实的,才是多彩的,才是生动的。再从更大的视角看,世界如此之广袤,如此之多样,万物丛生,各具形态,呈现多样化、多元化的特点,犹如大森林,亦犹如百花园。正因为此,世界才是真实的,才是多彩的,才是生动的。而学校形态正是这个大世界的一片风景。

不难理解,对待学校,对待不同形态的学校,我们应当有包容心,而且应

为此而高兴、自豪。心胸开阔，视野拓展，教育的格局才会更大；办学多元、形态丰富，教育的生态才会更好。这是共识，也是我们不懈的追求。

水涛先生多次走进衡水二中，每次都是深入了解，和校长聊天，学校的一切情景都入他的眼，入他的心。走马观花、浮光掠影绝对不在他的词典。眼见为实，心有深思，他对衡水二中的评价是客观的。衡水二中正是这样一所具有独特形态的学校，始终不忘初心，探索规律，立德树人，如果用一句话来概括，那就是用精神哺育了一个新的文化生命体。

二中一直在追求教育的高质量发展。在追求的过程中，遇到了不少的困惑和困难，这很正常。可贵的是，在校长秦海地的主持下，二中直面问题、正视困难、反思改进、从不放弃，更没抛却自己的理想，坚守信念，并坚定不移、持之以恒。从而金石可镂，生出精彩，创造佳绩，二中呈现出可持续、持久性、高质量发展的态势与特点。这实属不易，更难能可贵。

高质量说到底是育人的高质量。一个再"常识"不过的常识是，育人首先要研究人，不断地认识人、不断地发现人，做好人的工作，把人放在办学校的制高点上。倘若，育人的对象不了解，怎能有真正的育人？怎能有高质量的育人呢？而二中对"人"——学生的认识、发现，着眼于精神的发育与成长。这道理似乎大家都知道，但又很难做到。人是一个精神的存在。马克思说："人，并不是蹲在世界之外的抽象的存在。人，意味着人的世界，意味着国家，意味着社会。"人，不能物理性地蹲着，也绝不是物理性地站立，而是精神站立起来，挺起精神的脊梁，为着自己，更是为着国家。因此，在二中，学生的精神成长是和理想教育、确定人生信念联系在一起的。当然，这里面有个绕不开的现实问题：有个好成绩，考上一所好大学。二中没有回避，而是以此为触发点，让学生"小我"融入"大我"，培植爱国情，磨砺强国志，实践报国行，生命与祖国的心脏一起跳动，为民族复兴而澎湃。这样的教育才是切实的，不是空洞的说教，更不是虚伪的托词。恰恰相反，学生会有亲身感、真实感，进而内化为一种动力，以新动能驱动自己勤奋、刻苦学习，天天进步，不断发展；这也就增强了学生的自我效能感，在进步中增强自信，走向成功。可以说，人的生命有机体是由精神来哺育、来支撑的。

二中的高质量发展，形成了良好的师生关系。在二中，教师与学生互相尊重，师生关系成为一种连接，在连接中互相理解、互相关心。连接更多的是陪伴、鼓励、点燃、激发；连接是情怀的关照、精神的鼓舞。秦海地校长说，教师的精神状态，决定着学生的精神状态，无论是校长、教师还是后勤服务人员，都有一腔炽烈的情怀……他们潜心教育，把教育视作终身追求的精神境界；他们的责任心、事业心、进取精神，支撑起二中的高质量和高水平。学生是有血有肉的人，也是有情有义的人，他们都有一颗敏感的心，他们都有吸收性的心理，教师的所有付出，他们都看在眼里，记在心里，用好好学习去回报。这种文化的、精神的连接，形成了学校特有的"精气神"，营造了良好的生态，师生们共同用精神哺育、丰富了衡水二中这一生命有机体。

在这生命有机体中，难免会发生一些碰撞甚至是冲突，二中都能把握好、处理好。概括起来有以下几个方面：一是关于严格和自由。有的学校提出的主张是"自由而严格"，有的学校则相反，主张"严格而自由"。不同的词序有不同的价值认知和追求。在二中同样存在这样的情况。二中在严格的规范中寻求解放与自由，在两者中求得平衡，形成张力。二是学习方式和学习志向。二中重视学习方式的变革，但他们始终把学习志向放在首位，着力解决学生的志向问题，确立理想、抱负和使命感的问题。显然，他们的做法更有深度。三是坚守和创新问题。他们以更务实的态度来对待学校发展，坚持返璞归真、守正创新，在守正中创新，在创新中坚守初心和道德规范。从总体上看，衡水二中有种辩证法，有大智慧，因而形成风度；有精神的坚毅，还有"咬定青山不放松"的风骨，因而形成大气象。我从水涛先生的著作中读出了一个值得称颂的衡水二中。

海德格尔曾说："一切本质的和伟大的东西，都从人有个家并且在传统中生了根这一点产生出来。"衡水二中是个大家的"家"，是师生的精神家园，根植于中华优秀传统文化之中，产生一种务实、奋斗、创新的精神，哺育并丰富了学校文化生命体。这是一种美，是一种壮美，"按着美的规律去塑造"，马克思的这一概述，似乎也在二中得到初步的实现。

　　谢谢水涛先生给我们带来了新的学校观、教育观和发展观。

成尚荣

（江苏省教科所原所长，第七届国家督学。

现为教育部基础教育课程改革专家委员会委员、

中小学教材审查委员、中国教育学会学术委员会顾问）

2023年6月14日

目录

第一章 ｜ 思想溯源：中华优秀传统文化的坚守　　001

　　工匠精神的本质：止于至善　　003

　　养成教育的根基：孝悌文化　　007

　　真诚品质的意境：鸢飞鱼跃　　011

　　感恩之心的培育：感谢有你　　015

　　生命意义的追寻：知行合一　　019

　　精神力量的彰显：走向超越　　023

　　秦校长的自律：素其位而行　　027

　　君子务本，本立而道生　　031

　　仁以修德：教育的境界　　036

　　自强不息应对高考的拼搏　　040

第二章 ｜ 理论意蕴：现代教育思想的校本探索　　045

　　学会做事：细微之处见精神　　047

　　学会发展：由技及道见境界　　051

学会合作：集体人格的培养　　　　　　　　　055

学会认知：知识的迁移与创新　　　　　　　　059

学会生存：奋斗的青春最美丽　　　　　　　　064

励志教育：遇见最好的自己　　　　　　　　　068

教师：爱心·敬业·奋进　　　　　　　　　　073

学生：自信·专注·自强　　　　　　　　　　077

孕育学校发展的精气神　　　　　　　　　　　082

衡水二中的"风骨"　　　　　　　　　　　　　087

立身处世的"风范"　　　　　　　　　　　　　091

发展的源泉，成长的根基　　　　　　　　　　096

"气"：秦海地的教育哲学　　　　　　　　　　101

气场：衡水二中的文化风景　　　　　　　　　105

第三章 ｜ 制度创新：科学精神与人文关怀的融合　　　109

向下生根　向上飞扬　　　　　　　　　　　　111

树高千尺　根深叶茂　　　　　　　　　　　　115

打好生命成长的底色　　　　　　　　　　　　119

精致的境界与生命的精彩　　　　　　　　　　124

生命的活力与校服的风采　　　　　　　　　　128

素质教育促进高考升学　　　　　　　　　　　132

提升综合素质　助力全面发展　　　　　　　　136

营造自然本真的教育生态　　　　　　　　　　140

精神立校　文化育人　　　　　　　　　　　　144

健全的性格和理想的学府　　　　　　　　　　148

构建学生的精神家园 152

校长的感召力和凝聚力 157

第四章 | 实践探索：高质量创新发展的行动研究 161

为政在人 取人以身 163

高效课堂的风景 167

教学相长 相得益彰 171

青春因融入高考而美丽 175

在迎考中历练人生 179

"毛尖草"的生长奇迹 184

激情燃烧的校园 188

真诚的坚守 虔诚的等待 192

这是信仰，更是使命 196

致广大而尽精微 200

集体备课与个人风采 205

从集体备课到一课双讲 209

高考减压：一个永恒的话题 213

课程资源的本土化和多样性 217

开辟第二课堂 拓宽学习空间 221

第五章 | 品牌魅力：育人范式的美誉度和示范性 225

坚守教育的精神高地 227

打响自己的办学品牌 231

低进优出　不断超越 235

务实的作风　实干的精神 239

托起希望的明天 243

做强高中教育品牌 247

办好县中,促进教育均衡发展 251

坚守中华民族的文化阵地 256

完善中华优秀传统文化教育 260

《衡水日报》记者的采访 264

对话《燕赵都市报》记者 268

且听《中国教育报》怎么说 272

参考文献 276

第一章 | 思想溯源：中华优秀传统文化的坚守

　　作为一个拥有悠久历史和灿烂文化的民族，我们的思想和行为方式都深受传统文化的影响。中华优秀传统文化不仅是我们的精神财富，更是我们民族的独特标识和精神支柱。因此，我们必须坚守和弘扬优秀传统文化，在学校教育与管理中充分体现对传统文化的尊重和珍视。

工匠精神的本质：止于至善

因出色的办学业绩、奇迹般的高考升学率，衡水二中享誉全国。前来参观的"取经者"络绎不绝。光环也会带来阴影，衡水二中赢得巨大声誉的同时，伴随着各种误解和非议。最大的误解莫过于对学校文化品位的低估。一些没有到过这所学校的专家、学者，想当然以为这是一所军营式的学校，只有严苛的管理、极限的训练、单调压抑的校园生活；以为这是应试的典型，是文化的沙漠，茫然被动的学生被培养成考试的机器，升学是他们唯一的目标。真实的衡水二中到底是什么样的，支撑奇迹的是一种什么精神力量，创造这一奇迹的校长有怎样的学术素养和文化品位？这是人们普遍关心的，也是隐约感到好奇的。《且把年华许杏坛：走在高中教育探索之路上》，是秦海地在人民日报出版社出版的一本专著，全方位展示了一位校长的教育思想与理想追求，以及学校管理实践中的智慧、境界和文化自觉，多角度、多层次地折射出一种独特的文化风采。这本书向我们展示了一所真实的衡水二中，真实显示了一位校长的精神世界，展示了他的奋斗、自律以及魅力之所在。

高中学校需要培养学生的工匠精神，这是秦海地非常明确且坚定的教育主张。怎样培养？他认为首要的是培养学生对"至善"的追求，这是对工匠精神的文化定位。谈工匠精神，人们大多留意于"工匠"，而对特定的"精神"有所忽略；谈工匠精神，人们大多着眼于精工细作，而对特定的文化内涵缺少关注。秦海地为什么特别强调对"至善"的追求，什么是他所说的"至善"呢？秦海地在著作中是这样论述的——"《大学》开篇言道：'大学之道，在明明德，在亲民，在止于至善。'所谓'至善'，就是将修身、齐家、治国、平天下的外王要求和正心、诚意、致知、格物的内圣要求完美结合。传统经典对于至善的人生要求与我们倡导的精雕细琢、精益求精的工匠精神如出一辙。"这番话显然很有思想的深度，具有文化立意的高度《大学》《中庸》《论语》《孟子》合称"四书"，是中华文化的经典之作，也是中国古人的必读书目。四书中《大学》的地位很特殊，宋代的程颐认为：《大学》是读书人修养德行的门径，古人做学问先读《大学》，接着是《论语》《孟子》《中庸》。《大学》开篇，揭示教育的宗旨在于"明德"，即德性的培育；教育的目的在培养人，即造就一代新人；教育的最高境界在"善"的极致，契合秦海地所提及的"正心、诚意、格物、致知、修齐、治平"，"内圣外王"则是儒家成"仁"的目标，现代新儒家振兴与弘扬中华文化，念兹在兹的是要"内圣"开出新"外王"。

　　《大学》的开篇，是工匠精神的文化基石，是衡水二中的文化土壤，是秦海地管理思想的源泉，他对学生的教育和培养奠定在这一基础之上。从这里，我们可以看到衡水二中的文化追求，看到一位校长的文化自觉。校长与校长的不同、学校与学校之间的差异，很大程度上在于文化修养和境界追求的高低，在于文化建设是否到位、文化视野是否开阔，以及对自身教育理念的阐释是否具有文化观照。衡水二中的教育实践中贯穿着民族文化的脉络，校长的学校管理中渗透着民族文化的智慧，师生的成长和发展得益于民族文化的精神滋养，这一切恰恰是衡水二中的独到之处，也是秦海地作为校长的过人之处。教育对于社会的发展有最为基本的两项职能，也是体现教育本质的规定：一是体现国家意志，二是传承民族文化。衡水二中丰富的文化内涵、秦海地管理学校的文化立意，使工匠精神获得完整的解读，在价值导向、文化立意和实践创造的统一中，由群体至个体体现了教育对个体发展的功能，有力地促进了师生全面而和谐的发展。显然，如果没有文化的视角，你就无法看到一个真实的衡水二中，无法透过现象看到它的本质和内涵；如果没有相应的文化素养，你就很难理解秦海地并产生情感的共鸣，对他的学习与借鉴也就很难深入。

由于政策的原因，衡水二中处于二批次招生序列，生源质量与河北省的其他名校相比有相当大的差距。秦海地认为，学生之间差距的产生并非源于智力和能力，而是源于孩子自身优秀习惯是否欠缺。因此，衡水二中提出：孩子的不良习惯改变多少，优秀习惯培养多少，他的能力就可以提升多少，素质就可以提高多少。这是衡水二中"原生态"教育理念的核心思想，也是自信心得以建立并坚定不移的理论基础。这所学校始终洋溢着一种众志成城的文化自信。学校着力于培养孩子的良好习惯，以工匠精神的培育为切入口，引导学生全身心地追求一种"至善"的境界。"超越永无止境"是衡水二中的校训，它的核心精神便是对"至善"的追求。秦海地说："我们以精神立校，超越精神是二中精神的核心。它不是镌刻在墙壁上的冰冷的文字，而是植根于每一位同学的脑海中，内化于心，外化于行。"在"超越永无止境"的精神感召下，同学们只为成功找方法，不为失败找借口。在衡水二中，每天都有自觉或不自觉的竞争：班级对抗赛、宿舍对抗赛、小组对抗赛、个人挑战赛，比赛的内容包括跑操、班级誓言、自习课状态、教室卫生等，竞争的目的不是压倒对手，而是探索自己所能达到的新高度。

雅斯贝尔斯曾说："所谓教育，不过是人与人的主体间灵肉交流活动（尤其是老一代对新一代），包括知识内容的传授、生命内涵的领悟、意志行为的规范，并通过文化传递功能，将文化遗产教给年轻一代，使他们自由地生成，并启迪其自由天性。"教育作为培养人和造就人的事业，就本质而言是人类广义的文化活动，它使质朴的人成为雅致的人，即有教养的人；使每个人走向生命的自觉。《大学》所主张的"至善"，与马克思所说的"按美的规律建造"，在培养人的价值取向上是基本一致的。秦海地对教育理想的追求，与雅斯贝尔斯对教育的定义高度吻合。雅斯贝尔斯还说道："教育活动关注的是，人的潜力如何最大限度地调动起来并加以实现，以及人的内部灵性与可能性如何充分生成。换言之，教育是人的灵魂的教育，而非理智知识和认识的堆集。"教育以发展人的潜力为归宿，在人的发展向度上，他特别重视灵魂的发展。秦海地主张工匠精神的重点不在于培养一种技能，而在于培养一种追求"至善"的精神境界，雅斯贝尔斯所关注的，也正是秦海地所关注的，尽管具体内涵有所不同，但价值取向是一致的。

衡水二中致力于激发学生对第一、优秀、完美、极致的渴望，学校每次大型集体活动时，学生都会喊响"二中第一，我们第一"的经典口号。秦海地说："这两句口号化作了二中人舍我其谁的极度自信，这种自信绝不是争学习成绩的第一名，而是对学习、生活的一种态度、一个标准和一种境界。"经验可以借鉴，但智慧不可以复制。每年来衡水二中观摩、学习的校长很多，他们从不同的角度获得了启迪，但要完成衡水二中同样的业绩，则不是一件容易的事。一所学校的成功，一个校长的脱颖而出，受多方面条件的制约。诚如恩格斯所言，任何典型都是特定的，是一个"这个"。秦海地的脱颖而出，衡水二中的卓著成就，具有鲜明的文化个性，同时又具有普适性的价值和意义。到过衡水二中的校长和教师，对这所学校最直观的感受和最鲜明的印象，大概是这所学校管理的精细，以及师生精气神的充沛。这里充满着活力，有一种蓬勃向上的气势。教师的工作热情与奉献精神，尤其让来访者感叹。止于至善，是工匠精神的文化内涵，也体现了衡水二中的文化品位。

养成教育的根基：孝悌文化

　　当年的低分学生，一个个扬眉吐气步入"211""985"高校，乃至叩开清华、北大的大门，这固然令人叹服，但孩子的懂事，对父母的体贴孝敬，更让家长感到欣慰和欣喜。三年的高中学习，孩子像换了一个人，懒散的变勤快了，疏远的变贴心了，这怎能不让做家长的感到舒心呢？（420）班陈宇彤的家长狄荣曾说："入学一个月后，女儿放假回家，一进家门就说：'妈，您以后晚上别等我电话，我中午打，我怕影响您休息；奶奶，这是老师奖励我的旺仔牛奶，您尝尝。'全家人先是惊讶，继而脸上洋溢起幸福的笑容。以前的那个全家人围着转的小公主变了，长大了。我们感受到有一种温暖叫感恩。"（444）班张婧婷的家长张彦栋回忆说："放假那天，我拎着空行李箱去接她。开完家长会，她拉着我穿过人头攒动的校园回到教室。像是怕我丢了似的，她关照我'就在这儿站着，别乱走'。等她收拾好书本，又嘱咐我在墙根站着别动，她则挤过操场熙熙攘攘的人群去拿行李。出校门时，她抢着拎装满书的沉重的行李。走在她身后，我倒手足无措起来。那一刻感觉孩子一下子长大了，不是我在照顾她，而是她在照顾我。"

　　梁启超说，瓦特看到沸水冲开了壶盖，于是发明了蒸汽机；而中国人看到羊羔跪着吸奶，则想到子女对父母的感恩。梁启超所举的两个例子，形象地说明了东西方文化的区别。西方文化着眼于人与自然的关系，注重对物质世界的研究，因而有发达的自然科学。中华文化着眼于人与人的关系，注重对人情伦理的探究，因而有鲜明的人文色彩。西方文化对"人是什么"有刨根究底的追问，中华文化更多的是对"人应该是什么"的思考。如果说西方文化比较强调科学、民主和个人自由，那么中华文化则比较推崇仁爱、责任和集体归属。与西欧文艺复兴时期的以人为本位、以人文主义精神为中心、强调法治的人文主义思潮不同，自古以来，中华民族精神的核心都是爱国主义，注重伦理和道德，以家庭为本位，以伦理为中心。中华文化重视人，主要表现在将个体融入群体之中，强调人对宗族和国家的义务，是一种以道德修养为宗旨的人本主义。

衡水二中是一个奇迹，奇迹之"奇"，不在于神话般的升学率，而在于其植根民族文化土壤的自觉，在于它所铸就的独特的精气神。教育以立德树人为根本宗旨，高中学校不能仅仅盯着升学率，比升学更重要的是对学生的品格培养。然而，对学生的品格培养需要有一个切入点，学生的精神发育需要一个生长点。从感恩出发，培养学生健康苗壮的精气神，衡水二中把重点放在对学生孝心孝行的培育上，秦海地认为感恩始于行孝，基于血缘亲情的德育更接地气，更能入脑入心。在中国传统道德价值观中，"亲亲"原则和"孝悌"观念的建立，不仅把"家庭"提高到人生中最重要的生活群体的地位，而且把维系家族血缘和群体感情的"孝悌"观念确定为最具普遍性的伦理模式和最高的道德价值。换言之，子女对父母的敬爱之情是基于人性中的"良知"。"仁者爱人"，孝悌是"仁"的源头。因此"爱人"应以爱自己的父母为起点，"亲亲"必从"孝悌"开始。《孝经》说："不爱其亲而爱他人者，谓之悖德；不敬其亲而敬他人者，谓之悖礼。"

或许会有人认为，感恩教育的重要性是否被拔高了，对孝心孝行的重视是否有复古的嫌疑，是否为学校德育的萎缩和窄化呢？其实，这样的认识存在一个很大的误区，即忽略了教育继承与弘扬民族文化的责任和使命，忽视了中华优秀传统文化对人格塑造的特殊作用。儒家认为孝是天经地义的至德要道，是百行之本，万善之先。汉唐以来，我国有一条选拔人才的不成文规定，即"求忠臣必于孝子之门"。孝悌之道为中华民族文化心理结构的建设构筑了万古常新的基石，它是中华优秀传统文化的核心内容。爱父母，爱兄弟姐妹，爱亲人故旧，爱故乡梓里，是爱国主义的土壤，而这种感情源于孝悌。一个在孝悌氛围中长大的人，他的感情也会深沉而执着。这份感情扩而充之，发扬光大，便是仁民爱物的高尚情操。正确的人生观、世界观、价值观的确立，内心世界的充实和涵养，都与亲情有关。因此，《孝经》说："夫孝，德之本也，教之所由生也。""孝"是"仁"（或"德"）的根本出发点，是家庭伦理的核心观念，也是教育的精神源头，以及人道德成长的基点。

学校是师生共同生活的集体，稳定的秩序、和谐的人际关系，是学校运行的基础，也是学校管理的基本要求。立德树人是教育的宗旨，而尊敬师长、友爱同学、遵章守纪，则是学生道德伦理的基本准则。学生的道德伦理是怎样生发的，学校该进行怎样的培育和引导？这是学校教育和管理首先需要厘清的。孟子说："人伦明于上，小民亲于下，有王者起，必来取法，是为王者师也。"（《孟子·滕文公上》）由国家兴办教育是国家传统，教育可帮助"王"进行国家管理。孟子认为教育的目的首先必须"明人伦"。"人伦"代表人际关系的伦理，它的重点在"次序"与"脉络"。从社会来讲，就是社会秩序；从企业管理来讲，则是彰显个人在团队中的定位与伦理，从而整合团结力量，弘扬团队精神。血缘亲情是伦理的基点，孟子特别强调："父子有亲，君臣有义，夫妇有别，长幼有序，朋友有信。"（《孟子·滕文公上》）这"五伦"可迁移于各种管理，而亲情之"孝"，是"五伦"的生长点。孟子特别看重的人伦关系，应用在学校管理上，对秦海地深具启发意义。

现当代西方史学发展史上，汤因比是西方史学现代转型中的代表人物，他总结出世界文明研究的三种"模式说"，即各具特征的希腊模式、中国模式和犹太模式。1972年5月和1973年5月，他在与日本佛学家、社会活动家池田大作的两次对话中，一再称颂中华民族所确立的美德能代代相传，并对中国文明的独特地位及其在未来世界中的引领作用充满了期待。他明确地指出："中国有担任这样的未来政治任务的征兆，所以今天中国在世界上才有惊叹的威望。"

孝文化，作为一种失落已久的传统，在社会上得不到应有的重视。衡水二中对孝悌之道重新界定，挖掘其传统的价值内涵，并赋予时代的内容和特色，形成强大的精神内驱力，提升了师生的道德境界，也大幅度提升了学校的教育质量。秦海地说："失去水分的滋润，土地会变成沙漠；没有感激的滋养，人心也会变得荒芜。不知感恩的人，纵使给他阳光，日后也不会散发出生命的温暖。感恩是善良的种子，学生们感恩父母的生养之情，疼惜亲人、热爱家庭，用自己的实际行动踏出了感恩父母的笔直大道。"衡水二中所创造的教育奇迹，莘莘学子孝敬父母的拳拳之心，充分显示了中华传统文化的意义和力量，这也极大地激发和增进了我们的民族自信心。

真诚品质的意境：鸢飞鱼跃

　　"……常回家看看，常回家看看，哪怕帮妈妈刷刷筷子洗洗碗，老人不图儿女为家做多大贡献呀，一辈子不容易就图个团团圆圆……"这首歌回旋反复、声情并茂，一经唱出便风靡全国，唱出了父母的肺腑之言，也有力地拨动着每个孩子的心弦。孩子是父母的全部希望，特别对中国的父母来说，往往含辛茹苦，无怨无悔。望子成龙，望女成凤，只是他们的一种善良的愿望，期望孩子有出息，而非居人之上、作威作福，他们更期望的是孩子的懂事、体贴和孝敬。人之所以要读书，受教育，终究是要明白做人的道理。鸦有反哺之义，羊有跪乳之恩，人作为万物的灵长，更要有感恩的自觉。俗话说，滴水之恩，当以涌泉相报。中国古人将知识分为两种，一种是见闻之知，一种是德性之知。见闻之知要通向德性的培育，有助于德性的提升，这便是"尊德性而道问学"。感恩作为一种德性，是良知的开启，感恩父母养育之恩，则是良知生长的基点，因而也是现代学校德育的出发点。《论语》曰："其为人也孝弟，而好犯上者，鲜矣；不好犯上，而好作乱者，未之有也。君子务本，本立而道生。孝弟也者，其为仁之本与！"意思是，一个人如果能孝敬父母、尊重兄长，那就有了实践仁德的基础和根本。有了这种基础和根本，就不会惹是生非，不会去干逆理反常的勾当。正是从感恩入手，由"孝悌"切入，秦海地有效地营造了衡水二中风清气正的校风，造就了堂堂正正的教师和学生。

在中国传统文化的语境里，"孝"是"仁"（或"德"）的根本出发点，但并不是"仁"（或"德"）的全部意义，因此，"孝"作为一种家庭伦理必须扩大到社会伦理。中国传统文化的伦理价值排序，是"天地国亲师"的并举，"亲"与"师"紧密相连，正因为教师的教诲和引导，一个人才得以成为真正意义上的人。衡水二中的感恩教育，由孝亲扩大到尊师，就是从家庭伦理走向社会伦理。《礼记·学记》云："师严然后道尊，道尊然后民知敬学。"先秦诸子中，荀子尤为关注师的意义，注重"化性起伪"，强调礼对人性的约束控制，而教师正发挥着教化、教导的作用。《荀子》说："礼者，所以正身也；师者，所以正礼也。"人们尊师重教，就是要接受礼义的教化与约束。从感恩的角度来看，自然也要强调师的威严，尊师需要恭谨与服从。衡水二中的尊师则另有一种温馨，感恩之心化为浓厚的师生情谊。"下课时间到了，老师您辛苦了！"在二中校园，下课铃声不是单调的铃声，而是舒缓的音乐伴着这样温馨的话语。学生们喜爱和尊敬他们的教师，是感恩于教师的耕耘和付出，而不仅仅是一种敬畏之心。师生之间心心相印，息息相通。高三(1)班班主任邹涛老师说："做老师虽然辛苦但很幸福，炎炎夏日，教室外的临时办公桌上，我的水杯经常被学生们倒满水，孩子们的感恩令我特别感动。"教师们经常收到学生的感谢信、祝福卡片，生病时还会收到学生的询问和关心。如果有教师为了给学生讲题而错过吃饭时间，学生们还会拿出自己的饼干、水果送到教师手里。秦海地说："这些点点滴滴的爱汇聚成教师们心头浓浓的幸福，这离不开学校的感恩教育。""道之所存，师之所存"。如此温情关切的师生关系，可以让师生超越现实身份、地位、处境的种种羁绊，成为相互砥砺的精神同道。

在某些人的渲染中，似乎衡水的高中校园笼罩在残酷的竞争氛围中，有如《红楼梦》所说的："一个个像乌眼鸡，恨不得你吃了我，我吃了你。"事实上，这里"鸢飞戾天，鱼跃于渊"，呈现一派欣欣向荣的祥和景象。这里有竞争，但没有坑害。衡水二中倡导感恩有爱、团结互助，学生间形成了良好的人际关系。秦海地说："懂得感恩，人与人之间就会多一些融洽，少些隔阂，多些理解，少一些埋怨，生活会更加其乐融融、美丽和谐。"在衡水二中，每个班级就像一个大家庭，每个宿舍又像一个小家庭。生活费带得不够了，同学立刻拿出钱来，递到手上；生病了，舍友半夜起来，倒水送药、询问照顾。2015年6月7日和8日是这一年高考的日子，每个高三学生都紧张地迎接人生中这个重要的挑战。这两天高三学生付贺身体极度不适，加上情绪紧张，她进食都有点困难，教师们陪她就医治疗，舍友们更是搀扶左右，帮助她打理生活中的一切事务。看着虚弱的她，大家陪她一起吃饭，鼓励她，给她讲笑话，让她的情绪在愉快的氛围中渐渐恢复过来。在相亲相爱的大家庭里，她成功地度过高考日。高考成绩公布时，她看到自己的分数超过本一线30多分时，顿时泪流满面："没想到能够考得这样好，是小姐妹们帮我赢了高考，在这样重要的时刻，她们都在关心和照顾着我，我一辈子都不会忘记这份真情和这段友谊。"这就是真实的衡水二中，一群真诚相待的高中学生。

血缘亲情之孝悌，转化为人际之真诚。《中庸》有这样一段话："获乎上有道：不信乎朋友，不获乎上矣。信乎朋友有道：不顺乎亲，不信乎朋友矣。顺乎亲有道：反诸身不诚，不顺乎亲矣。诚身有道：不明乎善，不诚乎身矣。诚者，天之道也；诚之者，人之道也。"这是告诉我们做人的基本道理，揭示了一个人道德成长的内在逻辑，即友情之谊、亲情之孝，都奠基于德性之诚——"要取得上级的信任，首先要取得朋友的信任，不能取得朋友的信任，就不能取得上级的信任。要取得朋友的信任，首先要孝敬父母，不能孝敬父母，就不能取得朋友的信任。孝敬父母，首先要反省自己是不是真诚，如果自己不真诚，就不能孝敬父母。使自己真诚，首先要明白什么是善，如果不明白什么是善，就不能使自己真诚。真诚，是自然的准则；做到真诚，是做人的准则。"真诚地感恩父母，感恩教师，也感恩同学，这是生命的彼此成全。孝敬父母——尊敬教师——友爱同学，由此造就衡水二中一派欢乐温馨的学校风气，形成一种相互协作、奋发向上的精神动力。秦海地说："平时二中校园里的学习氛围浓厚，学生们之间竞争比赛的活动很多，可是丝毫没有影响到他们的团结和谐。每次对抗比赛结束时，无论输赢双方都会握手拥抱，胜者给败者鼓励，败者感谢胜者给自己树立新的目标。二中校园里时时处处洋溢着激情活力，营造出你争我赶而又温暖和谐的氛围。"

感恩之心的培育：感谢有你

衡水二中一以贯之的感恩教育，旨在培养师生的积极心态，塑造一群仁爱教师、一个个阳光少年。马克思指出："人的本质不是单个人所固有的抽象物，在其现实性上，它是一切社会关系的总和。"现代社会是一个分工越来越细的社会，人与人之间的关联度越来越高。没有一个人可以孤立地存在，没有一个人可以完全离群索居，没有一个人可以离开别人的帮助。因此，当我们感谢他人的嘉言善行时，享受着别人的服务和帮助时，最应该做出的自问是，我该怎样回报别人的付出，怎样做对别人更好？"只要人人都献出一点爱，世界将变成美好的人间。"秦海地说："学会心中常存一份感激，尊重他人的帮助，周围的人就会更乐意亲近你、帮助你。即使是自己身边最亲近的人，也要对他们的关爱与帮助心怀感激，适时以行动或言语表达自己的感恩之情。"生命诚然来自偶然，生活诚然充满着不确定性，但所有的人对理想的追求，以及对幸福的向往都是不可抑制的。

柏拉图说幸福是最高的善，是人生的终极目的。基础教育为学生的终身幸福奠基，也给予每个学生当下的幸福体验。然而，什么是幸福呢？幸福终究是人的一种感觉。幸福必定基于爱，冷漠与自私者很难有幸福感；幸福必须有所担当，虚无主义者不可能有真正的幸福；而一个不知道感恩的人，总觉得别人或这个世界亏欠他，他怎么可能有幸福感呢？生活因爱而温馨，因担当而充实，因感恩而欣慰，于是始终洋溢着幸福。衡水二中始终不渝地引导学生懂得感恩，秦海地说："感恩养育你的人，因为他们给予了你生命；感恩教育你的人，因为他们丰富了你的心灵；感恩关爱你的人，因为他们教会了你付出；感恩启迪你的人，因为他们提升了你的智慧……"对于衡水二中的师生而言，感恩是一种美好的感情，是一种健康的心态，是一种良知，也是一种强大的精神动力。秦海地执着地认为，学生有了感恩之情，生命才会得到滋润，心灵才会闪烁纯净之光；感恩也是教师职业幸福的境界，是一种不求回报的自觉和奉献。

"苟日新，日日新，又日新。"一个人永怀感恩之心，常表感激之情，那么他生活的每一天都是新的。高中学校不是人生的战场，但人人都面临各种新的挑战，须如马克思所言，"朝气蓬勃地投入新的生活"。教育就是生长，不同阶段有不同的生长方式，须面对命运的不同考验。生长不可能一帆风顺，成长之路也不会一直是坦途，沿途并非都是盛开的鲜花。只有不断穿越各种烦恼、无奈和痛苦，一个人才能获得真正的身心成长，收获人生的丰厚和生命的坚强。"酸甜苦辣不是生活的追求，但一定是生活的内容。"秦海地说："面对困难，感恩让我们变得强大；面对失败，感恩让我们体会到成功的不易。"有一首歌曾风靡一时，打动了多少少男少女的心，因为它唱出了大家共同的心声，寄托着他们对友谊的期盼，对未来的憧憬——

"我来自何方，我情归何处……我还有多少爱，我还有多少泪……感恩的心，感谢有你，伴我一生，让我有勇气做我自己。感恩的心，感谢命运，花开花落，我一样会珍惜。"感激每一线阳光、每一阵清风，感激每一位老师、每一个同学，感恩教育让二中学子坦然面对人生的坎坷。高三(35)班的任紫伟同学是一个孤儿，父母在她三岁的时候因车祸双双去世，她和妹妹一直跟随爷爷奶奶长大，靠着国家低保、助学金和亲戚朋友的接济生活，但是任紫伟从来没有抱怨过一句。秦海地说："她给我的印象一直都是个乐观爱笑的女孩，从不会让人联想到她竟然这样不幸。在困境面前，任紫伟看到的是爷爷奶奶的疼爱，是老师同学的关心，是社会的帮扶，感恩自己可以在教室里快乐地学习。任紫伟的理想是当名医生，以后可以更好地照顾年迈的爷爷奶奶，可以帮助更多的人远离病痛，健康生活。"2015年，任紫伟被评为"全国最美中学生"，是感恩的种子在她的心里扎根发芽，让她活出了这份特有的美丽。

秦海地认为，顺境时心存感恩，逆境中心存喜乐，这才是快意舒坦的人生，学校各科教学中都要渗透人生的哲理，培养学生理性乐观的生活态度。诸如，学习中偏科的情况，在高中学生中普遍存在，弱势学科像水桶中的那块短板，水桶里的水量由此受到了限制，因而，学生会普遍地感到悲观和畏惧。对此，衡水二中的教师引导学生换个角度看——"有弱科才证明有更大的进步空间"，进而各学科都成立纠偏小组，专门帮助学生解决偏科问题。从此，难题、错题成了学生眼中的宝贝。秦海地说："考试失利被视为暴露近期学习问题的绝好机会，对学习上的'拦路虎'持以感恩的心态和视角，学习顿时变得快乐起来、轻松起来。学生们创造了无数弱科变强的奇迹。""塞翁失马，焉知非福。"毛泽东说："错误和挫折教训了我们，使我们比较地聪明起来了。"老师和学生在一起，共同长善救失，使他们在困难的时候，看到了成绩，看到了光明，提高了勇气。

衡水二中的感恩教育，不仅引导学生勇敢地面对各种挫折，豁达地处理问题，而且培养了学生辩证的思维方式，以及从容淡定的生活态度。《中庸》说："君子无入而不自得焉。""上不怨天，下不尤人。"意思是，君子不管处在什么样的境地，都能安然自得。你感恩生活，生活将赐予你灿烂的阳光；你怨天尤人，结果终将一无所有。感恩，让我们从失败中获得教益，在不幸时得到慰藉。秦海地说："要用微笑去对待每一天，用微笑去对待困难、对待人生、对待世界。感恩，是一份美好的感情，更是一种美丽的心态。"微笑是一种乐观，微笑是一种友好，微笑更是一种自信。卡耐基也曾说："微笑，它不花费什么，但却创造了许多成果。它丰富那些接受的人，而又不使给予的人变得贫瘠。它在一刹那间产生，却给人留下永恒的记忆。"感恩，这是发自内心的真诚；感恩，这是爱心的自然流露。"这是心的呼唤，这是爱的奉献。"秦海地说："感恩改变着我们眼中的世界。懂得了感恩，生命才能够得以滋润，内心才会幸福，人生也变得饱满充实。"

生命意义的追寻：知行合一

　　草根化学校、原生态发展，塑造生命的传奇，这就是衡水二中的"标签"。小草太常见，很普通，甚至很卑微。秦海地以小草隐喻自己的学生，隐喻自己的学校，某种程度上很贴切。衡水二中，一所普普通通的高中学校；招收的学生，一群并非出类拔萃的孩子，怎么看，都像"一株微不足道的小草"。然而，换个角度看，小草，是春回大地的报信者——从"草色遥看近却无"，到"绝胜烟柳满皇都"；小草，是旺盛生命的象征者——"野火烧不尽，春风吹又生"；小草，还是染绿大地的志愿者——"没有花香，没有树高，我是一棵无人知道的小草……你看我的伙伴遍及天涯海角。"作家林清玄《感恩的心》中写道："一株微不足道的小草，开出像海一样的蔚蓝的花。"秦海地对此特别欣赏，从小草到鲜花，从"一株"到"像海一样"壮观，从"微不足道"到一片生命的"蔚蓝"，秦海地心中的"小草"，寄托着他的满腔情怀和理想，包含着对学生和学校命运的衷心祝福，而这难道不是衡水二中和孩子们的形象与命运的真实写照吗？秦海地说："用一颗简单纯粹的心来看待世界、人生，生命便会更有质感——这就是人对生命最大的感恩。"

　　《传习录》记载："先生(王阳明)游南镇，一友指岩中花树问曰：'天下无心外之物。如此花树，在深山中自开自落，于我心亦何相关？'先生曰：'你未看此花时，此花与汝心同归于寂。你来看此花时，则此花颜色一时明白起来。便知此花不在你的心外。'"王阳明讲"心外无物"，人见到山中之花，花就存在；人未见到山中之花，花就不存在。这种说法不是从认识论意义上来理解，而是从情感体验的角度来诠释。"山中之花"作为情感对象，其本身内在于情感主体。"登山则情满于山，观海则情溢于海。"教育并非冰冷的认知，而是燃烧的激情，放射出生命的光焰。秦海地说："让生命绽放激情，让人生多几个出彩的时刻，是对生命最大的回报和感恩。"衡水二中唤醒学生的激情，激发学生的潜力，为的是让学生的生命之光璀璨绽放。"如果生命是一首歌，那就尽情地唱吧，哪怕声嘶力竭，哪怕汗流浃背，哪怕喉咙沙哑……"衡水二中的莘莘学子，一个个精神抖擞、高歌入云，张扬生命的意义，写出青春的诗行。

在学校2016年"十大学星"评选现场，有位同学这样讲述她学习的过程："我的数学试卷几乎没有一张是完整的，因为我把自己的错题都整理到了一个本子上，一遍不会我就做两遍，两遍不会我就做三遍。就这样我的本子越来越厚，到复习时我再拿出那个本子，过一个题裁掉一个。于是，我的数学从85到了104……我目光坚毅，向着数学老师的办公室跑去。可曾想过，一个害羞的小女孩，有一天也会勇敢地追随着老师的身影？可曾想过，一个消极的懒惰生，有一天也会斗志昂扬地攻克难题？当我在老师的引领下，带着m走进它的范围，领着k取得它的最大值，伴着t划定它的值域的时候，我也融入了这奇妙的数学王国。就这样，我的数学从104到了127……我相信，我是金子，我会亮得让人睁不开眼睛。"这是本色的故事，这是朴实的人生，这是衡水二中普普通通的一个学生，但她有执着的理想，她的青春挥洒着奋斗。她的精神世界，某种程度上说，正是全体二中学生的缩影。

有一本书叫《数码时代教养指南》，作者吉姆·泰勒指出，流行文化正严重冲击着孩子的精神成长，其中"享乐主义生活态度"是最大的危害。有一项调查显示，孩子的价值观排序中，排在前五的是出名、成就、受欢迎、形象和经济成功，排在后五的是精神信仰、传统、安全、遵纪守法和仁爱。流行文化造就许多自恋者，自恋的核心是冷漠、自负、缺乏敬意和共情能力。对此，难道我们不应该警觉吗？教育以立德树人为宗旨，以培养社会主义事业的建设者和接班人为己任，让学生明责任、能担当，这难道不是最基本的要求吗？秦海地说："生命活动，行走在对他人的大爱、对国家的担当上，人生才真正达成圆满。"427班班长王碧恒学习优异、做事负责，是同学们心中的"学霸班长"。王碧恒曾因病休学九个月，重返校园后，他异常珍惜宝贵的学习时光。"就现在，努力拼吧！"他说："没有付出，何谈理想，没有奋斗，何谈青春。"

对于这样一种拼搏精神和锲而不舍的学习态度，某些所谓的"教育专家"不以为然。他们心目中的青春，大概是"潇洒走一回"，是闲暇随意，学生可以不知道杨振宁、李政道，但一定得知道周杰伦。"书山有路勤为径，学海无涯苦作舟"，作为励志的名言，这话过去常说，现在不怎么说了，一谈到"苦"，似乎便有应试教育的嫌疑。然而，工人做工，农民种地，学生读书，职责虽然不同，但认真勤奋、刻苦耐劳，难道不是共通的素质要求？秦海地说："青年学生应承担起历史使命，把远大理想与个人抱负、家国情怀与人生追求融合为一。"衡水二中引导学生心怀济世救民、匡扶天下的担当，在十八岁成人礼上，学生集体诵读《少年中国说》。早在20世纪初，梁启超就有这样一种担心："于是自由之说入，不以之增幸福，而以之破秩序；平等之说入，不以之荷义务，而以之蔑制裁；竞争之说入，不以之对外界，而以之散内团；权利之说入，不以之图公益，而以之呈私见；破坏之说入，不以之箴膏肓，而以之灭国粹。"这从一个侧面描述了新文化运动的复杂性，梁启超所追问的是怎样重建价值系统，而不仅仅是进行所谓"激烈的反传统"，反权威。

衡水二中正是从知行合一的角度，通过一系列的活动开展感恩教育，进行价值重构与价值引领。他们先后组织学生深入衡水各县市（区）的城镇、乡村、企业，进行广泛的实践和学习，使学生的情感体验与道德实践有机结合，激发出他们对祖国的真情和热爱；利用节日文化育人，"春节印象"摄影活动、中秋节慰问孤寡老人、重阳节看望老战士、国庆节绣红旗等，让学生感受社会日新月异的变化和对当下生活的感恩；邀请全国人大代表张汝财、全国道德模范林秀贞、四次天安门大阅兵教练张起义等优秀人物为学生"开讲"，让名家大师发挥榜样的引领和智慧启发的作用，为学生的人生理想照进新的光亮。在生活实践中，融情感于认知，由认识到行动，培养学生的理想、本领和担当精神。这就是衡水二中的不懈努力。

精神力量的彰显：走向超越

县域普通高中（以下简称"县中"）建设受到广泛关注。2021年12月，教育部等九部门联合印发了《"十四五"县域普通高中发展提升行动计划》，为到2025年整体提升县中办学水平制订了系统而详细的发展方案。2022年的《政府工作报告》明确提出"加强县域普通高中建设"。"郡县治，天下安"，县中振兴关系到高质量教育体系的建设，关系到以县城为重要载体的城镇化建设，在我国的教育和社会经济中具有战略性地位。但如何从根本上提升县中发展能力，如何增强县中内部的造血机能，怎样让县中振兴计划落地生根，县中学校如何才能长治久安，其根本性的出路在哪里呢？

生源不好、经费不足、师资队伍不稳等，这些都是事实，应该得到正视和改进。然而，这一现状不可能彻底改观，至少不可能在短期内就改观。指望万事俱备，一蹴而就，那是永远不可能做到的。事物的发展和变化永远是不均衡的，外因只是事物变化的条件，内因才是事物变化的依据。县中学校的完全改观，由后进变先进，由低水平到高质量，根本出路不在外部条件的彻底改善，而在于自身的努力，在对已有现状的突破与超越。这就需要我们换一个视角，从积极的方面去探究，诸如，在县中普遍衰退的情况下，为什么部分县中能逆风飞扬,县域高中有哪些成功的经验和典型? 衡水二中作为县中的成功典型,其经验无疑具有普适性的意义,值得全国高中学校和校长学习与借鉴。一所原本三流的高中学校为什么能成为全国名校,衡水二中的管理范式和成功经验蕴含着怎样的教育理念,校长秦海地有怎样的管理智慧?

县域普通高中的弱势是相对省市高中而言,特别是相对强势的所谓"超级中学"而言。长期以来,由于优质教育资源越来越向省会城市、向地级市高中学校集中,优秀师资和生源也不断向省市流失,于是县中出现普遍性衰落,教育质量不断下降。在全国各地的教育生态中,每一县域都有一所县中,县中是县域内的高中学校中最好的一所,这所县中有的地方称为"一中",意味着这是当地排名第一的学校。与县中或"一中"相匹配,各地往往会设置一所"二中",考县中落榜的学生大多会去"二中"。全国各地命名为"二中"的,几乎开始全部是薄弱学校,甚至被称为"拖尾校",与优秀生源、师资、设施等完全无缘。全国高中学校普遍存在"二中现象",没有例外,衡水二中就是这样的学校。衡水二中的发展同样有过窘迫、困惑和无奈。事在人为,秦海地主事衡水二中时,充分意识到,当校长不能"等、靠、要",有作为才能有地位。穷则思变,衡水二中建校二十多年来,是不断突破,不断创造,不断超越的二十多年。"风雷动,旌旗奋,是人寰。"秦海地说:"随着近年来我校努力践行'励志养成、全面育人'办学理念,积极提升办学质量,努力追求'低进优出',逐渐扭转了被动局面,实现了跨越发展。"按理说,衡水二中能够做到的,全国其他县中学校理论上也应该能做到,从而实现对现状的突破,对后进的摆脱。所以,人们普遍关心的是,二中奇迹是怎样创造的,它在多大程度上可以借鉴与移植?

衡水二中的发展与变化有两个坚实的支撑点,也是秦海地教育思想与管理智慧的两个核心要素:一是精神的力量;二是人的创造性。马克思在《〈格尔法哲学批判〉导言》中说:"批判的武器当然不能代替武器的批判,物质力量只能用物质力量来摧毁,但是理论一经掌握群众,也会变成物质力量。理论只要说服人,就能掌握群众;而理论只要彻底,就能说服人。所谓彻底,就是抓住事物的根本，但是，人的根本就是人本身。"衡水二中建校以后很长时间，长期落后的境遇使许多教师认可了"先天不足"的说法，以此来为学校的落后找理由，也为自己的无所作为找安慰。学校自身的办学基础、生源及师资不理想，这些都是客观存在的事实，是马克思所说的"物质力量"，作为不可否定的客观存在，不是通过批判可以改变的。然而，人面对客观存在的事物并不是被动的，更不是无能为力的。观念的转变，思想认识的提高，可以让人产生精神内驱力，推动人们改变现状，进而改造客观世界。秦海地带动全校师生认真分析学校的现状和特点，制订了学校发展的可行性目标，提出了以"超越困难、超越昨天、超越对手、超越自己"为内涵的"超越永无止境"的校训精神，树立了不甘落后、强力争先的超越信念，使"超越"精神成为强校之基。恰如毛泽东所言："我们的同志在困难的时候要看到成绩，要看到光明，要提高我们的勇气。"衡水二中的崛起，正是一种思想力量的推动，是精神变物质的最好说明。

教育的要旨在德性的彰显，在造就一代新人，以达到最为美好的境界。古人15岁入大学，相当于现代的高中教育。古今中外，教育都是育人的活动，教育的根本任务就是立德树人。因而，教育与道德的关系是十分密切的。道德教育的使命是两重的：既要通过教育的途径将前人创造的道德规范、准则传递给受教育者，使受教育者自觉地遵循道德规范、准则去求得发展；又要激发受教育者的道德热情，引导受教育者增强主体意识、确立道德自我，树立道德理想，培养道德自由抉择的勇气，充分发挥自己作为道德活动主体的创造精神。秦海地说："学校的精神文化潜移默化地陶冶了学生的精神世界，精神立校在学生层面产生了效用，而学校也致力于以三年的激励将'超越'精神渗透到孩子们灵魂的深处，带给他们为梦想无所畏惧、放手拼搏、积极进取的优秀品质和素养。"对教师而言，秦海地认为，实干为要、重在执行，并有与时俱进、止于至善的创新精神。打破唯生源论，寻找精神内驱力，衡水二中为办好县域高中提供了良好的典范。

孟子曾经强调："富贵不能淫，贫贱不能移，威武不能屈。"（《孟子·滕文公下》)有这样的"大丈夫"精神，就能顶天立地，有为有守，这正是成功管理学校的重要条件。孟子还指出："独孤臣孽子，其操心也危，其虑患也深，故达。"(《孟子·尽心上》)有品德与智慧的人才，永远来自忧患、横逆中。挫折使他们更加奋发，失败使他们更加成熟。人因为能心怀戒惕，思虑深远，所以才能通达。这种大丈夫精神应用在管理上，与创造性有什么关联呢？美国管理专家毕德士所说的："在一个积极、创新、追求成功的环境中，有一大特色，那就是有容忍失败的宽宏雅量。"勇于探索，不畏失败，坚忍不拔，这种精神是衡水二中不断走向创造和创新的先决条件。诚如毕德士所说："对每个人来说，这一生最重要的事就是追求自我。如何为自我选择在世上的生活方式，涉及价值观的取舍以及确认毕生的安身立命之所：身份。"(《中国传统哲学与现代管理》)对秦海地而言，既然担任了这样一所学校的校长，那就要全力以赴，带领全体师生，以一往无前的精神，不断创造、不断超越、高歌猛进。

秦校长的自律：素其位而行

《中庸》曰："君子素其位而行，不愿乎其外。素富贵，行乎富贵；素贫贱，行乎贫贱；素夷狄，行乎夷狄；素患难，行乎患难；君子无入而不自得焉。"这段话的意思是，君子根据所处的地位行事，不羡慕本分以外的东西。处在"富贵"的地位，就做富贵者该做的事；处在"贫贱"的地位，就做贫贱者该做的事；处在"夷狄"的地位，就做夷狄该做的事；处在"患难"之中，就做患难者该做的事。君子不管处在什么样的境地，都能安然自得。"素其位而行"，是以一种泰然自在的积极态度，而不是躺平和无所作为。苏轼被贬海南，朝廷对他下了三不禁令："不得食官粮、不得住官舍、不得签公事。"当年的惨景，苏轼有记载："此间居无室，食无肉，病无药。"但苏轼并没有颓废，他随遇而安，"食芋饮水，著书以为乐"，还在儋州开办了学堂，传播文化知识，为海南培养出历史上第一个进士。在如此艰苦的生活环境中，苏轼还写出了诗、词、赋、颂、碑铭、论文、书信、杂记等一百八十二篇。苏东坡的名垂青史，不仅在于诗书文的造诣和才情，那种洒脱乐观的襟怀、奋发努力的精神，让后人尤为景仰。从苏东坡身上，我们可以看到中华优秀传统文化的修养，一种"素其位而行"的襟怀与精神境界。

　　"素其位而行"不也是校长们应有的精神与境界吗？我们是否可以这么说，校长水平之高下、贡献之大小，不在于是否拥有优秀的师资和好的生源，而在于教师是否得到了成长，学生是否得到了发展，学校得到了怎样的提升，是否有好的教育质量和社会形象。办好县中之重要，其意义不言而喻，但怎样才能办好？有怎样的指导思想，就有怎样的发展思路，有怎样的办学实践。因此，办好县中，办好每一所高中学校，首先必须端正办学指导思想。"素其位而行"就是值得倡导的指导思想，也是秦校长一直践行的准则。县域高中普遍衰退是事实，但以衡水二中为代表的某些县中办得特别出色也是事实。践行"素其位而行"类若打牌，不在于你是否有一手好牌，而在于你能否将手中不好的牌打得非常出色。总抱怨生源不好，抱怨经费不足，抱怨教师不敬业，校长为什么不能反躬自问呢？孔子说："射有似乎君子，失诸正鹄，反求诸其身。"意思是射箭的道理与君子"正己而不求于人"的道理有相似之处，如果没有射中靶子，应该回过头来从自己的身上找原因。况且，你的生源好了，别人的生源不就差了吗？总在存量上动脑筋，为什么不能在增量上有作为呢？退一万步说，总抱怨，生源就会好起来，教师就会努力起来吗？一个对学生没有信心，对自己的教师看不上眼的校长，怎么能把一所学校办好呢？"素其位而行"作为中华优秀文化传统，不仅是一种生活态度，也是一种思想方法和精神境界，值得校长们修炼与践行。

　　衡水二中的出色成就，在于植根中华优秀传统文化的精神土壤；校长秦海地的不同凡响，在于始终有一种中华优秀传统文化的自觉。衡水二中的"原生态教育"理念，正是一种"素其位而行"的精神境界。"上不怨天，下不尤人"。秦海地相信自己的学生，相信自己的教师，相信自己学校的未来；不是无可奈何地接受现状，而是看到学生和教师所隐藏的发展潜能，进而激发他们的自尊心和上进心，着力培养一种不畏艰难、奋发前行的拼搏精神。争取"低进优出"，是衡水二中现实的选择，也是一种非常明智而积极的选择。秦海地说："我校致力于通过三年的思想引导、教育塑造，让那些起点并不出色的学生，在学业知识、综合素质上都能够获得最大限度的'增值发展'，从而赢在高考这一阶段性终点。""素其位而行"的要点在"行"，行而"素"，即不夸夸其谈——校长角色需要身体力行，能"讷于言而敏于行"。于衡水二中而言，着眼点主要在两个方面：一是师生行为习惯的培养；二是学校管理的精细化。

"素其位而行"，着眼学生行为习惯的培养。秦海地说："学生的不良习惯改变多少，优秀品质培养多少，其能力就可以进步多少。"习惯的实质是在适应环境的同时，利用和控制环境。习惯的养成也包含两个方面内容，即被动的方面以适应环境，提供生长的背景；主动的方面以思维、发明和首创精神指导行动，创造环境，构成继续不断的生长。教育就是要帮助人拥有获得好习惯的能力，一种有理智的"仔细观察和审慎选择"的能力，一种自觉的判断能力和行为习惯。衡水二中通过励志教育、习惯养成和积极心理品质的培养，让每个孩子树立起强烈的自信心，以品质提升促进成绩提升。

"素其位而行"绝不意味着低标准。在教学上，衡水二中坚持"管理精细化"，对于不同层次的学生，采取不同的策略。"俄国教师的教师"乌申斯基说："如果教育学希望从一切方面去教育人，那么就必须首先也从一切方面去了解人。"人的问题、"人性"及"人的发展"问题，既是哲学的核心问题，也是教育学的核心问题。高中学生的可塑性不如小学生和初中生，但他们同样具有无限的生长性，能不断从潜在可能状态向现实状态发展转化。一个人怎样认识他的环境，取决于他的成熟程度及知识和目的，因此，影响人的发展的因素，除遗传与环境因素外，还有成熟与学习因素。"成熟"因素系指学习在身心方面有所准备，它可以使受教育者的潜能向着完善的目标发挥出来。成熟是学习的先决条件，学习乃是成熟的促进手段，在个体发展的过程中，成熟与学习起着互相促进的作用。富有经验的教育者，必须考虑受教育者成熟的因素，过于重视外在的因素而忽视成熟的因素，对受教育者的学习有害无益。孔子所说的"过犹不及"，孟子说"无过不及谓之中"，他批评的"揠苗助长"，是有深刻含义的。对学生过高的要求，过分苛刻的训练，只能适得其反。朱熹阐发孔孟的"中庸"思想："中者，无过无不及之名也。庸，平常也……中者，天下之正道；庸者，天下之定理。"

"素其位而行"需要长善救失。衡水二中的教师给每位学生量身打造极限增值的成长方案，这是因材施教，"极高明而道中庸"。秦海地说："对学有余力的学生，跟踪化管理，给他们提供更加丰富的学习资源和更能自由发展的空间，引导他们结合自身优势自主发展、培优促尖；对大多数的中游学生，注重学习能力的夯实与提升，促使他们力争上游；对于后进生用耐心和爱心精准帮扶，为他们制订符合发展实际的学习方案，注重知识的运用和目标完成，找回他们的自信。"

打破生源决定论，衡水二中展示了"原生态教育"的丰硕成果。作为一所高品质示范性的县域高中，它的意义不在于升学率，更不在于清华北大的录取人数，而在于让我们看到中华传统文化特色之所在，价值之所在，那就是以文化人和以文育人。中华文化推崇相互尊重与相互依存的关系价值，学校师生作为关系的构成，是植根于、受教于特殊的相互性关系形式的。秦海地的"素其位而行"，首先是对师生的尊重，着眼于人际关系的和谐，营造了积极向上的人际氛围，促进人的潜能的充分发挥，使学校立德树人的教育宗旨，具有更为深厚与丰富的文化内涵。

君子务本，本立而道生

　　毋庸讳言，整个基础教育阶段，高中教育最受关注和期待，也最容易受到误解和批评。当然，高中学校办得好，受到的赞誉也多。校长，没有不想当好、不想把学校办好的，但学校办得非常出色的毕竟是少数。对于高中教育，校长会有不同的理解，如何办好高中学校，不同的校长有不同的理念。于学生而言，高中阶段是人生的关键期，校长如何看待高考和管理学校，与他们的命运息息相关。秦海地说："想做好自己的工作，总感觉如履薄冰、诚惶诚恐，不得不让自己不断学习、不断思考。"这是真诚的内心表白，或许也是大多数高中校长共同的心声。"横看成岭侧成峰，远近高低各不同"，不同的学校有不同的背景和基础，不同的校长也有不同的个性气质和价值取向，因而，高中学校会呈现各自不同的特点与特色。

　　衡水二中是一所年轻的学校，1996年建校，在原第一职业中学校址上创办，为应对市区人口的快速增长，进而缓解学生上高中的困难。创办之初，衡水二中校园不足15亩，教师35人，硬件设施更是捉襟见肘。1999年，衡水二中第一届学生参加高考，取得全市普通高中第一名的成绩。2001年，学校搬迁到了新的校区，条件大为改善。2003年，学校升级为省级示范性高中。从一所普通高中跻身省级示范性高中之列，衡水二中实属不易，但在衡水市强校队列中，衡水二中的整体实力仍居于末位。2004年12月，秦海地调任衡水二中校长，建校以来的发展让他看到了二中发展的潜力，但与全市、全省其他省级示范性高中相比，学校依然"资金不够用、硬件设施差、家长看不上、学生不愿来、老师留不住、教学质量低"。秦海地充分认识到二次创业"破壁"之难，但他没有退缩，也不彷徨，而是鼓足勇气，迎难而上。经十多年的艰苦努力，这所垫底的学校逆势突围，成为享誉全国的高中名校。这让人思考：衡水二中为何有这奇迹般的蜕变？对于各地办好县中有哪些启发与借鉴意义？

人生常面临各种选择，不同的选择，会有不同的历练和境遇，不同的修为和命运，与日月争辉，或与草木同腐，有时只是关键时的一念之别。人生之途如何选择，取决于人的见识与境界。作为衡水二中校长的秦海地，肩负着使命与领导的信任，诚然打算有一番作为。然而，他面临的现实是冷峻的，并不因他的满腔热情而改变。生源、师资、设备、资金，样样不如意；教育质量排序，与全市同类学校相比，只能年年垫底。逆袭、反超，谈何容易。然而，如果接受这一现状，安于这一处境，当然，也就不会有今天的衡水二中，不会有秦海地事业的辉煌。不苟且于现状，不屈从于命运安排的秦海地选择奋发图强，带领衡水二中选择奋斗。"我们的方针放在什么基点上，放在自己力量的基点上，这就叫作自力更生。"倡导"原生态教育"，不抱怨，不幻想，承认现实，进而改变现状；打造"低进优出"的教育品牌，怀抱理想前行，将美好意愿化为行动目标；打破"唯生源论"，这是思想解放的前提，二中上下坚信不疑。人心齐，泰山移。秦海地的选择，化为全校师生的共识，衡水二中由此插上腾飞的翅膀。

学校崛起的生长点在哪里，衡水二中腾飞的立足点在哪里？《论语》有言："君子务本，本立而道生。"秦海地说："要使树木蓬勃葱茏，则须使其根系茁壮发达；要使河流奔腾不息，则要在源头上集聚水势；要使大厦巍然屹立，则须地基稳固结实。由此可见，凡事皆需务求根本。"秦海地主事衡水二中，近二十年风雨兼程，始终坚持抓根本，促发展，进而不断创奇迹。"根深则本固，基美则上宁"，衡水二中近二十年来的发展，就在不断地向下生根、向上生长，因而枝繁叶茂、摇曳多姿，最终盛开灿烂之花，挂满丰硕之果。近二十年来的发展，同时也是不断地正本清源，返璞归真的过程，因而行乎其当行，止乎其当止，最终由涓涓之细流，至万千之气象。学校工作千头万绪，纲举才能目张。学校发展众说纷纭，教育典型各有各的风采，适合自己的才是最好的，因此衡水二中坚持走自己的路。作为校长，秦海地有一种执着的定力，能廓清理论的迷雾，穿越概念的丛林，同时有宏观的视野，高瞻远瞩，全局在胸。求真务实，一丝不苟，这是衡水二中的特色，也是秦海地一以贯之的作风。办学，以人民为本；执教，以学生为本；为人，以至诚为本；立校，以精神为本。以上四点，或为衡水二中发展之根本所在，也是秦海地近二十年执着的坚守。

办学，以人民为本。想人民之所想，办人民之所需，积极回应人民对优质教育的期盼，这是秦海地执着办好衡水二中的出发点。随着社会的进步与教育的发展，人民对教育的需求不断提升，从有学上转化为对上好学的期待，这是普遍的、质的飞跃，也是社会文明进步的必然趋势。一方水土养一方人，作为土生土长的衡水人，这方水土养育了秦海地，上大学，当教师，任校长，衡水的父老乡亲看着他成长与成才。今天，让自己的孩子受到更好的教育，这是他们最为朴素也是最为善良的愿望，这不能不激起秦海地浓浓的家乡情与责任感，不能不成为他办好衡水二中的强大的精神动力。秦海地说："做有根的教育，就是做好学校崛起与发展的各项工作，不断提升、厚积薄发。"他认为办学校，当校长，首先要有一种仁爱之心；学校办得如何，校长当得怎样，最为根本的一条是，人民群众满意不满意。"仁者爱人"，在更高的层次表现为修己安民、济世为民的精神。孔子认为，修身不是为了独善自身，而是为了济世为民。秦海地之所以能矢志不渝，勇往直前，置一切流言蜚语于不顾正因为有济世为民的担当。办学之所以不甘平庸，并能不断超越，也是因为他肩负着父老乡亲的热望与重托。

执教，以学生为本。秦海地说："无论是立足于学校的发展、学生的成长，还是着眼于工作的完善、教育的改革，都要从根本上抓起，从源头上做起，做有根的教育。"教育究其本质而言，是引导学生不断向上向善发展，让潜在的发展可能成为生命的现实。高中阶段，是青春的敏感期，生命成长的关键期。学校教育的以人为本，说到底，是要以学生的发展为本。基础教育必须为学生的终身发展奠基，为他们的精神成长打上生命的底色。秦海地认为，高中阶段尤要关注学生的道德成长，在从童年走向成人的关键期，引导他们"扣好人生第一粒扣子"。衡水二中的一切工作，着眼点都在学生的未来发展，帮助学生走进心仪的大学，接受更好的高等教育，这是秦海地与二中教师们最为殷切的期望，也是他们辛勤努力的方向。面对学校教师，秦海地努力培养这个群体的使命感。"学而不厌，诲人不倦"，当教师，教书育人，在二中已成为一种"志业"，而非"饭碗"。"教然后知困，学然后知不足"，一切从学生的需要出发，为学生的发展服务，教学过程是师生共同成长的过程，教学相长在衡水二中蔚然成风。

为人，以至诚为本。《中庸》曰："今夫地，一撮土之多，及其广厚，载华岳而不重，振河海而不泄，万物载焉。今夫山，一卷石之多，及其广大，草木生之，禽兽居之，宝藏兴焉。今夫水，一勺之多，及其不测，鼋鼍蛟龙鱼鳖生焉，货财殖焉。"一撮之土，言其少，却又广厚；一卷之石，言其微，却又广大；一勺之水，言其浅，却又深不可测。因何地载华岳河海，石藏草木禽兽，水生蛟龙鱼鳖？孔颖达之疏点明说："此一节，明至诚不已，则能从微至著，……圣人之功亦是从小至大。"精诚所至，金石为开，由"积累"而后大。一点地，一点石，一点水，微小到可以忽略不计。然而，如果人能真心诚意，持之以恒地抓住各种可能性，就能成就"无限"的潜能。秦海地说："要建设一流名校，就要从校园文化到课堂教学，从环境打造到育人细节，各项工作、各个细节必须精耕细作、勤耕不辍。我认为，这才是根本。"秦海地当校长，几十年如一日，善待教师，关心学生；关心无微不至，做事一丝不苟，因而能不断创造教育的奇迹，把种种细微的可能变为现实。

立校，以精神为本。秦海地说："我告诉自己，若要逆势突围、由弱变强，就要培植学校的精神文化，营造学校的精神氛围，冶炼学校的精神风骨。要建设一流名校，就要从校园文化到课堂教学，从环境打造到育人细节，各项工作、各个细节必须精耕细作、勤耕不辍。我认为，这才是根本。"希望或理想是进取心的表现，在大多数情况下，进步来自进取心。秦海地身上最为可贵的精神，是他的自尊和自信、他的自强和坚韧。罗曼·罗兰指出："许多人怀疑自己是否会成功，怀疑自己是否有足够的聪明和能力，怀疑环境对自己是否没有阻力……但是，你要知道，怀疑只能使你停顿不前，虚度了时间，消耗了精力。而唯有坚强自信，朝准目标，一步一步向前行进的人，才会达到目的。"这是弥足珍贵的箴言。人是有潜能的，这种潜能有时不为己知。崇高的理想恰恰会给这种潜能某种心理暗示，从而极大地唤醒、开发沉睡心底的潜能，创造巨大的成就，收获意外的喜悦。学生的成长、学校的提升是一个渐进的过程，欲速则不达，校长需要有足够的恒心与耐心。秦海地认为，学校的崛起与发展，绝不是简单地完成一招一式，而是认真地做好每一招每一式；学校的崛起与发展，是一个系统工程，是一个不断提升、厚积薄发的过程，绝不可能一蹴而就；学校的崛起与发展，没有出奇制胜的高招，只有扎扎实实地做好各项工作。

仁以修德：教育的境界

学校该如何办，校长该怎样当？作为校长，这是两个最为根本的问题。每个校长都想把学校办好，然而，出色的校长、卓越的学校，总是少数。为什么？原因固然复杂，但有两个决定因素：一是校长的办学指导思想，二是校长的人格修养。校长办学思想端正，学校才有明确的发展方向和恰当的定位；校长有人格魅力，学校才能风清气正，并带出一支优秀的教师队伍。秦海地坚持弘扬中华优秀传统文化，以文化人，以文育人，自觉遵循教师道德的人格规范，锲而不舍地磨砺自身的人格修养。在他的带领下，一所薄弱高中华丽蜕变，创造出令人感叹的教育奇迹。这离不开校长的决策和引领，与校长的个人修养及境界休戚相关，在一定程度上，也彰显了中华民族传统文化的力量。

《校长更需要"修身"——从传统文化中汲取"仁义礼智信"五方营养》，秦海地的这篇论文发表于2012年1月《青年心理》杂志。教育是广义的文化活动。弘扬中华优秀文化是教师职责之所在，受教育本身意味着接受中华文化的熏陶。校长是学校的灵魂、师生的表率。"己不正，焉能正人？"校长，既要育人，又要律己；当校长，身教重于言教，须有修身的自觉。西方文化发端于"人是什么"的追问，中华文化发端于"人该是什么"的追问。现代学校制度来自西方，教育理论也主要来自西方。一些知名的中小学校长，论及学校管理与教育改革，大多能引经据典、侃侃而谈，所引名家言论几乎都是西方国家的、日本的或苏联的。教育学者的话语方式、教育学术期刊的文章，大体也是如此。教育是人类共同的事业，真理性的认识无分东方西方。教育问题的解决，需要凝聚全球的共识。中国基础教育的发展，需要有更多的参照与借鉴。

一个民族要有对外开放的胸襟和气度，善于学习和借鉴外来文化，但另一方面又不能引喻失义、妄自菲薄。衡水二中坚持以"我"为主，弘扬中华民族的优秀传统文化，在这基础上，兼容并蓄，借鉴外来文化，由此走出了一条中国特色的新路子。衡水二中的独特探索、秦海地的文化个性，主要集中在这一点。衡水二中是有价值追求的学校，秦海地是有文化自觉的校长。教育的文化自信和道路自信，在衡水二中，在校长秦海地身上得到鲜明的体现。这一切，无不落实于校长的言行举止，聚焦于校长道德人格的自律上。以儒家为主体的中华文化，尤为关注人的道德成长和人格修养。衡水二中将儒家修身的格物致知、诚意正心、修齐治平，题写在学校的墙壁上，时时提醒、督促校内师生。

东西方文化的基点有根本不同。西方哲学研究自然界的本质和规律，因此它建立了范畴逻辑体系，从而论证理性即自由的人本主义理念，这是"以道弘人"。中国哲学则相反，它不是构建范畴体系，而是提倡塑造理想人格，它的范畴不是表示事物关系的逻辑范畴，而是表示价值观念，这些价值观念体现了人格，它表示：通过人的修养过程，负起社会的责任，达到治国平天下的目的，这是"以人弘道"。"天命之谓性，率性之谓道，修道之谓教。"这是中国古人对教育的定义：自然赋予人的禀赋叫作性，遵循本性发展的路径叫作道，修正调节发展途径叫作教。无论于学生，还是教师和校长，教育是教学相长的过程。孟子认为人性本善，所以教育就是唤醒。荀子认为人性本恶，所以教育就是规训。

"性相近，习相远。"人与人先天差别不大，差异取决于人的后天发展：既取决于所受的教育，也取决于自身的修养。秦海地认为，人的发展，最根本的就是要从自身修养做起。古人对于自身修养，有细致的要求，最为经典的就是"仁义礼智信"。秦海地说："校长，作为一所学校的灵魂，需要具有'平天下'的大气魄，所以，更需要从'修身'做起，更需要讲求'仁义礼智信'。"仁义礼智信五个方面，儒家视为人的基本素养，称之为"五常"。五常者，"其在于天，谓之命；其赋于人，谓之性；其主于身，谓之心。""通人物，达四海，塞天地，亘古今。"是常道也，故谓之五常。中国历史上，"五常"与"三纲"相连。君为臣纲、父为子纲、夫为妻纲，"三纲"维持社会的秩序，"五常"确立人格的规范。

学界普遍认为，现代社会应当摒弃"三纲"，保留和发扬"五常"，古为今用，完善个体人格。儒家的核心概念是"仁"，教育的必备品质是"爱"。没有爱就没有教育。但爱从哪里生长出来呢？"仁者爱人"，儒家做了很好的回答。"仁"原来指血缘亲情，孔子把这种亲情扩展到所有人身上。仁爱是校长的核心素养。无论校长或教师，都要"有仁爱之心"，校长应是教师的表率。校长之"仁"，秦海地认为是一种修养：仁以修德，正所谓"泛爱众而亲仁"，作为校长，更需做到"爱众"。他说："校长应时刻记挂教工冷暖，关心他们的生活。善意的微笑，鼓励的话语，校长要能够毫不吝惜地给予自己的教工心灵的温暖，这是个人道德修养的一种良好体现。作为学校的领航者，校长应该支持教师们的发展，激励他们对教育事业不懈追求；为他们提供专业成长的平台以及施展才华的舞台，最大限度地提升他们的职业幸福感及成就感。"

作为校长，更要深爱孩子们，这是基本的职业伦理。校长要为教师作表率，牵挂学生的健康成长、终身发展和未来成就。秦海地认为，爱孩子，就要"办人民满意的教育"，"人民满意"不仅是让家长满意，让孩子们考上理想的学校继续深造，他说："更重要的是让社会满意，最大限度地提升孩子们的综合素质，让他们健康发展、快乐成长，拥有积极向上的人生态度，具备适应社会发展与人类进步的技能。"所有这些，无不合乎儒家的"言仁必及人"。校长之"仁"，为什么是一种修养？"为仁由己"，儒家强调道德主体必须具备行仁的自觉性。

孔子说:"我欲仁,斯仁至矣。"(《论语·述而》)"仁"并不难达到,关键在于内心有没有这种要求。内心有这种要求,并且努力践履,就可以实现仁。秦海地说:"一个懂得自尊自爱的校长,才会推己及人,在全力成就自身事业的同时,必定能够去成就教师、成就学生,从而把校园办成师生共同发展的乐园。"

校长的自尊自爱是"仁"的境界,即注重自我管理和自我约束。孔子强调"克己复礼为仁","克己",说的是自我克制,意谓自我管理;"复礼",是指履行礼节,同样代表自我约束。孔子对这种自我管理的境界,甚至以"仁"来称许,充分证明这种"自我管理"的重要性。为什么自我克制与自我管理的作用很大?《大学》中说得很好,"知止而后有定,定而后能静,静而后能安,安而后能虑,虑而后能得。"《中庸》也强调"君子无入而不自得焉"。从表面上看,好像"自我克制"比较消极,其实不然。正因为能够定下心来,静静思考,所以才能从容"自我管理",安详地全盘深思,也才能在深思熟虑后,心中有所得。并且,因为考虑了各种情形,胸有成竹,所以"无入而不自得",这对管理学校而言,尤为重要。校长有充分的自觉,教师才会有充分的信任;校长能从整体深思,并从长远熟虑,学校才有大格局,有大成就!

第三代新儒家代表人物成中英说过这样的话:"由于儒家管理以人的修养、管理为起点,所以有'修己以安人,修己以治人,修己以官人''己达达人,己成成人,官己官人''修身、齐家、治国、平天下'之说。要实践这点,本人必须先建立多种德性,进而带动别人。仁义礼智信,便是儒家所强调的五种德性。"

成中英明确指出:"所谓'仁',是基于对人的关怀所产生的一种亲和力与沟通能力,可以让别人与自己相互接纳,易于沟通。这种德性对于人力资源的阐发及问题的解决颇有裨益。"成中英的这两段话,可移作对秦海地论文的精要点评,也是对秦海地富有中华民族文化传统的管理思想的中肯评价。

自强不息应对高考的拼搏

十二年寒窗，从童蒙到成年，几番风雨，几度春秋，一路走来的脚印深深浅浅。于每个学生而言，高中三年最难忘怀，岁月留痕的青春期，是人生的黄金时期，命运攸关的大事是高考。作为竞争最激烈的选拔性考试，高考深刻地影响着学生的未来发展；漫长的迎考过程，考验着学生的心理素质，锤炼着他们的意志品质。三年高中，欢乐与沮丧形影相随，穿越各种烦恼与焦虑，学生才有真正意义上的生命舒张。秦海地说："高中的成长，学习的是知识，锻炼的是能力，激活的是生命，弘扬的是拼搏精神，展现的是青春活力，收获的是习惯品质。"面对高考竞争，也可以听到许多不同的声音——怜悯学生的辛苦，埋怨竞争的激烈，似乎高考是一件无可奈何的事，是不得已而为之。然而，秦海地并不认同这种廉价的同情，更警惕对学生可能产生的误导。他将高考看作学生成长的机遇，视为青春的考验与馈赠。对国家考试制度，他有真诚的坚信与坚守。

许多道理其实是不言自明的，如果将高中三年的学习生活视为难以承受的艰辛，如果将高考比为旧制度的科举，扼杀了学生的创造精神，那么，在未来的岁月里，有哪一份工作是可以轻轻松松随便对付的，又有哪一种创造不需要辛勤的汗水和锲而不舍的探索? 秦海地说:"高考是磨砺学生勤奋拼搏精神的方式与手段,是强大自己、完善自身的经历过程。"学习总是艰苦的,迎考承载着巨大的心理压力,这些都是事实。然而,人生需要历练,成长需要磨炼,高考是学生弥足珍贵的历练和磨炼。古罗马政治家、哲学家塞涅卡说:"人活一辈子,万事如意,不经历任何精神苦闷,确实是一种缺失……你是伟人,但如果命运女神不给你展示才华的机会,我又能凭什么说你是伟人呢? 你参加了奥林匹克运动会,但你是唯一的参赛选手,你摘得了桂冠,但并不是胜者。"这话很有哲理,而它不就是生活的常识吗?

于高中学生而言,高考磨砺勤奋拼搏精神。秦海地认为,"青春是意气风发、遒劲有力的美好时光,更应该是激情昂扬、勤奋拼搏的黄金时期。"诚然,也有人持不同看法,认为高考带来应试,应试造成激烈的竞争,学生失去了闲暇和从容,因而也就失去创新精神,造成终生创造力的匮乏。然而,知识可以教,习惯可以培养,但创造力可以直接教吗? 没有丰富的知识储备,没有良好的学习习惯,没有不畏艰难的探索精神,创新精神与创造力怎能萌芽与生长呢? 刷刷视频,打打游戏,饱食终日,无所用心,就能灵光乍现,牛顿、爱因斯坦般的天才就能横空出世吗?

清末最后一名状元、近代民族工业的奠基人、现代师范教育的开创者——张謇先生的一生可以给我们许多启发:十六岁那年,张謇参加州试,名次排在一百以外。回到书塾后,先生严加苛责,说:"假使有一千人去考,要取九百九十九人,只有一个不取,就是你!"张謇听了,非常难过,于是,在书塾窗格上、帐顶上,每一处都写上"九百九十九"五个字。睡觉的时候,用两根短青竹头,把辫子夹住了,只要头动,身子一翻转,辫子牵动头皮,立刻就醒了。一醒来,不管天亮不亮,就爬起来读书。后来,张謇不仅创办了中国最早的纺织厂,创办了中国第一所师范学校,还在海滩围垦,造农场,种棉花,在南通城建公园、剧院、博物馆、刺绣研究所等,一生办了三百多所学校。苦读、科举,并没有消解他的创造雄心,却培养起他的拼搏精神,由此带来的自信和自尊,成为他的人生支柱，伴随他在事业的不断创新中走向辉煌。

　　人并非在闲暇中成长，品德也不可能在懈怠中得到提升，高中学生要建立起人生的理想，要有承担责任的勇气和能力。秦海地说："不论是什么形式的学习，高中三年都需要学生通过自身的努力、拼搏和奋斗渡过难关。高考是磨砺学生勤奋拼搏精神的方式与手段，是强大自己、完善自身的经历过程。"校长有这样一种见识，教师就有相应的追求，学校就有与之匹配的办学定位。在衡水二中，人们可以看到一种生机蓬勃的青春风貌——高考是拼搏青春的催化剂，是奋斗青春的助推手，是激昂青春的号角手，是勤奋青春的引火线。

　　教育的目的之一是培养学生良好的习惯。秦海地说："高考绝不是只对学生掌握知识的考量，更是对学生规范、专注、惜时、高效等良好习惯养成程度的评价。"学生考得好，说明他学得好。为什么能学得好，为什么能考得好？秦海地认为，归根结底是习惯好，良好的习惯支撑起出色的高考成绩。学生养成良好习惯的意义，秦海地认为远胜于考出良好的成绩。共同的高考目标，也使每个班级凝聚为团结协作的集体。德国教育家凯兴斯坦纳曾说过，"性格陶冶"实为教育的主要问题，必须从儿童时代就开始实施，让儿童们从关心和爱护同学开始，使之养成各种习惯，进而扩大范围，达到具有最高道德价值的行为。他认为中学是进行精神训练或性格陶冶的重要场所。

　　我们试将秦海地与凯兴斯坦纳做一点对照：秦海地认为，好习惯的养成不是一蹴而就、自然而然的事情，需要时时、天天的坚持不懈。凯兴斯坦纳认为，意志、判断和坚韧、毅力等性格的培养至关重要，学校教育要集中全力去"发展意志、理解和精细性"。

　　秦海地说："高中三年每日坚持被褥、床单干净整洁，会帮助学生养成整洁规范的习惯；每日清晨以最快速度到达操场开始激情奋斗的一天，会帮助学生养成惜时高效的习惯；每日自习时坚持'零抬头率'，会帮助学生养成凝神专注的习惯。"秦海地尤为关注性格陶冶的潜移默化，强调学生"凝神专注习惯"的养成，或许这是中华传统教育文化的特色。荀子《劝学》有这样的话："骐骥一跃，不能十步；驽马十驾，功在不舍。""蚓无爪牙之利，筋骨之强，上食埃土，下饮黄泉，用心一也。蟹六跪而二螯，非蛇鳝之穴无可寄托者，用心躁也。"

秦海地说："青春时期养成的好习惯，会为高考加分，为发展助力，为未来奠基。"衡水二中通过细致的行为训练，使学生提高认识水平，增强情感体验，磨炼道德意志，培养道德习惯，切实有效地促进德性的养成。秦海地认为，高考能铸就刚毅坚强的性格。

什么是刚毅坚强？孔子曰："虽千万人，吾往矣。"这种特立独行是刚毅坚强。孔子曰："三军可夺帅，匹夫不可夺志。"这种义无反顾是刚毅坚强。孟子的"富贵不能淫，贫贱不能移，威武不能屈"，就是刚毅坚强的大丈夫精神。左宗棠晚年出兵伊犁，收复新疆，抬着棺材上路，这是刚毅坚强的最好写照。刚毅的品性、坚强的品格，需要在坎坷中磨炼，只能在奋斗中养成。

当下的高中学生大多为独生子女，无论出生于贫寒富贵，还是生长在城市乡村，受到的照应多，受到的关心多，经受的磨难少，这是普遍现象。然而，生活怎可能一直云淡风轻？不经风雨，不见世面，吃不得苦，受不得委屈，日后如何担得起民族复兴的大任？秦海地说："高中三年如马拉松比赛一般，高考是到达终点'撞线'的激动时刻，但从起点到终点必定是汗泪交织、疲惫与希望交替的艰辛历程。"他将学生三年的高中生活，特别是积极主动应对高考的挑战，视为对坚强意志的磨炼和刚毅品格的锻就。海明威的《老人与海》说："人可以被毁灭，但不可以被打败。"不管高考结果如何，青年学生们都为之坚强过、努力过、奋斗过。"为高考坚强过的青春无悔，为高考刚毅过的青春无憾！"——秦海地这番话掷地有声，在精神成长的黄金时段，二中学子奏响青春生命的强音。"天行健，君子以自强不息。"《周易》的这一名言，是衡水二中学校精神的注解，也是莘莘学子青春风采的最好写照。

第二章 | 理论意蕴：现代教育思想的校本探索

现代教育的基本理念具有普适性的意义，而每所学校都有其独特的实践需求，把二者有机地结合起来，探索适合本校的教育理念方法和管理模式，可以促进教育的创新和发展，有助于提高学校教育质量，卓有成效地培育学生的核心素养，形成逻辑自洽并可推广的学校发展范式。

学会做事:细微之处见精神

衡水二中的崛起,业绩的建树,这奇迹的创造,到底凭什么? 作为校长有些什么秘诀呢? 前来参观的校长,乃至各级行政领导,几乎都会问起秦海地。秦海地据实回答:"没有什么秘诀的。做人的境界,做事的认真态度,就这两点。"就这么简单吗? 听的人多少有点疑惑,自己这两点做得也不错,而且到衡水二中观摩学习不止一次,为什么学校没有大的起色,没有根本性的变化? 许多校长心里嘀咕着。"鸳鸯绣了从教看,莫把金针度与人",秦海地是否打了什么埋伏,藏着独门心法秘而不宣?

有位局长跟我讲过这样一个故事:有一次,他带了几位校长到衡水二中观摩,有校长对学生跑操非常感兴趣,兴冲冲地跟局长说:"这不错,很不错。回去后,我们学校也跑起来。你看好,局长,只要一个星期,我全校就能跑起来。"结果呢,跑倒是跑起来了,全校动员不消一个星期,但坚持一个多月就偃旗息鼓了。跑操的组织工作并不难,这里面似乎也没有什么秘诀,没有什么技术难度,但为什么坚持不下去呢? 原因在哪里呢? 《且把年华许杏坛》,这是秦海地学校管理的一本专著。从这本著作的字里行间,我们或许可以看出一些端倪,发现一些"秘诀"。

这本著作的副标题是"走在高中教育探索之路上"，由近30篇文章构成一个体系。这些文章都比较长，学术性很强，先后发表在《中国教育报》《中国教育学刊》等权威媒体上。这本书的第一篇文章是《衡水二中用养成教育塑造学生工匠精神》。这是专著的打头文章，体现主旨之所在，给读者以第一印象。"用养成教育塑造学生工匠精神"，关键词是"养成教育"和"工匠精神"。基础教育是养成教育。高中教育是基础教育的最高阶段，也是通向高等教育的桥梁，但它的性质依然是养成教育。

什么是养成教育？所谓"养成"，即培养而形成。中小学校遵循相应的准则或规范，通过各种途径和方式训练、教化和培养，使学生由被动变为主动，自觉地养成各种必备品格和良好习惯，这就是养成教育。

伴随学生终身的各种核心素养，需要经过"培养"之后才能"形成"，一旦某种优良规范"形成"，它便转化为一种"习惯"，并将影响人的一生。叶圣陶先生曾经说过："什么是教育，简单一句话，就是要养成良好的习惯。"对于秦海地而言，教育活动重在学生的行为养成管理，以培养学生良好的学习习惯、生活习惯及行为习惯等为出发点，建立富有生机和活力的学校管理机制，促使学校师生从小事抓起、从点滴做起，逐步形成自动化的行为，从而内化为文明素养和德性修养。无论对于教师或学生，行为养成管理不仅包括自我的德性感悟、行为控制、境界提升的管理，也包括外在力量的引领和约束管理。

什么是工匠精神？在中华优秀传统文化中，所谓工匠精神，首先是"擅工尚巧"的创造精神，既要追求手工的精巧，又要实现构思的巧妙，其内涵为创新思维。其次是"精益求精"的工作态度，追求技艺的精湛，注重产品的精致，不断精雕细琢。最后是"道技合一"的人生境界，由练就卓尔不群的技艺，进而领悟到生涯之"道"的真谛。在衡水二中，工匠精神既是对学生的要求，更是对教师的要求。教师理应成为学生的表率，教师具有工匠精神，才能以此引领学生。对于学校教师而言，工匠精神主要体现在工作态度、师德修养和价值取向上。精益求精的专业追求、爱岗敬业的精神气质、不断超越的创新探索，这三个方面凸显衡水二中的精神风尚，即个性化的工匠精神。学生的工匠精神需要养成，教师的工匠精神更需要养成。工匠精神如何养成？秦海地在文章的开头引用了一则寓言故事加以说明：庄子的《庖丁解牛》，这是人们所熟知的——"庖丁为文惠君解牛，手之所触，肩之所倚，足之所履，膝之所踦，砉然向然，奏刀騞然，莫不中音。"

这是很有趣的开篇，它包含着什么样的寓意呢？古人论写文章，说是"起句当如爆竹"，在于先声夺人。秦海地说："《庄子·养生主》开篇为我们展示了一位技艺精湛的厨师杀牛的精彩场面。随后，睿智的庄子为我们揭示其中的奥秘：'刚杀牛时，所见无非牛者；三年后，未尝见全牛；十九年后，官知止而神欲行，恢恢乎其于游刃必有余地矣。'"他说："一个厨师的成长历程清晰地展现出来，这种成长告诉人们一个道理，做任何事要做到心到、神到，就能达到登峰造极、出神入化的境界，庖丁之心和庖丁之神就是'工匠精神'。"庄子的寓言中包含怎样的哲理，它所揭示的工匠精神与养成教育有什么关联，与秦海地的管理思想、衡水二中的文化个性有怎样的关联？从秦海地简短的论述中，我们可以感受到他的追求与顿悟，由技及道、寓道于技，是衡水二中养成教育的特点，也是工匠精神的文化内涵。"形而上者谓之道，形而下者谓之器。"衡水二中的不凡之处，秦海地学校管理的文化密码，从《庖丁解牛》这则寓言中，从秦海地对"道"的追求中，我们似乎可以初见端倪。

什么是道？什么是秦海地的学校管理之道？"天地有大美而不言，四时有明法而不议，万物有成理而不说。""天不得不高，地不得不广，日月不得不行，万物不得不昌，此其道与！"庄子认为天地有大美如天之高、地之广、日月之行、万物之昌，它们"不言"。因此，一所学校丰富的文化意义及内蕴的精神品格，既不是完全可视的，也不是话语能够完全说明白的。参观者的目光仅仅停留在外在的行为上，就不能体察一所学校的运行之道，"道"是不能用人的感官来认识的。对于衡水二中来说，这是同样的道理，校长对道的把握并不表现为引经据典的演说，而在于心灵的感悟，在于自觉地由技及道的努力。庄子用

"天地与我并生，而万物与我为一"，作为人生最高精神境界的描写。这种境界，乃起于人和自然的亲和关系，人可以突破自我的局限，而与他人他物相感通与融合，由此而有一种和谐感。这正是秦海地所说的境界，养成教育与工匠精神都朝向这一境界。遵循庄子的学说，要想得到道，出神入化，就必须超出常人的思路。如果遵循着常人的思路去理解，那就会如坠云雾，理不出头绪来。"形而上者谓之道，形而下者谓之器。""道"要见之于"器"，成人之道见于做事，做事要有工匠精神。秦海地不是那种天马行空、论辩滔滔的校长，而是个性内敛、行事沉稳且作风精细的校长，因而能做事和成事，能成就大的事业。

学会发展:由技及道见境界

养成教育定义了高中教育的性质,工匠精神锁定了学校教育培养的目标,二者相辅相成。用养成教育塑造工匠精神,以工匠精神升华养成教育,是衡水二中矢志不渝的追求。基础教育作为广义的文化活动,最为本质的内涵和特征在"养成"。回顾人类文化发展史,我们分明可以看到,"养"的出现,正是人类文明的起点。生民之初,一切都是"野"的——野生植物、野生动物等,人类自身也属于野蛮状态。为了生存,人们只能采集野生植物,狩猎野生动物。对动物进行驯养并种养植物,意味着人类文明的真正开创。"养"的过程,是"驯、育、培"的综合过程,养育包含着教化,推动人类自身从野蛮到文明的进步。中国几千年的教育史,对青少年的养成教育,始终是教育的第一要务。孔子教学生以"礼""乐",后继者孟子崇"仁",荀子隆"礼",着眼点都在"成人"——君子成人之美,不成人之恶。文质彬彬,然后君子,养成"温良恭俭让"的风度。

现代学校以立德树人为根本宗旨,《中共中央关于改革和加强中小学德育工作的通知》指出:"德育对中小学生⋯⋯更多的是养成教育。"养成教育是德育的主要内容,它以培养学生各种良好习惯为主线,将教育渗透于学习、生活和活动的每一个环节之中，活动是学生道德品质形成的重要途径。秦海地将高中教育明白定性为养成教育，是对立德树人教育宗旨的坚定把握，也是对衡水二中生存发展的价值导向。学校教育终究是培养人的事业，基础教育为人的终身发展奠基，高中阶段尽管面临严峻的高考，但为党育人、为国育才的根本方向不能丢。这是育人之道，且道不远人，贯穿于学校课程教学的全过程。学生不是考试的机器，学校不是应试的战场，一所有品位的高中学校必然闪耀着人性的光辉，有生命的舒张，有文化的熏陶，有美好生活的创造。

长期以来，人们有一个很大的误解，以为工匠精神的塑造是职业学校的事。这是对教育教学性质内涵理解的一种偏颇。"人有两个宝，双手和大脑"，陶行知先生的生活教育理论告诉我们：社会就是学校，生活就是教育，教学做合一，这是对杜威"从做中学"教育思想的丰富和发展。高中教育同样需要沟通符号世界与生活世界，同样需要培养一种工匠精神，尽管普通高中教育的重点不在专业劳动技能的训练，但作为一种劳动态度和学习习惯的工匠精神，是高中学生核心素养的重要组成部分。秦海地说，"工匠精神不是与生俱来的，它要通过适当的教育、培养、传承而逐渐积累而来"。"专注严谨、精益求精、止于至善、持之以恒"等，是工匠精神的核心内涵，也是养成教育所要赋予学生的核心素养。

养成教育、工匠精神与"原生态教育"理念水乳交融，切实有效地培养了学生的良好习惯，促进衡水二中教育教学质量的持续大幅度提升。秦海地认为，肩负着"传道、授业、解惑"的学校教师，是实施养成教育的主要力量，应承担起培养学生良好行为习惯的重大责任。秦海地说："培养学生的工匠精神，需要具有工匠精神的老师。"因此，不管是在学校还是在社会，也不管是在课堂教学中，还是在日常生活中，教师要处处以身作则，用自身良好的行为习惯去影响、教育学生，激发学生开拓精彩人生之路的原生动力。

衡水二中的工匠精神具有怎样的规定性，又有怎样的个性特征，与基础教育阶段的养成教育有怎样的关联呢？秦海地认为，这首先需要培养一种精工细作的意识，即"教学和管理的每个环节、每道工序、每个细节都要精心打磨、精益求精，专注、精确、极致、追求卓越"。衡水二中对教师要求之严、教学品质定位之高、学校管理之精细与务实，由此略见一斑。学高为师，身正为范，教师以自己的言行教化与引导学生，因而，要求不能不严，定位不能不高，管理不能不精细，措施不能不务实。这种工匠精神的大力提倡与发扬，正是衡水二中的不凡与卓越之处。

秦海地说："教书，就要做个传道授业解惑的好老师。"好教师要有工匠精神，必须把教学的每一道工序做到极致。什么是教师的工匠精神？秦海地认为，教师要把培养每一位学生看作塑造一件艺术品。一件艺术品的产生要有时间的积累，也要经得起时间的检验。他说："教育是慢的艺术，塑造艺术品的教育更需要耐心和等待。老师们把对孩子无私的爱转化为对学生的全程陪伴。"教师的工匠精神主要体现在课堂上，为了"让课堂效果发挥到极致"，衡水二中的教师在备课上近乎苛刻。秦海地认为，教师不辞辛劳，学生才能相对轻松；备课精心细致，才能有课堂气氛的愉悦，有学生思维的活跃。

什么才是"极致"？秦海地的回答是，"把教育当作事业，而不是养家糊口的职业，不计较得失，守得住清贫，耐得住寂寞，坚守住自己的备课桌和讲台，把一切时间都用在自己的学生身上。"这显然不仅仅是教学技能高超的问题，而是涉及为师之道的崇高境界。由技及道，融进了仁爱之心和道德情操。

衡水二中的教师是如何践行的？"（我的）心思都在学生身上，家里买房子、装修，我只管掏钱，其他不问。房子都装修完了，具体位置在哪里我还不知道，"学校办公室崔主任说着笑了起来，"因为我从来没有去看过。"市政建设在马路上挖了个大窟窿，一位教师凌晨从家去学校，没看清路，不小心掉到这个坑里，弄得浑身都是泥水。他爬起来继续往学校赶，到校陪伴学生跑操结束，把后续工作与其他教师对接好，再回去换衣服。什么是事业心，什么是责任担当，什么是对工作极端的负责任？衡水二中的教师以自己的实际行动做了很好的回答。

这种精神是怎样培养起来的呢？这当然需要有一个长期积累的过程，这种精神的生长也需要相应的文化土壤，最为重要的是校长的表率作用，以及领导班子的带头作用。"其身正，不令而行"，这是一种人格的魅力。秦海地说，"每天早上五点多，孩子们还没起床，学校领导和班主任老师就已经出现在操场上等待孩子们起床，陪孩子们上早操；晚上等确认每一位同学都上床休息之后，他们才匆匆赶回家里。有的老师把年幼的孩子交给家人照看，有的老师顾不上照顾年迈的父母，只为让每一个学生的生命之花精彩绽放。"工匠精神在衡水二中蔚然成风，秦海地说："老教师精益求精、精雕细琢的无私奉献，这一切都潜移默化地影响着年轻老师们……传递了耐心、专注、坚持的精神，成为优秀教师所必须具备的特质。"

　　灿烂的精神之花，结出丰硕的教育成果。2016年高考，衡水二中一本上线3663人，600分以上1768人，35人进入河北省文理前100名。一个个原本并不出众的孩子，在学校养成教育的过程中，逐步成为习惯好、品质优、素质高的优秀学生。

　　在诱惑无处不在的今天，坚守工匠精神不是一件容易的事。毛泽东同志称赞白求恩——"对工作的极端的负责任，对同志对人民的极端的热忱。"这两个"极端"是一种崇高的境界，这在衡水二中的教师的身上也得到了充分体现。教师们静得下心，耐得住寂寞，坐得住冷板凳，下得了苦功夫，凭借"工匠精神"创造了一个又一个教育奇迹。衡水二中奇迹的创造并没有什么秘诀，他们所凭借的就是这么一种精神。秦海地认为，这主要在做人的境界。他说："我们要设身处地想想，家长对我们的期望是什么，孩子们的未来在哪里，我们能不能做得更好。"

　　"人民对美好生活的向往，就是我们的奋斗目标。"习近平总书记的这一教导是衡水二中教师群体坚定不移的指导方针，也是他们不竭的精神动力。衡水二中的教师群体，就是在这样的奉献和奋斗中，在一丝不苟的不懈努力中，不断提升专业水平和思想境界，从而带动自己与学生共同发展。

学会合作:集体人格的培养

工匠精神,养成学生的个人品质,也涵养学校的集体人格。工匠精神,既是一种境界,也是一种动力,激励师生锲而不舍地追求优秀和完美。秦海地说:"时间长了,优秀就成为一种习惯,这种习惯帮助每一个孩子在充满挑战的人生之路上走得更加从容、豪迈。"

"有匪君子,如切如磋,如琢如磨。"秦海地认为,培养师生的工匠精神,要注重细节的培养,养成雕刻琢磨的习惯。他说:"工匠精神的理念是脚踏实地,求真务实,摒弃浮躁心态,保持内心的宁静,追求每一个细节的精致、精细,力求达到完美和极致。"对此,秦海地特别强调三点:一是求真务实的态度;二是内心宁静的品格;三是精工细作的工艺。由此,达到尽善尽美的教育目标。这三点,是对学生和教师的要求,也是秦海地对于自身的要求。

求真务实是为人做事的根本。衡水二中之所以办得这么好,基本的一条是一切从实际出发;秦海地之所以有个人魅力,重要的一点是能真诚待人;二中的学生之所以进步特别快,与认真踏实的学习态度密不可分。内心宁静是为人做事的前提。诸葛亮有名言:"非淡泊无以明志,非宁静无以致远。"任何一所有品位的学校,都应有一种定力,不跟风,不趋势,有所不为,才能有所为。

任何一个校长，都要耐得住寂寞，守得住本分，聚精会神地办学，且得到教师群体的认同与跟随，才能切实提升学校的教育质量。

衡水二中对教师有一些特别的要求，诸如，不许去歌舞厅，不许去洗头房等。秦海地在二中当校长近二十年，对此常抓不懈，毫不通融。为什么这样规定？秦海地说，这不仅仅涉及教师形象，而且免于扰乱教师的心志，也让教师的家庭成员放心。学校的所有这些规定，在长年累月的管理实践中，化为老师们的自觉和自律，积淀为一种集体人格。学校办公室崔主任笑着对我说："我们学校老师加班时间再多，回家再晚，也没有哪家有怀疑的。他们知道秦校长管得细，管得严，都放心。"

从校内到校外，从日常工作到师德师风建设，衡水二中的管理不可谓不精细，不可谓不严谨，一定程度上说，正是这种精细严谨，成就了衡水二中的校风。

人们对于衡水二中的关注，一般都聚焦于学校的教育工作，认为管理之精细主要体现在教学上。其实，作为一种自觉的精神作风，它体现在学校各项工作中，渗透于工作的全过程，在教师群体中得到充分体现。以一年一度的成人礼为例，为给孩子们一个难忘的成人纪念，学校在每个环节的设计上都煞费苦心，仔细斟酌，力求完美。这需要每个人的通力协作。秦海地说："当成人礼的环节依次呈现在大家面前时，操场上几千学生和家长被深深感动。成人礼为孩子们美丽的人生画卷增添了浓墨重彩的一笔。"众多权威媒体为衡水二中的人文关怀所感动，新华社、《人民日报》、中央电视台、《中国青年报》《中国教育报》、人民网、新华网等纷纷对此进行报道。

2016年高考，衡水二中李晓峰同学以全市唯一文科数学满分150分的成绩获得河北省单科第一名，陈怡宁同学以语文成绩144分位列衡水市文科考生第一名。亮眼成绩的背后不仅是丰富的知识储备，还与注重细节、精益求精的学习品质密切相关，与师生之间的相互关爱和帮助密不可分。

秦海地认为，一所高品质、高质量学校，需要培养一种严谨细致的品质，更需要水乳交融的合作与协调。衡水二中的跑操红遍全国，被誉为"天下第一操"。步伐一致、场面宏大的跑操，实际上是众多细节的流畅衔接。正是同学们对每一个步骤做到了严谨、细致，才有了规范的踏步、嘹亮的口号、整齐的队列、标准的动作，才有了近乎完美的表现。每年的元旦联欢会也是二中师生的一道精神大餐。参演师生克服困难进行精心排练，每一个动作、每一句台词、每一个眼神，甚至电子屏的每一帧画面，都经过细致的斟酌、推敲、练习，争取做到最好。

有专家认为，对学生尽量少管，降低要求，他们才能更好地自我学习、自主发展。丽江市华坪女子高级中学的张桂梅校长，也曾按专家的指点，实行所谓的自主探究教学。她很快就发现，女高学生基础差、底子薄，"即使给她们足够的时间，也只会在课堂上聊天"，根本不能进入学习状态。于是，只能赶紧叫停。因材施教与良好习惯的培养，无论怎样先锋的改革，决不能动摇教育的这两个基点。学生毕竟成熟度不够，需要教师精心引领与教化，学校如果放任自流，那是一种不负责任的态度。教育以立德树人为根本宗旨，德性是在"外得于人，内得于己"的过程中形成稳定的向善品性，在个体外在行为层面形成良好的习惯。基础教育是养成教育，精细严谨工匠精神的养成，不仅有助于高考升学，而且会让学生终身受益。学校所给予学生的，不仅是个性的张扬，集体的归属感，还有精神的培养。

马克思说："在科学的道路上是没有平坦的道路可走的，只有不畏劳苦、沿着陡峭山路攀登的人，才有希望达到光辉的顶点。"秦海地认为，培养学生的良好习惯，重在培养一种专心致志、持之以恒的精神。一丝不苟，持之以恒；精诚所至，金石为开。秦海地说："在衡水二中，老师们将培养孩子们心无旁骛的坚定信念和十年一剑的专注精神，作为教育教学的重要目标，使孩子们不好高骛远，而是专注于当下，做每一件事都要尽最大努力，调动自身全部资源和力量做到最好。"任何人都不是轻轻松松成功的，更何况心智与品德处于成长期的高中学生。正所谓"骐骥一跃，不能十步；驽马十驾，功在不舍"。衡水二中奇迹般成就的取得，贵在精细，贵在专一，贵在持之以恒。精细严谨、责任担当，这已成为衡水二中的集体人格。一个人或许可以走得更快，但一群人、一个集体可以走得更好和更远。学生个体的优秀品质需要在人际关系中打磨，在实际生活中得到不断地完善。

被称为经营之圣的稻盛和夫曾与法国优秀企业斯伦贝谢公司的总裁让·里夫就"最佳"与"完美"进行过对话。稻盛先生说道："所谓最佳，就是与其他相比，做到最好的意思。但是产品只要有些细微瑕疵，这从工匠精神来看就无异于失败。相对而言，即便是残次的失败品，也有其中的最佳。但是，所谓完美，它不是与其他产品相比，而是意味着绝对。既然是完美，那就没有比完美更好的东西。"

如果追求精益求精，在这样的心态下，制造的产品也不一样。教育是培养和造就人的事业，不能有任何随意和粗疏。明白了"最佳"与"完美"二者的区分，你就能理解秦海地的管理思想，理解衡水二中对精益求精的追求。这不是对某些教师和学生的要求，而是对全体教师和学生的要求，"追求完美"，力求完美，需要教师与学生群体共同努力，一个人都不能缺位，一丝也不能松懈。

学会认知:知识的迁移与创新

　　衡水二中的管理,让前来学习观摩的校长和教师深有感慨。成百上千人在教学楼的廊道上穿梭,教室内的同学不受任何影响,没有一个向外张望的。如此专注,如此自觉,学习效率当然高。也有教育专家质疑,认为这种专心致志,是对学生自由的剥夺,有碍学生的个性发展。对此,秦海地并不认同。学校是一个集体,需要有相应的秩序才能维持,才能有效运行,这是基本常识。学校作为集体生活的场所,个人意愿融合于集体意志,才有个性的彰显与更好的发展。自由是个人的权利,同时也意味着一种责任。学会对自己负责,同时对别人负责,这是个体社会化的必然要求。约束自己形成的定力,恰恰是学生的一种核心素养,关联着学生的个性人格。《大学》有言:"知止而后有定,定而后能静,静而后能安,安而后能虑,虑而后能得。"这段语录以醒目的鎏金大字写在学校的外墙上。

　　知止是认知的出发点,也是认知发展的基础。心绪安定才能神志专一,神志专一才能深思熟虑,深思熟虑才能把事情办好。我们的古人看得非常分明,"定""静""安"等,是"知止"的深化,也是能力的迁移。"止""定""静""安"等,均指专心致志,无论从哪一个角度看,都是一种良好的学习品质。荀子《劝学》篇说："蚓无爪牙之利，筋骨之强，上食埃土，下饮黄泉，用心一也。"反之，心浮气躁、六神无主，那就什么事情也做不成。专注，作为一种良好的学习品质与习惯，必须在基础教育阶段养成，进而能伴随学生终身。精细严谨的教学与管理，专心致志的学习态度，能够带来学校教育质量的大幅度提升，更为重要的是促进学生的全面发展。全国最美中学生、河北省汉字大比拼高中组冠军、河北省家文化知识竞赛一等奖、河北省国学演讲比赛一等奖、河北省时事知识竞赛一等奖、衡水市运动会唯一打破省纪录代表队……衡水二中学生获得的这些奖项充分说明，他们不仅学习好，考得好，而且在各个方面具备优秀的素质，有着和谐发展的整体水平。事实有最为充分的说服力，衡水二中的校园生活是丰富多彩的，这里决不培养书呆子，更不输出应试的机器。"文武之道，一张一弛。"学习则全神贯注，运动则生龙活虎。三年的高中生活，未必能把每一个学生都送进心仪的大学，但能让每个学生都养成良好的习惯与品质，这会使他们终身受益。

衡水二中这样的县域高中，生源、师资、设施、经费均受到很大的制约，办好这样的学校面临很多困难，因此，他们的成功经验弥足珍贵。办好县域高中学校是当前非常热门的话题，但怎样才能办好呢？人们的关注点好像比较集中于生源，似乎生源好一切都会好。然而，面对优质生源，是否有与之匹配的优质教育呢？许多县域高中都无法回避这严峻的追问。换一个角度看，为什么县域高中没有吸引力，优秀生源会流失呢？如果这个问题想不明白，相应的措施不到位，即使有好的生源，也未必有好的教育成果。衡水二中的不平凡之处，秦海地的卓越之处，在于他提出了"原生态教育"理念，打造了"低进优出"的教育品牌。知识可以迁移，人性可以化育，低分学生可以脱胎换骨，让人刮目相看。

"桃李不言，下自成蹊。"如今，衡水二中的生源一年比一年好，但没有任何政策倾斜，也无须教育行政出面协调，是优质的教育与老百姓的口碑，让许多家长与优秀学生慕名而来。衡水二中无疑是办好县中的榜样，它的起步阶段不及一般县域高中,因而,这样的榜样很有说服力,也有示范性。衡水二中的成功经验很实在,前来参观的学校听得懂,看得明白,经验能用得上,因而具有普适性的意义和价值。因为名声在外,所谓树大招风,衡水二中所引发的质疑和误解也就多,这是情理之中的事。看待这样一所学校,需要换位思考,设身处地。衡量一所学校的成败得失,群众满意不满意,学生向往不向往,教师安心不安心,校长尽心不尽心,这些大概是最为根本的。而在这些方面,衡水二中大概是最为自信,最问心无愧,也最为自豪的。

英国社会人类学家马林诺夫斯基说:"若我们怀着敬意去真正了解其他人(即使是野蛮人)的基本观点,我们无疑会拓展自己的眼光。如果我们不能摆脱我们生来便接受的风俗、信仰和偏见的束缚,我们便不可能最终达到苏格拉底那种'认识自己'的智慧。就这一最要紧的事情而言,养成能用他人的眼光去看他们的信仰和价值的习惯,比什么都更能给我们以启迪……人的科学以它最细致和深邃的形态……指引我们达到这种见识、慷慨和宽大。"对一所学校是非功过的评论,其实是大可搁置的,所谓"智者不辩,辩者不智"。而它所包含的成功经验及教训,给我们以怎样的启发和借鉴,这才是我们所需要关注的。秦海地说:"每个人都有梦想,人类因拥有梦想而伟大。实现梦想是人生的幸福追求,有梦、追梦是通往幸福的快乐脚步。"这番话是秦海地的夫子自道,办好衡水二中是秦海地的一个美好梦想。衡水二中并不尽善尽美,校长、教师、学生只是一群追梦者,追梦途中其乐无穷。校长有梦想的追求,莘莘学子才有梦想的放飞。

作为校长,秦海地有怎样的梦想,曾付诸怎样的实施,又转化为怎样的现实呢? "我校将励志教育作为德育教育的主线,让励志教育常规化,时时励志、人人励志,唤醒、激发学生内在的发展力和创造力,成就学生的青春梦想,让学生收获精彩人生。"励志、激情、梦想,构成这所学校精神文化的主旋律,叩打着人们的心灵,闪耀着人性的光辉,成就每一位学生的幸福和美好。因为有梦,追梦,所以自觉地风雨兼程,并乐此不疲。

　　初到衡水二中参观的教师和校长，看到学生行路步伐很迅疾，有的手上还拿着书瞄上几眼，以为这是学校的精心布置，表演给参观者看的。二中教师笑着解释说："没有谁布置，我们更不赞同走路看书。"是的，这是学生的一种自觉，出于对时间的珍惜。这种珍惜，是与学生心中的梦想连在一起的，否则谁都无法要求学生这样做。对学生而言，这是自我的要求，是自觉的规范。

　　每个人都有他的童年，童年总是伴随着各种梦想。因为有梦想，所以儿童感到生活充满乐趣。因为有梦想，所以儿童对外在世界充满好奇。因为好奇，因为惊讶，因为有旺盛的求知欲，而能走向不断的创造。生命成长的历程并非线性的进步，随着年龄的增长，常常是好奇心的消退与梦想的萎缩，是学习兴趣和能力的下降。所谓"有志之人立长志，无志之人常立志"。志当存高远，贵在持之以恒。高中学生需要重拾童年的梦想，永葆进取的激情。衡水二中将"唤醒孩子沉睡的心灵"作为德育工作的重点和中心。秦海地说："校园文化建设以励志为主题，文化路上汇集毕业生的励志语录，名校林中如临其境感受大学的'呼唤'，廊道文化别具一格的激励引领，巨型展牌上发出'奋斗的青春最美丽'的号召，时时处处给学生一种'润物细无声'的激励和感染。"人生需要有梦想，有对梦想的追寻。教育要对学生的追梦做出回应，作价值的引领。

　　美国哲学家安乐哲在《"生生"的中国哲学——安乐哲学术思想选集》一书中说："儒学的'人'含义，首要的是自强和'践行'，这是对生存与成长的一种表达：在意义提升的状态中，伴随着渴望、沮丧以及时而的满足。"教育是成就人的事业，其实也是帮助学生圆梦的事业。教师的使命在成己达人，佐助学生穿越各种烦恼，应对各种挑战，体验生命成长的快乐和满足。安乐哲说："这个'人'，是人在继承的文化遗产中一种不间断'成仁'的表达。"中华文化推崇相互尊重与相互依存的关系价值，"人"是作为关系的构成，是植根于、受教于特殊的相互性关系形式的。校长教师和学生有共同的梦想追求，因而这所学校有永不停息的奋进与超越。

　　2016年高考总分718分、位居全省考生理科第四名的陈渤浩同学回想自己的学习经历时说："从进入二中学习的第一个月起，我就被这里浓厚的学习氛围和激昂向上的整体状态所深深感染，又重新找回了拼搏的激情。"特别是升入高三以后，每当学习上遇到困难或是成绩停滞不前时，他就会看看路边毕业的学长学姐对在校生的鼓励——"贵在坚持，难在坚持，成在坚持""弱者选择安逸，强者勇往直前"……这让他受到很大鼓舞，使他产生一种精神内驱力，引发强烈的情感共鸣。

"亲其师，信其道"，老师真挚地爱护学生，才能走进学生心里，进而打动学生，激励学生。秦海地说："班主任一声和蔼可亲的问候，作业本上一两句鼓励的批语，胜过了许多空洞的说教。"

"教育不是灌输，而是点燃火焰"，学校知盛楼上这几个大字赫然醒目，它激发着学生的奋斗热情，让学生在这里成就最优秀的自己。为迁移而教，这是教育的基本信条。衡水二中的成功不在知识的单一灌输，而在认知与情感融合中的正向迁移。这里不培养死记硬背的被动学习者，而是五育并举、相互促进，让每个学生都成为学习的主人，能得到和谐而全面的发展。

学会生存：奋斗的青春最美丽

从一所普通学校，华丽蜕变为全国十大高中名校之一，衡水二中走过一条怎样的路，是什么精神力量支撑着他们？这些是人们所普遍关注的。这是一条勇敢追梦的创业之路，秦海地说："追梦路上不会一帆风顺，成功者的背后都会有数不清的失败经历。""敢问路在何方，路在脚下。"恰如唐僧师徒西天取经，正果的修成需要历经千辛万苦，一路风雨坎坷，尝遍酸甜苦辣。如果说唐僧取经源自一种执着的信仰，那么秦海地的精神动力来自校长的责任，来自教育的梦想——圆莘莘学子的成才之梦。梦想是对美好的期待，梦想是对未来的希望，梦想是对现状的改造和升华。

"学会生存"，曾是联合国教科文组织提出的教育纲领。"生存"不是苟且地活着，不能仅仅是对自然界的适应，不能屈从于命运，不能局限于现象世界，而是要改造它，提升它，创造更为美好的生活、更美好的命运。教育就是生活，教育就是生长，是不断地将梦想变为现实，将潜在的可能变为现实。梦想之路无坦途，是一次次失败，又一次次跃起。秦海地说："其实，失败并不意味着一事无成，它意味着你得到了经验；失败并不代表命运对你不公，它是命运对你更好的给予。"一切经历都是财富，衡水二中的发展史就是全校师生的追梦史、奋斗史。压力恰恰可以成为动力，失败不仅是成功之母，而且是人走向精神成熟的催化剂。叔本华说："人类生而具有与困难搏斗的力量，一旦困难消失，搏斗也就终止，这些力量便无处使用，反而变成生命的一种负担。这时，为了免受厌倦的痛苦，人还需发动自己的力量，同时运用自己的力量。"

人生能有几回搏，幸福来自奋斗。高中学生的成长之途，难免有很多的坎坷，这需要他们具有一种良好的心境，一种奋斗的人生态度。在衡水二中，即使模拟训练成绩不理想，同学们也会坦然对待，并有信心在高考中逆转。秦海地说："失败是人生的必修课，在教师的引导下，学生们都能够正确认识学习和生活中失败和困难的意义所在，他们变得乐观、坚强，勇敢无畏。"以奋斗精神立校，扫除困顿萎靡之气，这是衡水二中的成功之处。以人生的哲理启迪学生，培育学生的生命自觉，这是秦海地主持学校工作的独到之处。"风雨中这点痛算什么，擦干泪不要怕，至少我们还有梦。"郑智化的这首《水手》，唱出了一个人不屈的心声，而这不正是二中学生精神风貌的很好写照吗？

秦海地告诉我们："衡水二中的学生'不比聪明比勤奋，不比基础比进步'。每个班都有自己的励志金句，建立起班级的励志文化。他们的共识是：奋斗的青春最美丽，要用拼搏的青春为人生赢得精彩。"秦海地认为，在生命的历程中，人如果只是作为一个孤独的舞者——舞台上没有灯光，没有音乐，没有观众也没有掌声，那么即使是最棒的表演，也只是一种悲剧式的美丽！因此，需要创造一种励志性的集体氛围，让学校成为一个奋发向上的精神共同体。以似火的热情点燃内在德性，用励志的激情沟通德性与德行，使得每一个体与学校集体和谐共生，以此不断地走向超越，走向新的辉煌。

正是这样一种精神的力量，二中师生以生命的自觉，秦海地以他的教育哲理，贯穿于学校发展的全过程，确保二中不致在平庸中沉沦，或在虚骄中衰退。衡水二中及校长秦海地，以他们的奋斗回应生活。青春的生命在奋斗中燃烧，校长的智慧在奋斗中闪光。热情的人们钟爱他们所做的，即使没有财富、名利和权势的报偿，他们也会一往无前。秦海地认为，无须对"可能发生"

的事情冥思苦想，而须在"应当做"的事情上挥汗如雨；每一刻都该全心全意地去生活，用不竭的热情去连接美丽的彩虹。教师的职责在激发学生对生活的爱，亲切地熨平他们灵魂的褶皱，让他们有生命的舒张，有自信的愉悦，有精神的成长。

在衡水二中，学习成了校园里的"最时尚"，在浓厚的学习氛围中，学生们比着学，放学后你学五分钟他就要学十分钟，考试中这次你赢了他，下次他就要赢了你。秦海地说："态度比能力更重要，学习态度端正了，能力和结果都是水到渠成的事。"谁赢了谁，其实并不重要，重要的是拥有竞争的精神，奋进的勇气，以及一往无前的气概。这些精神品质是学生一辈子的财富，能让一个人立于不败之地。对于衡水二中这种精神风貌，有质疑和异议也不奇怪。审美有偏好，或阳刚，或阴柔，有人崇拜硬汉海明威，有人欣赏奶油小生，大可存而不论。

谁说竞争都是血腥的，谁说他人是你的地狱？在衡水二中你可以更多地体验到关切和友谊，体会到人与人之间的温馨。2016年4月底，高考备考进入攻坚阶段，高三(6)班的王赛亚同学突发阑尾炎，需要手术住院。此时离开校园，让她心中平添了几分紧张。"保持好心情，才能恢复得快，加油，我们在学校等你回来。"电话中班主任刘家强的一番鼓励令她备感振奋。病愈返校后，王赛亚受到了老师和同学们的格外关照，好朋友李玉涵、孙妍总是帮她打饭、打水。不懂的题目，老师和同学亲切辅导，有问必答。半个月后，王赛亚收获了664分的骄人成绩。衡水二中师生的生存状态，是互相关爱中的共同成长，并肩奋斗的青春彰显生命的靓丽。

人的成长过程是一个社会化的过程，教育要佐助每个学生完成这一进程。除了人类，没有一种动物的生存会如此高度地依赖社会化。几乎其他所有动物的生存都是依赖生物本能而非社会化。但人类知道，单靠本能可以做成的事情非常少。我们与环境打交道的能力并非与生俱来，我们不是靠本能而活。竞争推动社会进步，关怀孕育社会和谐。学会生存、学会学习、学会合作、学会做事,现代教育的这些基本原则,是对人类社会化的必然要求。人类生活在一个社会化与生存紧密相扣的世界里,社会化的进程充满各种挑战,这是持续的、无止境的、存在于方方面面的。衡水二中用励志教育赋予学生向梦想奔跑的从容和倔强,用追梦的豪情展示青春的风采,用友爱和争先为品性增光。

励志教育：遇见最好的自己

　　让学生"遇见最好的自己"，是秦海地鲜明的教育主张，贯穿于他个性化的教育管理实践之中。"遇见最好的自己"，也是秦海地看待教育的独特视角，包含着他对教育本质的理解。教育是什么？教育学界至今没有定论。教育是培养人的事业，这点没有异议。但"人"是什么，培养什么样的人，以什么样的方式培养人，这就有认识的分歧。在西方，古希腊时期的古典教育，将培养治国人才作为教育目的，教育是一种自由民的闲暇教育。中世纪基督教教育盛行，是教会自上而下控制人的思想工具。启蒙时代的自然教育是培养自由、平等、理性的"自然人"的教育。19世纪的自由教育是以人为本、注重人的理智训练的教育。20世纪前期的实用主义教育，认为教育即生长，即生活，即经验的不断改造。20世纪中期的存在主义教育，认为教育是灵魂的教育，是人与人之间心灵的交流活动。

　　秦海地认为，教育要"把个人价值寄托在对国家和人民的大爱与奋斗中"，这虽然不是对教育的定义，但含有明确的价值指向，有鲜明的育人自觉，揭示了教育应有的内涵，以及教育该承担的使命。人们常说，没有爱就没有教育，但这主要是从教师角度说的，从学生的角度看，没有爱就没有精神的成长。教育有丰富的价值意蕴，包含对国家和人民的大爱，这必须贯穿于教学活动的全过程，落实于学校工作的各个方面。秦海地对教育的这一理解和定位，让衡水二中有一个自觉的政治站位，凸显教育的国家意志和人民性，而这正是衡水二中教育的出发点和坚实的根基，将它与形形色色的应试教育划出了界限。秦海地认为，坚持这样的教育方向，师生"精神有了归属，生命就有了意义"。让学生"遇见最好的自己"，便是让精神有归属，生命有意义。秦海地说："家国情怀是一股永不衰竭的精神涌流，有了它的丰润必能描绘大写的人生。"

衡水二中作为高中教育成功的典型，在受到普遍的赞誉的同时，也有各种不同的声音。"横看成岭侧成峰，远近高低各不同"，不同的人有不同的看法，这是正常的社会现象。造成分歧的原因很多，除了对学校实际情况的不了解，更多的是对教育本质认定的偏差，对教育功能认识的窄化。卢梭的自然主义教育观、杜威的实用主义教育观、雅斯贝尔斯的存在主义教育观，持异议者的理论基础主要有这样三种。这每一种教育观都有道理，但照搬到中国，生吞活剥以指导当下的中国教育，评价丰富多样的中国教育实践，其偏差和窄化就很难避免。

教育是什么？南京师范大学鲁洁教授从教育促进人的发展的维度，对教育的内涵做了深入的剖析。她认为，"……教育是一种既授人以生存的手段与技能，使人把握物质世界的教育，又导人以生存的意义与价值，使人建构自己意义世界的教育，是这两种教育的协调与统一。"鲁洁教授说："……教育所要达到的目的有两种：一种是'有限的目的'，也即是使受教育者具有与外部世界期待相符的外在目的；另一种也是更为重要的则是'无限的目的'——'超出人的自然存在直接需要的发展'之内在目的，这项目的指向的是人自己，是人的自我发展、自我提升、自我意义建构。只有使这两重目的统一才可能达到人的全面自由发展。"

通过教育，使受教育者获得生存的手段与技能，进而改善自身的生存处境，提高自己的生活质量，这是教育最为基本的功能，体现教育的现实性，所实现的是教育的"有限的目的"。通过教育，使受教育者明确生存的意义和价值，进而构建自己的意义世界，提升自己的人生境界，朝向中国古人所说的"至善"境界，这是教育更为崇高的目标，所要实现的是"无限的目的"，体现教育的超越性。教育基于生活，朝着理想，是现实性和超越性的统一。教育正是在二者和谐统一的基础上，促进人的全面自由的发展。因此，离开人的基本需求，排斥教育的基本功能，大谈教育的"无限的目的"，大谈"灵魂"之类，这是空泛的，也是虚无的。局限于世俗生活和"有限的目的"，仅着眼于基本生存的需要，离开对人生价值和意义的追问，片面追求升学率，使教育失去其超越性，这是庸俗的，也是可悲的。从鲁洁教授对教育本真性的具体阐述出发，我们可以更好地理解秦海地的教育思想，深入理解衡水二中的价值追求和目标定位。

"遇见最好的自己"，从习惯培养的角度看，是一丝不苟的持之以恒。以跑操为例，两三分钟的操前读，学校要求学生昂首挺胸，将手中的资料举过头顶，大声朗读，在培养分秒必争的意识的同时，学生的激情被充分激发，内心深处的豪迈油然而生；踏步时学生们摆臂标准，抬腿规范，口号响亮；跑操时精神饱满，动作一致。完整的程序下来，同学们的热情和斗志都会被调动起来，以积极的态度去迎接一天的挑战。秦海地说："在衡水二中，跑操是件小事，却跑出了大精神、大气魄。学生们生活在激情校园，被积极向上的氛围所包围，激情感染激情，升腾成超强的能量磁场。"教育部原副总督学、中国教育学会原常务副会长郭振有称赞说："整个学校就是一个气场，把学生熏陶成了一批有精神、有志气的孩子，具备二中这种精神面貌的学生堪称中国振兴的希望所在。"

"遇见最好的自己"，从家庭伦理的角度看，是一种体贴入微的亲情关切。衡水二中要求学生，放假回家必须完成"三个一"的特殊作业，即回家后要给家长写一封信，为家长做一次家务，与家长聊天一个小时。秦海地说："每年的父亲节、母亲节、教师节、重阳节等节日，只要学生在学校，我们都会组织各种活动，帮助学生更深入地了解家长和老师的不易，培养学生的感恩意识。"衡水二中先后涌现出"河北省首届中学生自强之星"董胜强、"全国特别关注孝心少年"解洪义和孙玥,以及"全国最美中学生"任紫伟等。"老吾老,以及人之老;幼吾幼,以及人之幼。"弘扬中华优秀文化,将血缘伦理、家族亲情延伸于社会服务。秦海地说:"我们培养了一批自立自强、勇担家庭责任、感恩回报父母的优秀学生典型。"让学生"遇见最好的自己",衡水二中着意培育学生的感恩之心,引导学生推己及人、"己欲立而立人",养成学生的家庭责任感和社会责任感。

"遇见最好的自己",从社会服务的角度看,充分体现了认识与实践的一致性。社会就是学校,生活就是教育。衡水二中并非如外界所猜想的,整天将学生关在校园埋头刷题,而是经常性地组织学生走上街头义务劳动,去特教学校进行联谊活动,中秋节陪孤寡老人过节,重阳节慰问抗战老兵,走访全国道德模范、全国劳动模范等优秀人物,开展"中国梦·家乡情"社会实践系列活动……秦海地说:"我们多途径、多渠道教育学生,帮助他们树立远大理想,争做对国家、对社会、对民族有用的人才。"衡水二中每年组织成人礼活动,让学生学习《宪法》,佩戴成人帽,走成人路,过成人门,诵读《少年中国说》,培养学生的责任意识和担当精神。2016年,第六届成人礼结束后,高二学生赵海洋感慨地说:"成人礼活动让我在懂得感恩的同时,更加明白了作为一个成年人的责任与担当,我以后一定会更加努力、更加积极,用自己的双手去创造属于自己的明天,为社会发展、祖国富强贡献自己的力量。"让学生"遇见最好的自己",衡水二中充分体现了教、学、做三者的统一,优化学生社会化的进程。

"遇见最好的自己",从文化心理的角度看,旨在培养学生的使命感与家国情怀。"知责任者,大丈夫之始也;行责任者,大丈夫之终也。"一个有个人责任感、使命感与家国情怀的学生,其上进心和内驱力必然胜于他人,如秦海地所言,"是永不衰竭的"。他认为,人们要有生活动力,从自我角度讲,应有明确的生活和事业发展目标,这样才会产生自主的压力,进而把这种压力转化为自我发展的动力。马克思说:"既然人是从感性世界和感性世界的经验中汲取自己的一切知识、感觉等等,那就必须这样安排周围的世界,使人在其中能够认识和领会真正合乎人性的东西，使他能认识到自己是人。既然正确理解的利益是整个道德的基础，那就必须使个别人的私人利益符合于全人类的利益。"高中学生诚然有通过高考进入心仪大学的期盼，但这种个人利益的追求与家国情怀并不矛盾。秦海地告诉我们说："二中学生积极响应祖国号召，投身国防事业。2015年学校就有五十多人被各类军事院校录取。2014年清华大学与空军学校双学籍飞行员在河北省仅录取4人，我校就有3人，录取人数居全国高中学校首位。"衡水二中用扎实有效的励志教育帮助学生们"遇见最好的自己"，成就了学生们的青春梦想。

教师:爱心·敬业·奋进

　　追溯衡水二中的艰难蜕变,秦海地认为,学校孕育涵养的精气神厥功至伟。他说:"对于薄弱学校的发展而言,激活学校内在的精气神,彻底扭转和振奋师生的精神面貌,是做好学校所有工作的第一抓手和着力点。"激活学校内在的精气神,关键在于教师,在于教师队伍。教师有怎样的精神气质,学校就有怎样的精神风貌,学生就受到怎样的教化与熏陶。什么是精气神?秦海地认为,基本的有两条:其一,工作的激情;其二,奋斗的力量。人总得有点精神,工作的激情与奋斗的力量,支撑起教师强大而丰富的精神世界。

　　"人禀七情,应物斯感。"教育是智慧的碰撞,更是情感的投射。唯有满怀激情的教师,才能感染与激励学生,激起他们旺盛的学习热情。一个萎靡不振的教师,决计造就不出朝气蓬勃的学生。教育是精神能量的传递,更是人格的互塑。马克思的女儿问:"什么是幸福?"马克思答:"斗争。"人都追求自身的幸福,但幸福不会从天而降,幸福来自奋斗,奋斗本身就定义着幸福。充满奋斗力量的教师,是学生精神成长最大的动力,是人格发育的最好表率,也是幸福人生的最好标杆。一个浑浑噩噩的教师,决不能造就奋发进取的学生,也不会给学生以幸福成长的感受。怎样的教师让家长放心,怎样的教师受学生喜欢？秦海地认为，涌动着工作激情的教师，全身心服务于学生成长并能激励学生奋发向上的教师，最让家长放心；充满着奋斗力量的教师、喜欢陪伴学生并和他们一起努力勾画未来的教师最受学生欢迎。情感的相互激发，力量的互相传递，孕育着一种温馨和谐的文化气息，营造出一种生机勃发的校园精神。教师的精气神转化为学生的精气神，师生共同的努力与奋斗形成了学校的精气神，由此创造了衡水二中令人赞叹的教育奇迹。

教师的精气神如何培育，它有怎样的文化内涵，有什么独到的教育价值？秦海地认为，没有爱就没有教育，教师的精气神是一种情怀，源自对学生深深的爱，对教育事业痴迷的爱。在衡水二中，"爱的教育"扎根在教师们的内心深处，秦海地说："他们关心学生学习，关爱学生生活，关注学生内心，用爱包容学生的不足，用爱激励学生进步，用爱陪伴学生成长。"教师之爱学生，不是一种血缘亲情之爱，而是职业伦理之爱，更无私，更公平，更体现价值导向性。教师之爱学生，是一种关爱，更是一种仁爱，是立己达人之爱。教师之爱学生，是一种文化自觉，培育德性，造就新人，师生心心相印。王阳明与友人同游南镇，友人问他："天下无心外之物。如此花树，在深山中自开自落，于我心亦何相关？"王阳明回答说："你未看此花时，此花与汝心同归于寂。你来看此花时，则此花颜色一时明白起来……"没有人心的关照，万物便失去意义。教师之爱学生，是一种由衷的关切，也是一种生命意义的建构。秦海地说："爱是教育最美的语言，更是对学生无微不至的关心。"不顾身体虚弱在雨中呵护学生的李伯义老师，半夜带学生看病的杨世晓老师，不放弃每一名同学的伊立芬老师，手术住院依然不忘关心学生的秦令雨老师……二中校园里爱生如子的教师数不胜数。

爱心转化为一种责任，而教师的精气神见诸教育实践。马克思指出："环境正是由人来改变的，而教育者本人一定是受教育的。……环境的改变和人的活动的一致，只能被看作是并合理地理解为革命的实践。"教育不是一个思辨化的命题，而是丰富而复杂的实践探索。学校在发展过程中会面临许多问题，学生的成长也会迎来各种各样的挑战，许多问题并不能一劳永逸地解决，美好的理想与愿望并不能轻易地实现，但这并不意味着在这既定的条件下无能为力。充分发挥教师的主观能动性，激发教师的创造性智慧，就能创造卓越的业绩，促进学生的健康成长与全面发展。

秦海地说："教师的精气神体现在敬业上。"朱熹言，"敬业者，专心致志以事其业也"。有了敬业精神，教师会有一股使不完的劲儿，自发而专注地把自己的事情办好。敬业是一种特定的道德责任，而不是简单地追逐功利，比如片面追求高考升学率。秦海地认为，"道德力量和人的个人限度，首先是由他的责任感决定的，不仅是对自己，而且包括对别人的责任感。"只有在教学责任感的有力驱使之下，教师内在的精神自由才会得以释放，变革教育实践的能动行为才会得以塑造和实现。敬业是一种生活方式，不仅是为了自己，更是为了学生，为了教育事业。衡水二中的学生说："在二中，不只有学生全力以赴去努力，而首先是老师们全力以赴去工作。"敬业作为教师精气神的核心内容，不断促进教师专业品质与生命境界的提升。

"苟日新，日日新，又日新"，有精气神的教师是与时俱进的教师。秦海地说："教师的教育观念、教学方法、专业知识、业务能力都必须紧随时代更新、拓展。"精气神是一种生命的浩然正气，日新不已是教师的自我要求，是理想情操的具体体现。在市场经济条件下，容易造成人的工具化，满足于物质的占有与享受。学校教育提倡精气神，正是对教育世俗化的一种抗拒，注重人与人感情上的"相遇"，追求精神的高尚与永不满足的超越境界。教师群体有使命感，以"传道授业解惑"为己任，有立德树人的神圣感，才会不怕苦、不怕难、有恒心、有毅力，矢志不渝地与时俱进。

衡水二中的教师无论备课、上课、教研还是各种活动设计，总是不断推陈出新、不落窠臼。秦海地说："所有这些，都源于二中人革故鼎新、与时俱进的精气神。"学校教育与管理的各种探索，尤其是一些大胆的革新，即使取得了很大的成就，依然会有不理解、不赞同的人。有"虽千万人吾往矣"的道德勇气，如孟子所言，善养"浩然之气"，衡水二中以坚劲的精气神作支撑，建树起"舍我其谁"的文化自信与自觉。秦海地说："学校的气质与灵魂，绝非一流的硬件设施和师资水平，而是内化于心、外化于行，渗入师生生命深处的精神与文化。"

秦海地学校管理的核心在尊重师生人格，激发共同的向上与向善的内在动机，这不是靠喊口号就可以完成的，也不是放任自流就能顺其自然达成的。秦海地认为，每个人的内心都有一颗觉醒的种子，教育的本质不是在一个空空如也的地方塞进些什么，而是给存活的种子施与阳光和水，即给予关心并引导学习，使其舒张和生长——发芽、开花、结果。

学生：自信·专注·自强

2004年，秦海地奉调衡水二中，2008年，二中开始有学生考取清华、北大。在生源明显处于劣势的情况下，迄今已有数百名学生考入清华、北大。录取清北的人数显然不是学校追求的目标，更不是衡量学校办学质量的唯一标准，但对办好县中有着典型的示范意义，它充分说明高中学生的可塑性，证明"原生态教育"理念的可行性。2015年高考，二中高三(29)班平均成绩688分，是河北省当年最高的班级平均分。这对于打破"唯生源论"，提振县中学校的自信，鼓舞县中学生的勇气，降温高中学校的生源争夺战，有非常积极的意义。衡水二中不仅高考升学率高，每年录取清华、北大的人数多，而且学生的综合素质高，个性化成长好。2011年高考体育专业测试，李红生同学为河北省唯一四项满分；在省青少年田径锦标赛中，孔会宁同学获100米、200米两个第一名，被赞誉为"小飞人"；解洪义、孙玥这两位同学，以感人至深的孝亲事迹被评为"全国特别关注孝心少年"……

家长普遍有这感觉，孩子进了衡水二中，就像换了一个人，变得懂事了，进取心强了。秦校长到底有什么秘诀呢？家长们这样想，教育同仁也这样想。"教育是给学生激情成长的精气神，"秦海地说，"教育的作用就是让人类的'正道精神’在学生身上得到传承。”诚然，教育是成就人的事业，其要旨在于精神成长。在中华文化的语境里，这是“格物、致知、诚意、正心”。衡水二中的办学业绩，秦海地的卓越贡献，就其本质而言，是培育了学生一种意气风发、攻坚克难的精气神。“少年智则国智……少年强则国强……红日初升，其道大光。”漫步衡水二中的校园，你会看到一个个精神饱满的学生，人人朝气蓬勃，学校洋溢着青春生命的气息。正是这种生机旺盛的精气神，演化为强大的精神内驱力，鼓舞每个学生奋发向上，努力拼搏、勇往直前，支撑起衡水二中的高水平、高质量发展。

　　教育是让一个人成为他自己，成长为最好的自己。“自信人生二百年，会当水击三千里”。秦海地认为，学生的精气神源于自信。人不能没有自信，没有自信，就会自卑，容易悲观沮丧，常常无聊彷徨。没有自我期许，很难有积极的自我建树。自信的本质是对自我的确认，即对人生目标和自我价值的确认。“天生我材必有用，千金散尽还复来”，这是诗人李白的自信，没有这份自信，就没有他那天马行空的浪漫诗篇。“天变不足畏，祖宗不足法，人言不足恤”，这是改革家王安石的自信，没有这种自信，就不会有载入史册的“王安石变法”。“今日长缨在手，何时缚住苍龙”，这是革命领袖的自信，没有这份自信，就不会有新中国的诞生。教育之育人，重在育心，贵在培养学生的自信心，让学生找回自我，进而成就自我。弗洛姆认为，“任何人只要相信他的理想和目的是外在于他的，那么无论过去或将来，他都会越出自我，在不可能找到理想和目的的地方徒劳地追寻。”在当代社会，要寻求和实现个体的生命意义，就必须回到本真的自我之中，努力地“成为自己”。一个充满精气神的人，具有自由和自主性的人，才可能真实地表达自我，“成为自己”。

　　人是具有自我意识能力的动物，具有获得身份感的现实需求，青春期的高中学生尤其如此。秦海地认为，教师要善于发现学生的闪光点，赞美他们；学校要精心搭建各种励志平台，让学生体验成功；教学活动过程中，要注意提升短板，纠偏补差，帮助学生甩掉学习的“尾巴”。秦海地告诉我们，“说自信的话，干自信的事，自信的浓厚氛围给学生强有力的心灵暗示。”重塑学生的自信心，改变学生的精神面貌，或许是他管好这所学校的独门秘籍。激励学生，激励教师，其他校长也做，但少有秦海地这般自觉、执着、坚持不懈并与时俱进的。"二中加油，二中必胜；二中第一，我们第一"，衡水二中学生的口头禅，渗透学校生活的各个方面，这是一种积极的心理暗示。秦海地说："它已成为渗入学生骨血的'精神之钙'。学生有了精神自信，便如初春融化的冰河，奔涌着向成功跑去。"

"注意是我们心灵的唯一门户"，如果没有注意，外在世界就不能进入学生的内心。任何一种教育活动，都需要唤起学生的关注，如果学生视而不见，听而不闻，教学便流于形式，学习便没有真正发生。专注是一种聚精会神的关注，是认知与情感共同的聚焦，是学生的心无旁骛、专一、执着。秦海地说："学生的精气神源于高效专注的状态。"前来二中参观的教育同仁，常常惊叹于二中学生的定力，上课、自习时气定神闲、高度专注，"零抬头率"使得各地参观者由衷赞许。专注是一种优良的心理品质，也是一种良好的学习方式。心浮气躁、六神不定，那就什么事情也做不成。专注是全身心地投入其中，这是学生至关重要的核心素养，既体现一个人的意志与定力，又与一个人的理想情操紧密关联。《大学》有言："知止而后有定，定而后能静，静而后能安，安而后能虑，虑而后能得。"这段话揭示了定力、静笃、从容与至善境界的逻辑联系，以及孜孜以求的人格修炼与事业有成的高度关联。衡水二中全力打造纯粹的学习环境，让学生把心收在课堂、留在校园。学生们惜时如金、心如止水，人人都表现出一种纯粹的做学问的人文气质，秦海地说："这是当下中学生尤其需要的一种难得的精气神。"

"天行健，君子以自强不息。"这一格言出自《周易》，意思是，茫茫宇宙之所以存在，就在于它本身不知疲倦地运行着；作为"君子"，应当效法天道，永不懈怠，自强不息。秦海地说："学生的精气神源于自强的品格。"他认为，人生的修为之旅，须内蕴一种成长的精气神，面对挫折，表现为"千磨万击还坚劲"的气度；面对苦难，展现出"艰难困苦，玉汝于成"的毅力。自强不息，这是发自内心的自觉，源于自我期许。每个人都有人之为人的自我尺度，"存在着某种特定的作为人的方式，那是'我的方式'。我内心发出的召唤要求我按照这种方式生活，而不是模仿别人的生活"。这种生活是道德的、内在的、独特的，植根于人的心灵。秦海地说："在二中，我们以求学、求知为德育载体，视学生学习为人生修为，在学生学习的攻坚克难中培树他们干事创业的优秀品质，因而涌现出了诸多自立自强的好学生。"——如董胜强同学，用瘦弱的肩膀挑起家庭重担，被评为河北省首届"自强之星"，又如任紫伟同学，以逆境中自立自强的乐观精神被评为全国"最美中学生"……自强不息，是二中学生精气神的核心内涵。

在衡水二中，精气神体现在学生对"第一"的追求。秦海地说："作为学生，'第一'绝非仅是成绩上的追求，更是一种做事的标准、一种追求的境界。"高中教育帮助学生扣好人生的第一粒扣子，引导学生志存高远。"二中第一，我们第一"，这一口号不是外在的交际语言，而是学生发自内心的呼唤。马斯洛在谈到人的自我实现与超越时，特别强调要"倾听源于自己内部的声音"。言为心声，通过不断地强化，可以沉淀为内心的一种潜意识，成为学生奋发向上的强大的精神驱动力。《张謇传》记载，有一天，张謇在书房听先生讲课，有个武官骑了一匹白马，从大门外走过，先生随口出一个七字对："人骑白马门前去。"张謇不假思索，就对了"我踏金鳌海上来"。他后来独占鳌头，高中状元，成为伟大的实业家和教育家，体现了少年时代的志向，与不甘人后的精神。秦海地告诉我们，在衡水二中，学生争做最优秀的自己，争做每一个"第一"。他说："'二中第一，我们第一'不是一句空洞的口号，而是内化为一种清晰、主动的追求，极大提振了学生的精气神，从而使他们书写出灿烂多彩的人生画卷。""人们是自己的观念思想等等的生产者。""个人怎样表现自己的生活，他们自己就是怎样。""二中第一，我们第一"是二中师生的激情呐喊，也是他们的行动指南。

教育家怀特海说："我们必须要记住：自我发展才是最有价值的智力发展，这种发展通常在十六岁和三十岁之间发生。……问题不在于他们十八岁时怎么样,重要的是他们之后将成为怎样的人。"精气神让学生的发展更有持久力,这是伴随学生终身的核心素养。秦海地说:"塑造学生的良好习惯和优秀品质,将之内化为学生成长的精气神,他们将会终身受益。"2011年高考总分700分、全省理科第二名的于纪浩同学进入北京大学后,继续发扬在二中养成的习惯和作风,凭借突出表现荣获新生一等奖奖学金,并位列河北省仅有的三名获此殊荣的学生第一位。二中毕业生李蒙蒙,在2015年"勇士杯"军事技能竞赛中带领全队摘得桂冠,并荣立个人二等功。李蒙蒙的"学弟"、二中毕业生任冠中,在2015年11月进行的国防科技大学"强军杯"军事技能竞赛中,一举夺得"最佳个人"奖,成为该赛事开展以来第一位摘得此项殊荣的大一新生。这两位同学不约而同地说:"二中精神时刻激励着我在'战场'上取得胜利。"

对学生精气神的培育,是在学生心灵播下理想的种子。理想对于学生的精神生活有巨大作用,构成学生最重要的价值目标,从而成为学生精神生活的支柱,使学生获得巨大的力量,从容迎接生活中的各种挑战,甚至能经受种种打击。对学生精气神的培育,是培养理性所带来的意志力量,形成自主与自强精神。理性可以控制情感,真正的自由随之产生。欲望是人的本能,但欲望中的人是不自由的,因为欲望所渴求的对象会约束人的意志,唯有用理智制约了人的欲望,才能有心灵的自由舒张。因而,对学生的种种放纵,其实是违背人性的。无所傍依的心灵,失去精神的制高点,学生不会有成就感和幸福感。一个人知道什么,如何去思想,如何去感受,在总体上决定了这个人是什么样子的。赫尔巴特说:"青年人的思想范围如何形成,这对于教育者来说就是一切,因为从思维中将产生感受,而从感受中又会产生行动的原则与方式。"对学生精气神的培育,是培育学生的生命自觉。《中庸》有言:"故至诚无息。不息则久,久则征,征则悠远,悠远则博厚,博厚则高明。"高中阶段的养成教育意义深远,所培育的自强不息精神将伴随学生终身,给他们以见识的高明和生命的厚重。秦海地说:"当今社会,只有带着精气神、满怀信心地去社会的海洋中搏击,才能抵达梦想的彼岸。"

孕育学校发展的精气神

事物的发展总是不平衡的，因为不平衡，而有各种变化，产生各种可能，自然或社会也由此而丰富多彩。教育的发展同样是不平衡的，教育资源的配置也是如此，均衡是相对的，不均衡是绝对的。然而，这种均衡和不均衡是动态的，而非静止和固化的。名校的更迭也是如此，几十年不倒的典型鲜见，后来者居上是一种常态。薄弱学校之所以薄弱，大致是设施、师资、生源均不如人意，且不可能在短时间内得到根本改观。然而，一所薄弱学校如果拥有了完备的设施、雄厚的师资、优质的生源，它就一定能发展成为一所名校吗？秦海地的回答是否定的。他认为，对于后发赶超者而言，没有精神的跨越，就难以越过发展的坎。薄弱学校的发展，首先要孕育学校发展的精气神。一所学校就像一个人，立身处世得有一种精气神——有不甘平庸、奋发努力的精神，有一种舍我其谁的英雄气概，有将自己所从事的事业视为神圣的崇高信念。倘能如此，便什么困难都不在话下，贫困、窘迫、艰苦和磨难都能坦然面对，百折不回地朝着理想的目标奋勇前行。养尊处优的纨绔子弟，尽管拥有更多的资源和发展机会，但奋勇搏击而建树卓越者很少见，究其因，缺少一种人生历练，缺失一种人之为人的精气神，缺乏一种不畏艰难的拼搏精神。

昔日薄弱的衡水二中，为什么能强势崛起，不断超越？关键在于这所学校有它特有的精气神。秦海地说："这种精气神源于学校自己的精神文化。精神文化彰显着学校的灵魂和特质，如明灯般指引着学校的发展方向。"什么是学校的精气神？它有怎样的意蕴？人民教育家于漪老师说："什么叫教育？教天地人事，育生命自觉。办学者、执教者要铁肩担道义，负责地、深情地培育学生精神成长，以中华优秀传统文化与人类精神文明的精华滋养学生的心灵。"秦海地深深地知道，作为以文化人、以文育人之处所，学校不能没有文化内涵，不能没有精神追求，学校发展不能没有一种精气神的支撑。教育是成就生命意义的事业，学校应是一方圣洁的精神高地，守望着人类的精神家园，赋予学生崇高的道德修养。对于衡水二中来说，精气神的培育是一种文化建设，对中华优秀传统文化的继承和弘扬。"天行健，君子以自强不息；地势坤，君子以厚德载物。"《周易》的这两句话，或许最能体现二中的学校精神。自强与厚德作为学校精气神的核心，凝聚、升华为衡水二中"超越永无止境"的校训。

"超越永无止境"既是衡水二中的校训，也是校长秦海地的座右铭。一所学校的精气神，取决于校长的精气神：校长有怎样的精气神，学校就有怎样的精神面貌；校长精气神昂扬，学校就有阳刚气息；校长精气神缺失，学校精神就委顿。一位得过且过的校长，一所自甘平庸的学校，一群打不起精神的老师，怎么可能造就欣欣向荣的学生、蒸蒸日上的名校呢？

校长的精气神从何而来？离不开生活的历练、教化的熏陶。基于个人特有的气质，以及由此产生的人生理想和自我期许。人生是要有目标的。正如王守仁所说："志不立，如无舵之舟，无衔之马，漂荡奔逸，终亦何所底乎！"倘无目标，人生就失去了前进的方向，不仅精力、才能白白浪费，而且浑浑噩噩不知所终。苏轼说："古之立大事者，不惟有超世之才，亦必有坚忍不拔之志。"正是心中设立的志向，使人生的行动变得有计划，有一种永不枯竭的进取精神。

"二中第一，我们第一"，二中师生的这句口号，所反映的正是这所学校的精气神，也彰显了秦海地的坚忍不拔之志，决定了他能于平凡中追求极致。人生有了目标，行动就有了方向，精神就有了坚实的寄托，进取就有了自觉性和主动性，师生的潜能得到极大的激发，才能得到超常的释放，学校教育质量才能大幅提升，校园生活变得美丽而灿烂，师生都会感受到一种成功的自豪和成长的幸福。

在衡水二中，"超越永无止境"的精神无处不在。用秦海地的话来说，这种精神"激励着二中人从不停下奋进的脚步，永远追求办学水平的再提升。"人有精神意识，人的行为具有自主性和自为性。一个人如何选择，他就如何生活，生命的模样也将因此而决定。一所学校也是如此，学校的定位与发展，取决于校长所做的选择。面对相同的境况，不同的人会有不同的反应、不同的选择、不同的体验。不同的校长会依据自身的特色，设计和创造所在学校的形象，寻找学校发展的路径，学校也会逐步形成独特的行为方式和发展模式。秉承"超越"校训、弘扬"超越"精神，全力奔跑在教育发展之途，这是衡水二中不懈进取、奋发努力的真实写照。建校不足二十年，在生源数量极为有限的四线城市，衡水二中面临二批次招生、优质生源明显不足等诸多办学难题，却能连年雄踞河北省高中三强，不断创造出新的业绩，有新的突破和新的标高。

人是有限且不完美的存在，正因为人类意识到了这种有限性和不完美性，所以才会不断地突破、超越自我，尝试着将不完美的自己打造得更完美。只有人可以设计、规划、超越当下的我，创造理想的自我形象，并向这一理想形象逐步靠近。一所学校也是如此，教育资源的匮乏和教育质量的低下，这诚然是一种不足和不完美，正唯如此，说明学校还有很大的发展空间，有教育质量提升的必要和可能。"穷则思变"，可以激起校长奋发图强的自尊；"知耻近乎勇"，可以鼓舞教师改变现状的勇气。使一所质量落后的学校变先进，一所边缘化的薄弱学校转变为名校，这是校长秦海地愿望之所在，也是使命之所在。衡水二中精气神的培育，极大地激发了教师的工作热情，以及学生的学习积极性。立足二批次招生的生源现实，衡水二中不讲条件、不说困难，积极想办法，解难题，创模式，建立了独特、稳定、优质的办学品牌——学生的低进优出、全面发展。秦海地说："通过二中三年的教育，没有赢在起点的二中学子，在收获学业成功的同时，实现了精神、性格的华美蜕变，最终赢在了终点。"2015年，因特色办学的成就与影响力，衡水二中获得"中国十大品牌影响力中学"称号。

衡水二中的精气神，见诸"爱的教育、儒雅校园构建和高效课堂改革"……关键在于两手抓：一手抓课堂教学的高效，按学生的认知规律组织教学活动；一手抓学科育人的深入，将立德树人落实于学科教学之中。秦海地发现，任何学科的教学中，都蕴含着教学生做人的丰富资源。知识的创建饱含着人们的理想追求，人文学科珍藏着忧患意识和家国情怀，数理学科同样蕴藏着敬畏自然、追求真理的道德财富。秦海地认为，学科教学应体现教育性，课堂教学应关注学生的精神成长，让学生在学会认知的同时学会做人，实现"学力形成"与"人格形成"的统一。教师有为党育人、为国育才的工作自觉，学生为中华之崛起而勤奋学习。课堂教学中，既有知识传授、能力培养，又有情感、态度、价值观的熏陶感染，营造出积极向上的学习场。由此，学生就能享受到求知的愉悦，并获得精神滋养的快乐。实践证明，没有目的的教育是盲目的，看不到成果的教育是痛苦的。当爱心转化为一种责任，学科教学自然能够提高质量。学习成为学生的自觉行为，应对高考就能从容不迫。衡水二中的精气神，如秦海地所言："蓬勃发展，如日出之喷薄，似江河之奔涌。"

一所学校的精气神，绝不是狂热的情绪，更不是高呼的口号，以及不切实际的幻想，而是清醒的头脑、踏实的作风与一丝不苟的工作。"九层之台，起于累土"，高中名校建设绝非一朝一夕之功，薄弱学校的蜕变更是历经千辛万苦。天下大事必作于细，古今事业必成于实。秦海地认为，做好一件件具体的小事，以小促大、以点带面，是学校办学水平提升的法宝。他说："在二中，干部和教师都能从小事做起，从点滴做起，一件一件抓落实，一项一项抓成效，干一件成一件，积小胜为大胜。"校长的设想转化为教师的行为，关键在于这种执行力，切切实实地身体力行。学校的精气神并不是一种自然延续的进化，或一种可以遗传的本能，也不是一种能够从日常经验的活动中轻松获得的东西，必须去唤醒它，精心培育和发展它。如今，二中校园中"说事、干事、成事"的氛围异常浓烈，秦海地说："每个人都向外冒着一股实干的精气神，这种精气神源于学校强劲的执行力。"执行力是教师的行为能力，是教育实践中的工作能力，也是对校长决策的积极回应。

人无精神不立，国无精神不强，一所学校的生存与发展，同样需要一种奋发有为的精气神。秦海地认为，二中的精气神得益于学校风清气正的环境。他说："在二中，制度面前人人平等，没有人情偏颇，没有暗箱操作，没有远近亲疏。制度高于人情，高于权力。大事小事制度说了算，对事不对人。"因此，二中教师心齐力足，热情高涨，争先创优，学校由此而具备了长足发展的精气神。"公生明，廉生威"。学校的风清气正，取决于校长的风清气正；校长的风清气正，取决于自身的志存高远。人是最不安分的，他总在打量当下的生活，追求心中的美梦。所以，生命才会不断超越自身，超越当下，走向辉煌，走向完美。一位优秀的校长，恰恰是一位不安于当下的校长，永不自满，不断进取。秦海地说："一个人如果没有一种昂扬向上的精神，没有使命般的激情，就失去了生命存在的价值和意义。"超越永无止境，是衡水二中的校训，也是其最为个性化的精气神。

衡水二中的"风骨"

2013年底至2014年初，《中国教育报》连续刊发秦海地七篇文章，这七篇文章是一个组合，构成一个较为完整的理论框架。这七篇文章也是一种纪实，从不同的角度，回顾了衡水二中的发展历程，呈现了一位校长的精神成长史，从中我们可以窥见秦海地教育思想的形成过程。"风骨"篇，是这七篇文章的首篇。作为一位校长的心声，这七篇文章分别说了些什么，什么是秦海地所理解和倡导的"风骨"，作为校长的秦海地为什么要高标"风骨"，"风骨"又是怎样伴随衡水二中崛起与腾飞的？这样一些问题，或许是人们普遍关注与感兴趣的话题。

何谓"风"？《毛诗序》曰："风，风也，教也，风以动之，教以化之。"概而言之，"风"，有教化的意思。秦海地援引刘勰的《文心雕龙》，"怊怅述情，必始乎风。""风"即文章，它所产生的感化人的力量，来自作家思想感情的真挚抒发，是与作家的志气完全一致的。秦海地的着眼点与切入点，是要通过教化形成一种学校风气，培育学校特有的精气神。如果说文学作品的艺术感染力源于"风"，源于作家、诗人的情志、意气与精神，那么，对于一位校长来说，良好学校风气的形成，所谓蔚然成风，关键在于校长，在于校长的见识以及校长的境界及示范。

何谓"骨"呢？"骨"从人体骨架借喻而来，具有结构、骨干之意。"沉吟铺辞，莫先于骨""结言端直，则文骨成焉"，这是《文心雕龙》里的两句话。"骨"主要是指文辞的组织运用，是作家对文辞进行锤炼和精心组织，形成一种端庄正直、精当而劲健的力量。秦海地引刘勰的这两句话，他是要说明什么呢？联系秦海地所做的工作报告，他的演讲和慷慨陈词，无不有高屋建瓴的气势，展示一种励精图治的决心。我们可以看到他的果敢而犀利、明白而坚定，没有任何吞吞吐吐、含含糊糊，没有任何犹豫彷徨、萎靡不振。破自卑，树雄心，争做衡水市高中学校的排头兵，朝着全国名校的目标奋力前行，这是一位校长的骨气。全校师生因此有了主心骨，有了美好的理想。

秦海地认为，一所学校要有精气神，精气神的核心是"风骨"，要给师生以精神的激励，树立必胜的勇气。《文心雕龙》说："辞之待骨，如体之树骸。"作品离开了骨，就如同身体离开骨骼的支持而散架一样，成为一盘散沙。秦海地之所以引用《文心雕龙》的这句话，在于他看到学校必须有一种凝聚力，而作为校长必须有"风骨"，才能有一种精神感召力。有效地管理一所学校，校长必须有相应的领导能力，有人格魅力。关于领导能力的理论书籍很多，但卓越的领导能力、非凡的人格魅力，不是通过阅读几本书就可以获得的，而是需要全身心投入，并为此付出艰辛的努力。孔子说："君子不重则不威。"当校长，得庄重自持，有风骨。

学校的"风骨"，首先在于校长的"风骨"；校长有怎样的"风骨"，学校就有怎样的"风骨"。秦海地说，"风骨"指人的品格和气概，即《晋书》所说的"器识高爽，风骨魁奇"。他认为，有风骨之人，无不气宇轩昂，有刚健正直的品格，有大义凛然的气节，有以天下为己任的使命感。显然，没有风骨的校长，不会是一位好校长；没有风骨的学校，不可能是一所好学校。所谓"风骨俊秀，异乎诸孤"，这是秦海地的自我期许，也是衡水二中所要达到的境界。秦海地说："自古中华儿女多铮铮铁骨之士，更是做人有'风骨'的最好佐证。"

作为一所普通县中的校长，为什么对一个人的风骨这样看重，能有这份执着的坚守？秦海地说："作为一名从偏僻农村成长起来的孩子，忍过饥饿，受过贫穷，挨过白眼，历过艰辛，但从小接受的是'做人要有骨气'的教育。"根据弗洛伊德的理论，一个人成年以后的个性爱好、精神追求，与他儿童时代的生活经历密切相关。穷人的孩子早当家，肯吃苦，能奋斗，成年后往往朝着两个不同的方向发展：一种是补偿心理突出，对于财富和权力特别向往，很容易忘乎所以。一种是富于怜悯之情，同情穷人和弱势群体，特别谦恭，特别自律和自重，所谓"君子不忘其旧"。究其原因，在于儿童时期受到的教育不同，价值导向不同。

正因为有这样的个人经历，有切身的生活体验，所以，秦海地特别看重"风骨"。"一定要争气"，这是著名生物学家童第周的自勉，也是秦海地的自勉，于是，便有了一所学校风骨的形成——"士可杀不可辱""富贵不能淫，贫贱不能移，威武不能屈""三军可夺帅也，匹夫不可夺志也"。秦海地说："我时刻提醒自己：人生的困境并不可怕；可怕的是，不能活出自己的风骨。"无论是奉调衡水二中，还是先前主事铁路中学，秦海地面临的都是薄弱的状况，是无力支撑、难以为继的种种困境与尴尬：资金不够用，硬件设施差，家长看不上，学生不愿来，教师留不住，教学质量低。更让他感到焦灼和担忧的，是师生人心涣散、毫无斗志。稍有退缩，便是无力翻身，这是衡水二中的宿命。迎难而上，于夹缝之中求生存，置之死地而后生，这是衡水二中唯一的选择。

由此，秦海地说："我们开始了艰难的破冰之旅，于是有了学校的惊人逆转。"在学校爬坡迈坎、负重前行的过程中，秦海地感触最深的一点是，学校，尤其是弱势学校的发展，首先要内强筋骨。"风骨"才是学校发展的真正内核，是一所学校精神之所在，也是命运之所系。秦海地说："为人有'风骨'，傲岸不屈于天地之间，能激发出无穷的生机与活力，呈现出'无边光景一时新'的办学良好局面。"

"风骨"，是一种道德修养，也是一种人格特征。校长是学校的主心骨，因而，校长有风骨，堂堂正正，学校才有风骨，大气恢宏。明代思想家吕新吾在其著述《呻吟语》中，将人的优秀品格分为三等，他说："深沉厚重，是第一等资质；磊落豪雄，是第二等资质；聪明才辩，是第三等资质。"吕新吾认为，作为管理者，人格比才华更重要。"人格、勇气、能力"，都是人的优秀资质，管理者须兼备这三种资质。这三种资质如果按顺序排列，就是人格第一，勇气第二，能力第三。学校的风骨，发端于校长的风骨，是校长人格的外化。《中国教育报》的七篇文章，秦海地之所以首论"风骨"，表明他对自身人格的看重，也是对学校管理的定位，包含着对教师群体的期许。

立身处世的"风范"

2004年12月，秦海地奉调衡水二中，担任校长，学校当年的招生指标没有完成。一所新办的高中学校，生源、师资、设备、经费，样样不如兄弟学校，且有很大的距离，高考排名垫底似乎是情理之中的，不应受到苛责。但学生不愿来就读，家长看不上这所学校，这对校长和教师的自尊心是很大的伤害。更为现实的是，学校怎样继续办下去呢？落后是事实，教育质量低，升学率不高，再多的理由都无法改变现状，况且，家长不会因为你的落后有理由可找，就高高兴兴把孩子送来上学。

2004年12月，需要强调一下这个时间节点。任职之初，第一次全体教师会上，作为校长的秦海地慷慨激昂地演讲："二中人不讲客观，不怕困难，不畏艰险，我们相信没有什么不可能，我们就是要逆势而上，用最短的时间，让衡水二中成为全国名校。"愿望不可谓不强烈，情绪不可谓不热烈，但目标似乎有点太高，跨度有点太大。中国幅员辽阔，多少地方名校，有的已办了一百多年，但在全国还是默默无闻。一所四线城市垫底的新办高中，居然要办成全国名校，这是不是有点"天方夜谭"，有点"不知天高地厚"？对于这样的质疑和嗤笑，秦海地有充分的思想准备。他说："作为学校的领路人，我至少要把学校的'风骨'传递给老师们。"秦海地认为，时间一长，大家互相激发，互相感染，自然就会凝聚成无穷的正能量，升腾起无可匹敌的磅礴之气。然而，愿望能成为现实吗，且什么时候能实现呢？

2005年，同样需要记住这一时间节点，高考成绩揭晓，衡水二中排名不再垫底，有学生考入清华、北大，可谓一鸣惊人。从2004年12月，到2005年的7月，不足一年的时间，衡水二中便有了质的飞跃，有了根本性的变化，愿望部分地成为现实。这么短的时间，这么大的变化，是什么原因呢？秦海地说："接手衡水二中，我做的一件大事，就是强师生'风骨'，强学校'风骨'。"他认为，学校的改变，首先是师生"风骨"的改变；学校的发展，首先是师生"风骨"的雄健，作为校长，要给师生们注入自觉、自信、自强的崛起意识。

"夫战，勇气也。"建立"风骨"，内强筋骨，衡水二中旗开得胜，这极大地鼓舞了老师们的自信心，大家看到了理想目标之可期，油然升腾起继续进取的勇气。"一万年太久，只争朝夕。"学校的进取与提升，要有一种紧迫感。秦海地说："学校的发展机遇不可多得，社会的期待不能辜负，师生的成长不是儿戏。"他认为，要始终提着那么一口气，鼓着那么一股劲，坚持发展不动摇，只有这样，才能开辟新境界，抵达新高度。"逆水行舟用力撑，一篙松劲退千寻。"秦海地以此自勉，并勉励全校师生。

2008年高考，衡水二中一举成为全市第二名。一年一小变，三年一大变，时间之短，速度之快，变化之巨，在强校如林的衡水市，这不能不是一个奇迹。于是，"二中奇迹"，不胫而走；"二中奇迹"，有口皆碑，为人们所津津乐道。"超越永无止境"，衡水二中的这一校训，时刻激励着全校师生，秦海地说："只要我们敢于争先，勇于争先，我们自会卓立峰巅。"

2013年高考，二中毕业生荣良予取得全省理科第二名，陈彦博取得全省文科第七名，一大批的学生获得高分，当年的低分生脱颖而出。从2004年到2013年，在不到十年的时间里，衡水二中完成了一次华丽的蜕变，昔日的薄弱高中一举成为全国名校，"原生态教育"思想享誉省内外。衡水二中为教育同行所称道的，为家长和学生所热烈向往的，不仅是高考所创造的奇迹，更为重要的是这所学校特有的"风骨"，它给予每个教师和学生的精气神。

衡水二中的跑操、誓师视频引爆网络，被网友誉为"天下第一操""史上最震撼誓师"。《光明日报》《新华每日电讯》《中国教育报》《中国青年报》《人民教育》，中央电视台、河北卫视、北京卫视、浙江卫视、凤凰卫视、山东卫视，及人民网、新华网、中青网、光明网、中国日报网，搜狐、腾讯、网易等，国家主流媒体纷纷报道衡水二中的办学事迹。全国各地来衡水二中参观考察者络绎不绝。学校每两周一次的校园接待日，每次接待的人数有两千余名。2004年、2005年、2008年、2013年，衡水二中一步一个脚印前行，一步一个台阶上升，秦海地说："回首向来萧瑟处，感慨良多。"

当年的愿望成为现实，所有的怀疑和嗤笑，可以像蛛丝一样轻轻抹去了。回首往事，秦海地不能不有所感慨，不能不有更为坚定的执守。他最感慨的是什么呢？秦海地说："在学校发展的关键节点，二中团队没有输掉那口气儿，没有输掉那股子劲儿，养成了越是不可逾越，越要再造巅峰的'二中风骨'。"秦海地念兹在兹的是一种"风骨"，作为校长，这是精神寄托之所在；作为学校，这是安身立命之所在；他更为坚定的执守是："风骨"办学，我们在路上……"士不可不弘毅，任重而道远。"中国基础教育改革牵一发而动全身，高中教育改革尤为任务艰巨，因此，砥砺前行的不仅仅是衡水二中，奔走于途的是全国更多的高中学校，特别是一些县中学校。

办好县中，办出高中学校的特色，建设高质量教育体系，这些目标和任务紧紧地交织在一起。然而，如果我们把办好高中学校的希望，寄托于国家有更多的投资，生源有更好的选择，教师队伍能如愿配备，教育设备能更加现代化，那么，我们自身所做的努力呢？我们的创造性突破就几无可能。衡水二中之所以有这么巨大的变化，之所以能创造"二中奇迹"，作为校长的秦海地从一开始就没有"等靠要"，他的着眼点在精神立校，培育学校的精气神、师生的精气神，紧紧抓住学校发展的内核——"风骨"。

衡水二中为全国的高中学校树立了一种楷模，不是一种学或教的具体模式，更不是参照欧美的一种管理模式，而是一种文化样式，一种植根于民族文化土壤的发展范式。刘勰在《文心雕龙》里，把"风骨"比作鸟飞翔的翅膀。远征之鸟，如欲高飞远举，靠的是双翅振动飞翔。而鸟的双翅之所以能振动飞翔，靠的是鸟内在力量的绵延不绝。鸟的内在力量之所以持久不断，源于鸟的"生命之气"充沛饱满。因此，一所学校的持续发展，它的崛起和腾飞，好比高飞远举的鸟，必须具有使双翼（"风骨"）鼓动飞翔的力量。校长的使命就在于建立这样一种精气神——"鲲鹏展翅九万里，翻动扶摇羊角。"一所学校的崛起与腾飞也就指日可待。

从衡水二中和秦海地的言行中，我们可以分明地看到："风骨"是一种临难不惧的刚毅，"风骨"是一种独立不迁的坚定，"风骨"是一种自强不息的执着，"风骨"是一种奋斗不止的超越。"风骨"无疑是对自身的锚定，有对原则的坚持，有对目标的追求。坚守一种"风骨"，形成一种"风范"，你必须面对孤独和误解，乃至痛苦和折磨；坚守一种"风骨"，形成一种"风范"，你必须"处人之所难处，容人之所难容"；坚守一种"风骨"，形成一种"风范"，校长必须自身正，律己严，同时严格要求学校师生；坚守一种"风骨"，形成一种"风范"，必须扫除一切萎靡不振，决不能兼容苟且、圆滑和精致的利己主义。"风骨"是一种雄健深沉、刚健有力的风格。

"前不见古人，后不见来者，念天地之悠悠，独怆然而涕下。"陈子昂在一个历史的临界点上，以"我"之体验唤起人人共有之体验，扫除六朝以来的"逶迤颓靡"的形式主义诗风。秦海地推崇陈子昂，一定程度上体现了他对某种时尚的批判，对人云亦云及某些理论的拒绝。白居易正是继承了陈子昂的"风骨"，提出了"文章合为时而著，歌诗合为事而作"的口号，主张诗歌为现实社会服务。同样道理，教育必须服务于国计民生，回应人民群众的期盼,而不是空喊某些玄虚的口号。即使在孤独中也要有自己的坚守,而不是随波逐流,这或许是"风骨"特有的含义。秦海地说:"积极的态度决定了事业的成就,而积极的态度又归结于每个人为人立事的'风骨'。""强弱之植在于骨,躁静之决在于气。"对于校长而言,这种风骨也是引导全校师生的"风范"。

发展的源泉,成长的根基

　　十多年的坚守,初心不变;十多年的奋进,砥砺前行,一所名不见经传的薄弱学校,华丽转身为享誉全国的品牌高中。一群无缘名校的低分学生,也曾自卑与沮丧,却能昂首走进一流高校的大门——学业的进步和性情的完善,带来二中学子生命的蜕变,及人生境界的升华。衡水二中,擦亮"低进优出"的教育品牌,为全国高中学校提供了一种典范,这一教育典范,是亲民而务实的,是学生本位的。"超越永无止境",是这所学校的校训,也是学校发展的精神动力,蕴含着校长秦海地教育哲学的核心理念。一所县域普通高中的校长,同样可以有属于自己的教育哲学,而这正是秦海地的不凡之处。

　　教育哲学大体有两种:一种是以特定理念为基础建构起来的,被称为思辨教育哲学;一种是提供教育规范的,被称为规范教育哲学。思辨教育哲学带有明显的想象性,它的关切点不在理解教育现实,而要构建理想的教育世界。规范教育哲学主要探索"在教育过程中应该做什么或不应该做什么",其基础主要是生活经验及伦理、科学和常识等。衡水二中十数年的奋斗、一以贯之的坚守,这一份定力来自哪里? 衡水二中十数年的不断跨越,事业越来越红火,品牌越来越响亮,与时俱进的动力来自哪里? "问渠那得清如许,为有源头活水来。"这不能不归结于衡水二中的文化自信，与秦海地的教育哲学。这一教育哲学是二中品牌创建的指导思想，也是学校教育改革的理论基础，它以超越性为显著特点。这一教育哲学不是对教育现状的解释，而是为促进教育现状的改变，它是实践的而非思辨的，是务实的而非夸饰的。

务实的理论基础是现实生活，教育改革紧紧扣住学生成长的实际需要。"学校发展不是练'唱功'、侃大山、摆龙门阵。"秦海地说，"而是需要全体教职员工出实招、办实事、务实效。"学生期待什么，家长期盼什么，社会需要什么？务实地直面这些需求，是学校工作的出发点。学校拥有什么，能给学生什么，教育能够做成什么？务实地看待自身的职能，这是学校工作的立足点。理想的教育是怎样的，与之相匹配的策略有哪些，我们如何才能做到？务实地审视奋斗的目标，学校工作才能有准确的定位，有不懈的精神动力。学校的中心工作是教学工作，教学工作的主阵地在课堂，没有课堂教学的高水平，就不会有学校教育的高质量，就不会有学生发展的理想状态。秦海地说："改革课堂教学、提高教学效率是学校工作的主题，是学校持续发展的'主旋律'。"基础教育课程与教学改革二十多年来，已形成一种浩浩荡荡的气势，取得了非常丰硕的成果，涌现出许多先进的改革典型。

然而，能兴旺十多年而不衰退、不冷落，研究成果有普适性借鉴意义，并能一直吸引全国各地教育同仁前来参观学习的，这样的典型并不多见。以课堂教学改革为例，全国林林总总的教学模式数不胜数，这些模式都有其长处和优点，但能从根本上提高学校教育质量，让学生得到更好发展并长盛不衰的教学模式，还是很鲜见的。一般来说，都是说得多，做得少；说得好，做得一般；讲起来头头是道，实际效用却并非如此，有的甚至举步维艰。许多教学典型常昙花一现，有的曾盛极一时，慢慢就门庭冷落车马稀。对种种华而不实、弄虚作假，衡水二中有高度的警觉。深化课程改革，转变教学模式的探索，"决不能流于形式，不能盲目跟风，更不能一味标新立异。"秦海地说，"我们紧紧围绕'实效'做文章，不搞虚形式，不摆花架子，不做假样子，让学生在获得系统基础知识的同时，智力得到发展，兴趣得到激发，情感得到丰富，潜能得到开发。"课程教学改革的求真务实，着眼点不仅在学生知识习得的有效，更在于学生发展的全面性，是对学生的精神成长和终身发展负责。

务实的操作策略须切实可行，有一种锐意进取、持之以恒的精神。毛泽东说："不解决桥或船的问题，过河就是一句空话。"在教育的现实背景下，如何克服种种不利因素，突破各种办学瓶颈？秦海地认为，必须正视现实，踏踏实实办学，认认真真做事，勤奋务实、锐意进取，扎扎实实把学校各项工作做好。2005年初，秦海地任衡水二中校长不久，为扭转师生萎靡不振的精神面貌，决定首先从规范师生教学行为上寻求学校发展的突破口，具体从组织跑操切入。二中跑操的场面和声势很令人震撼，前来参观学习的学校都有深刻印象。不少学校回去以后也如法炮制，但几乎没有做成功的，所谓"靡不有初，鲜克有终"，开头倒是热闹了一番，慢慢就消停了。于是，大家不免有所困惑，衡水二中到底有什么诀窍，藏着什么秘诀？其实，衡水二中同样经历过这一尴尬的阶段——学校组织班级跑操，教师不重视，学生不愿跑，集合速度慢，人数不齐，队伍不整齐，口号有气无力。秦海地说："一个旨在焕发师生激情的跑操活动，学校都难以落实好，其他工作的落实难度可想而知。"

面对困难和挫折，是坚持还是放弃，是锐意进取还是苟且偷安，衡水二中同样面临一种选择。在关键时刻，校长就是一所学校的主心骨。"万事开头难""其难进而易退也"。秦海地认为，学校要实现低谷中的崛起，就要做好每一项工作，完善好每一项改进措施。他组织教师们观摩阅兵视频，论证跑操活动的利弊。当认识到跑操在诸多方面有着积极作用时，从校长到教师和学生便形成了一种共识，从而制订具体的措施并不断改进和完善。认准了就坚持，做就要做好，锐意进取，持之以恒，这是秦海地的定力，也是他的管理风格。如果面临困难就放弃或彷徨，衡水二中的跑操就不会有"天下第一操"的美誉。一枝动而百枝摇，学校其他一些改革举措也同样会夭折。实实在在地面对问题，实实在在地解决问题，才有衡水二中的跨越式发展和持续辉煌。

务实的行为特征是一丝不苟，学校教育改革于细微处见精神。天下大事必作于细，古今事业必成于实。衡水二中的课堂教学改革创造了"四个五"的课堂模式，即每堂课设计五个有价值的问题，连续讲课的时间不超过五分钟，每节课最后五分钟留给学生思考总结、回味梳理、质疑讨论，教师在最后五分钟做学习指导、效果询问、问题答疑，每节课要有五次鼓励性点评。秦海地说："'四个五'课堂模式不是一个提法、一句口号、一种模板，而是一种理念、一种意识，它意在突出教师的主导作用和学生的主体地位，让学生在课堂上的激情得到点燃，思维得以激发，情感得以熏陶、净化，乃至升华。"

教育教学改革之艰难，不在理论性地阐发如何重要、如何有意义，而在于该如何具体地操作、实施、细致化解各种问题与难点。衡水二中的"四个五"课堂模式，对教学环节的细化与时间分配，就是一个很好的说明。衡水二中在落实"抓行为，养习惯，促学习"的管理措施时，也遇到了不少障碍。以学生整理内务为例，起初学生和家长就不太理解——叠被子、搞内务与学习有关系吗，能提高考试成绩吗？面对各种质疑，秦海地说："我们坚信'铺面整洁，则卷面整洁，则事求精致'，让学生整理内务可以锤炼学生严谨细致的习惯。于是，我们从最细微之处入手，手把手地教，一点一滴地改，争取把规范学生的行为习惯落到实处。"把被子叠得方方正正，把洗漱用品摆放得整整齐齐，把自己的内务整理得井井有条。随之而来的是，学生们的自理能力得到显著提高，惜时、高效、严谨的学习态度日渐养成。

正本清源，源远流长；固本培元，根深叶茂。秦海地说："薄弱学校的发展没有灵丹妙药，更不能奢望一帆风顺、一蹴而就。唯有扎扎实实落实好每一项工作，才能'挽狂澜于既倒，扶大厦之将倾'，才能换来学校的蓬勃发展。"诚如稻盛和夫所言："'每天重复这样单调乏味的工作，何时才能实现伟大的梦想？'

你也许会因此而忧心忡忡，烦恼不堪。但是，纵观古今中外所有辉煌的成功，无一不是靠着日积月累专注而勤勉踏实的努力。就如在冥河河滩堆积的石块，垮塌后又会重新垒起，周而复始，从不放弃。事实上，经过勤勉的努力之后，成功便会水到渠成。"思想源于生活，理论来自实践，扎根现实的土壤，让秦海地有一份自信与执着。回应时代的召唤，满足人民的期盼，衡水二中的发展和提升，有明确的方向与坚实的基础。

"气":秦海地的教育哲学

　　《气场:学校发展的无穷正能量》,这是秦海地系列文章中的第六篇,2014年3月6日发表于《中国教育报》。这组文章的第一篇谈"风骨",风骨是学校的内核,强调以精神立校;第二篇说"红色",红色是学校的底色,表达一种价值取向;第三篇说"坚守",坚守是学校的使命,基于真诚的信仰;第四篇谈"品牌",品牌是学校的标识,是办学的理想目标;第五篇论"务实",务实是学校的根本,教育的品质与作风;这第六篇论"气场",它有怎样的特殊性呢? 与前五篇有何逻辑关联? "气场",关键点在"气"。如果说前五篇都是具象的,那么第六篇就走向了抽象,是前五篇的概括和提炼,是特定基础上的反思和升华。

　　"气场"篇宣示了一种教育哲学,是秦海地学校管理的哲学思考。哲学不是对具体事物的思考,也不是对具体经验的总结,更不是为了解决某个具体问题,而是对流行观念的质疑,对某些定论的反思,是对事物的整体思考和本质追问。

　　近二十年的时间里,面对不断翻新的理论、各种时髦的典型,秦海地从来没有动过心,不盲从,不跟风,不凑热闹,始终保持清醒的头脑,有一以贯之的定力。近二十年的时间里,面对各色人等、各种误解或攻击,秦海地从来没有动摇过，不犹豫，不彷徨，更不妥协，朝着既定的理想目标，矢志不渝地前行。一所普通高中学校的校长，为什么能有这种定力，有这份坚守，有这种执着，能创造这样的奇迹？如果没有对教育本质的透视，对教育发展规律的把握；没有对人性及社会生活的深切感悟，没有对民族文化特点的深刻了解，没有自觉地学习和自我反省的习惯等，秦海地就不可能有这样的思想穿透力，不可能达到这样的精神高度，衡水二中也就不可能创造这样的奇迹。毋庸置疑，秦海地有属于自己的教育哲学，这是原创的、实践的，具有中华传统文化的鲜明特点。因而，他无须崇拜和盲从什么权威专家，也无须搬用国外的所谓前沿理论，而是坚定不移地走出了一条属于自己的路。

秦海地有怎样的教育哲学？他能做到怎样的逻辑自洽，在实践中得到了怎样的验证？秦海地说："一所学校要取得长足发展，就需要形成自己独特的气场，将全校师生的力量与智慧凝聚在一起，增加全校师生的认同感和团结力，发挥集体优势，产生巨大的发展动力。""气"，是秦海地教育哲学的原点与教育实践的出发点，也是其教育思想体系的生长点。什么是"气"？秦海地从甲骨文考证，说到董仲舒的相关典籍；从孔子的《论语》，说到《孙子兵法》，旁及唐太宗的盛唐气象。他显然是下了一番功夫的，有颇为深入的思考和研究，显示了他精神世界的丰富，以及关于民族文化方面的独到修养。这也告诉我们，相当一部分中小学校长是有理论修为的，尽管他们不是专业的理论研究者，但他们结合自身教育与管理实践的学习和研究，所获得的认知常常更为深刻，也更为鲜活，能有效地指导教育实践，引导学校的办学水平不断提升。秦海地是中小学校长的优秀代表，他执着坚守自己的教育实践与教育哲学，以此造就了衡水二中的教育奇迹。

然而，"气"能否构成教育哲学的原点，以此建构教育哲学体系有学理依据吗？"气"在中国，不仅自宋到明，在朱熹和王阳明的理气哲学中，而且可以追溯到先秦和两汉——把万物的生成作为考察对象时，"气"就被作为实质组成人和物的能量的基础，贯穿于包括儒、道及佛的整个中国思想史。不仅在狭义的精神历史范围内，而且还包括人的身体方面——在道教的方技中，在汉医学的治疗处方中，都作为最基础的原理，不断得到说明，且明确地使用着。"气"，甚至推广到文学和艺术方面，所谓"气韵生动"，蕴藏于诗文和书画的深层理论中。"气"的文化和哲学意蕴，它最为重视的价值立意是什么？秦海地说："人是需要一点精神的，没有精神是万万不能的。"即要有"志气"，不能浑浑噩噩过日子。"人活一口气"，秦海地说："给学生营造点燃激情、激发潜能的气场，给学生立足社会、战天斗地的'气魄'，他们的人生就会不惧风雨，他们的人生就会变得无比强大，我们民族的未来就会变得更加强盛。"

教育以立德树人为宗旨，"气"与立德树人有关联吗？中国古人说："故道德之用，莫大于气。道者，气之根也。气者，道之使也。必有其根，其气乃生；必有其使，变化乃成。"道德成长不是现成的移栽，而是有"根"，有"生"，有"变化"的过程。教育是对正气的培育，且促使它不断生长，这生长变化的过程，包含着成长的烦恼和穿越各种磨难的痛苦。"无论多么神圣与美好的教育，都需要我们首先让学生成为一个懂得自强自立、知道要战胜生活与事业磨难的战天斗地的强者。"秦海地说，"任何时候都不会一帆风顺、一劳永逸，任何时候都不会只有阳光大道、万里坦途，我们必须学会给孩子们'苛酷的柔情'，使学生具备在竞争激烈中求得生存、发展的本领。"孟子倡导养"浩然正气"，这是一种至大至刚之气；"虽千万人吾往矣"，这是一种勇往直前的刚毅之气。

南宋的朱熹说："天地之间，有理有气。理也者，形而上之道也，生物之本也。气也者，形而下之器也，生物之具也。"理是终极之物，不能生成物质，只有气才能生成物质。同样道理，教育不能总停留于形而上之道，满足于发表宏观的议论，还必须落实于形而下之器，通过具体的教学与管理，促进学生的成长和全面发展。秦海地说："我校一直以来致力于打造充满激情的成长乐园，给学生充分的自信，激发学生成长的全部潜能，给学生营造成长的强大气场。"在衡水二中，各项励志活动的最后，都会安排学生集体宣誓。活动现场，二中学子坚定刚毅的表情、高亢整齐的口号、激情飞扬的风貌，无不让观看者心潮澎湃、热血沸腾。衡水二中曾经把几个活动视频放在校园网上。秦海地说："令我们没有想到的是，这些视频被一些网友传至优酷网等视频网站，它们的点击量都曾短时间内一路飙升，迅速成为爆红网络的新闻热点，在优酷、新浪、腾讯、56等视频网站的累计点击量很快就达到四五百万人次。"

　　哲学家邓晓芒说："西方哲学大体上就是一种'火的哲学'。中国哲学则主要是一种'气的哲学'，气的隐喻渗透在我们日常生活的每一个角落。"在道家哲学里，物质的"气"是宇宙的起源，"有物混成，先天地生"，这个浑然一体的在天地之前就有的东西就是"气"，给这个"气"取个名字就叫"道"。孟子说："吾善养吾浩然之气。"这个"气"是一个主体的东西，如果说道家的"气"是属于客体的物质的范围，那么孟子要养的这种至大至刚的"气"，是主体人格的东西，属于精神的范围，是和儒家的道德伦理、天地境界浑然一体的东西。秦海地所要营造的学校"气场"，则是由校长人格魅力辐射所形成的能量场。"班声动而北风起，剑气冲而南斗平。"秦海地说："强大的气场，可以使集体的力量发挥至最大，可以使个人的价值得到充分的体现。"

气场：衡水二中的文化风景

　　一所学校有一所学校的气场，一所学校有一所学校的风景，一所学校有一所学校的精气神。侯外庐先生说，"气"是形成人生命和意识的基础，精神则是气的精华。衡水二中极力追求"气场"的力量，无论跑操或励志宣誓，都有一种气壮山河的声威，特别地令人震撼，让人感叹。《光明日报》《新华每日电讯》《科技日报》《南方都市报》《新京报》《华商报》曾纷纷予以报道；央视、凤凰卫视、浙江卫视、山东卫视、辽宁卫视、河北卫视曾跟踪报道，仅2013年，中央电视台就有五次、凤凰卫视有三次重点报道。这种盛大的场面点燃了学生的激情，营造出学生成长的气场，给予学生成长所需的豪气、勇气、霸气和坚定的志气。秦海地说："把'勇于争先'的那口气儿，提得更高些；把'敢于争先'的那种劲儿，鼓得再足些；让他们在成功的路上，走得更远些、更有力些。从一定意义上讲，这正是一种气场的营造、一种精神力量的传递。"

　　什么是"气场"？爱因斯坦说："没有'场'的空间是不存在的。"在中国，张岱年先生最先揭示了气论与原子论是两种不同的物质观。唐力权先生强调："我们所谓的'场'乃是依事物的相对相关性而言的。简单地说，'场'就是事物的相对相关性的所在，也同时是此相对相关性之所以为可能的所在。"在气论哲学看来，"气"为实体，依一定的关系而存在，"气场"由此而产生。气论哲学"不是西洋哲学之追随模仿"，张岱年先生说："而是中国固有的刚毅宏大的积极思想之复活。"什么是"气场"的力量？韩非在战国末，总括了时代状况，说："当今争于气力。"《尉缭子·战威篇》云："夫将之所以战者，民也，民之所以战者，气也。气实则斗，气夺则走。"——气充足则民勇敢，能投入战斗；无气则民胆怯，只能逃走。高考是一种选拔性考试，高中学校之间、高中学生之间，存在着升学竞争，这是不争的事实。当今世界，竞争无可避免。竞争精神是一种重要素质。培养竞争精神，培养战斗意志，培育一种阳刚气息，增进克服困难的勇气和决心，这是学校教育的重要任务。

　　"夫战，勇气也。一鼓作气，再而衰，三而竭。"《曹刿论战》的这段话，是人们所熟知的。气可鼓而不可泄，但如何才能一直保持旺盛的斗志呢？《孙膑兵法》中设有《延气》一章，说是通过延"气"，可使怯者转化为勇者，保持连续作战的精神。两军相逢勇者胜。衡水二中的跑操、宣誓、呼喊，正是兵家的所谓"延气"，使师生意气风发、斗志昂然。中央人民广播电台"央广夜新闻"栏目邀请的一位嘉宾评论说："学校用集体呼喊口号的方式让学生对自己的追求有了一种升华式的价值认同……一起喊口号的出征仪式，给学生打气，口号内容振奋人心，对于那些懒散的、缺乏进取精神的、不够自信的同学肯定会起到一定的作用，也会激励他们的斗志。"秦海地说："或许，这正是我们所极力追求的'气场'的力量！"正因为一贯重视精神气场的营造，师生之间就有积极情绪的相互感染，在强大的气场里实现了精神共振。

　　《大学》首章之"亲民"，宋儒改为"新民"，强调人内在地具有"明德"，即不论贵贱贫富，都有被觉悟的可能，关键在道德勇气的养成。学校教育需要创设相应的环境气氛。秦海地说："正是在这强大的气场里，我们的学生心态阳光、乐观积极、坚韧顽强，校园里涌现出一个个'自强之星'。"2012届毕业生曹翠翠，自幼家境贫寒，父亲不幸早逝，母亲靠打工、种地，艰辛抚养她长大。在了解到曹翠翠同学的家庭情况后，教师们对她关爱有加，并时常鼓励她勇敢面对命运的挑战，以最佳的学习成果回报自己的母亲。2012年高考，她以优异成绩考取北京航空航天大学，并作为全国两万名受资助学生的代表，与来自全国的其他十名同学在北京人民大会堂参加了"2012·希望工程圆梦行动大型公益助学活动"捐赠启动仪式，受到国家领导人和共青团领导的亲切接见与慰问。曹翠翠同学回忆说，是学校昂扬向上、激情进取的成长氛围，二中人灵魂深处的超越精神，锤炼和培育了自己的坚韧品格与顽强毅力。

并非剑拔弩张的校长，才能造就激情昂扬的气场。不同的校长有不同的气质，不同的校长有不同的气象。按程颢的说法，孔子，天地气象；颜子，春之气象；孟子，秋之气象。孔子如"元气"，元气是冲和之气，涵四时气象，变化万千。颜子如沐春风，化生万物；孟子似秋气肃杀，凌厉森严。天地气象"如四时之错行，如日月之代明，万物并育而不相害，道并行而不相悖"。校长为一校之长，主事一所学校，需要修炼天地气象。校长是学校的灵魂，重在知人善任，激发教师群体的积极性和创造性。秦海地说："没有完美的个人，只有完美的团队。"他认为，个人的智慧与能力毕竟有限，在今天这个讲求合作的时代，堂吉诃德式单打独斗的个人英雄几乎没有成功的可能。什么是气场？简而言之：同气相求，同声相应。只有置身于团队之中，个人才有力量、才有作为，价值才能得到充分的体现。中国哲学是一种有机论的系统哲学，它将命运共同体作为哲思对象，而不是原子化的个人。

在中国文化看来，人文社会或现实政治，需要在命运共同体的关系框架下加以讨论。在这里，校长不存在自身的利益诉求，不存在特定立场，而以一种有容乃大的个人气度参与。有什么样的校长，就有什么样的学校精神。康有为说："所谓精神者何？即国民之元气是矣……语曰，国于天地，必有与立，国所与立者何？曰民而已。民所以立者何？曰气而已。"对国家的生死存亡起决定性作用的，是"元气"，即(国民)精神。国家的基础在民，民之"气"需要激扬。民之"气"，就是国民的"元气"，就是国民的精神。同样道理，教师的敬业精神，就是一所学校的元气。校长的职责在于营造"气场"，带出一支元气淋漓的教师队伍，建成团结奋进的命运共同体。年轻、资历浅、"大师"少，是衡水二中教师队伍的特点。"二中是由'二等'个人组成的'一等'团队。如果单个地比，二中并没有什么优势，但是组合在一起，打群体战，二中往往战无不胜。"外界盛传的这样一种说法，让秦海地感到很欣慰——二中之优胜在"气场"，整体大于部分之和。

电视剧《亮剑》中李云龙有这样一段经典台词："（一支部队的）传统和性格，是由这支部队组建时，首任军事首长的性格和气质决定的。他给这支部队注入了灵魂，从此不管岁月流逝，人员更迭，这支部队灵魂永在。"秦海地认为，军队如此，学校亦然，强大的气场一经形成，即使师生人员会有所更迭，学校气场也不会减弱，更不会消失，而是会不断地融入新的因素，感染新的成员，发挥新的作用。《气场》的作者美国皮克·菲尔博士认为，一个人最大的价值，来源于他在某一方面收获的存在感，他对别人的影响力，以及他对自己人生的掌控力，并在此中体现出来的让人无法抵挡的魅力。他认为气场可以是吸引力，是魔力，它既是一个人能力的体现，同时也能够影响和感染他人。《有一种魔力叫气场》一书也指出，气场是"吸引力的终极秘密，做人做事必胜的成功法则，强大的气场是一个人的存在感和吸引力之所在，是他身上无与伦比的光环"。

秦海地正是一位有魅力的校长，他打造了一支"四有"好教师团队，成就了一所薄弱高中的华美蜕变，创造了中国基础教育的一个奇迹。教育是面向未来的事业，"气化流行，生生不息"。秦海地充满自信地说："衡水二中一定会实现精神的传承，成为一处精神的特区、教育的圣地，营造师生成长的强大气场，迸发师生进取的无穷正能量……"

第三章 | 制度创新：科学精神与人文关怀的融合

"苟日新，日日新，又日新。"学校管理，以制度规范，有价值导向。以科学方法和理性思维为基础，引导学生追求真理和创新知识；以人为本，凸显人的尊严和价值，满足师生的情感需求。学校制度创新、科学精神和人文关怀的融合，构建师生的精神家园，形成亮丽的学校文化风景。

向下生根　向上飞扬

2004年，秦海地担任衡水二中校长。2008年，衡水二中开始有走进清华、北大的学生，之后高考升学率一路走高。仅2010年至2014年，衡水二中有6200多名学生考入"985"和"211"大学，64名学生考进清华、北大，获全省第二名2人、第三名1人、第六名1人、第七名1人。2015年高考，学校有9名学生进入全省前20名，30多名学生达到清华、北大录取分数线。出色的高考成绩说明原本后进的县中是可以办好的，证明"原生态教育"有充分的可行性。所谓"有根株于下，有叶荣于上"。衡水二中之所以有这翻天覆地的变化，秦海地认为，关键在立足于学校的发展和学生的成长，着眼于工作的完善及教育的改革，他深有体会地说："我们是从根本上抓起，从源头上做起，做有根的教育。"

做有根的教育，首先要转变教育观念。学校有明确的方向和充分的自信，才能执着前行。秦海地说："当前，人们很容易把与应对高考有关的作业练习、阶段测试等众多教学活动一律视为应试教育，因而高考分数、升学率也就很自然地被看成应试教育的产物、素质教育的死敌。"毋庸讳言，这是非常普遍的社会偏见。学校教育质量好，升学率高，社会知名度也高，这样的学校也不免有应试教育的嫌疑，容易受到挑剔与指责。秦海地认为，就高考而言，优异成绩的取得，离不开学生的自主意识、优良习惯、坚韧意志、创新能力、攻关激情、自我管理等诸多优秀品质的培养。他说："没有诸多优秀品质为基石，再高的分数对于学生而言，也只能是一种虚无的符号，对学生的成长与发展没有长久的效用。"秦海地在意的点不仅在于考出高分，更在意高分后面的精神，以及这样的精神能提供什么样的支撑力量。对于应试教育，秦海地有着高度的警惕，他说："那种'只看分数，不言其他'的高中教育，无疑是无源之水、无本之木。"学生的三年高中生活，何尝不是一种立德树人、合作竞争的人生创业呢？学校是微型的社会，教育紧密关联着生活，承载着社会的期待。秦海地的视野是宽广的，他说："在高中的学习生活中，涵养并逐渐提升诸多优秀品质，谁能说这样的学生就不会创新，没有领袖气质，担当不起中华民族伟大复兴的重任呢？"

做有根的教育，要有求真务实的品质，能根植于民族文化的土壤，一切从实际情况出发。秦海地说："无论是立足高中学校的特色发展，还是立足高中素质教育的探索与改革，更重要的是我们的教育植根于本土，以中华文化为依归，这是文化之根、教育之根。"他认为，不同学校有其不同的成长与发展土壤，一所学校要有特色、可持续地发展，首先就要植根于本土。只有适合本土的，才有鲜活的生命力与旺盛的成长后劲。高中教育在承担起为民族未来、国家未来培养人才的使命的同时，还须与当地经济状况、人文环境、民众需求结合起来。一位基层一线的县中校长，能有这样一种主见和定力，有清醒的认识，有充分的理性，这的确是非常难能可贵的。高考改革牵一发而动全身，不能光凭一种理想热情，不能离开一个民族的文化特点和社会生活的现实基础，而必须充分权衡，多方借鉴。

20世纪50年代，台湾地区的高中毕业生都参加"大学院校联合招生考试"（简称"联考"），实施40多年的"联考"几乎是入读大学的唯一途径，所有院校都按照"联考"分数录取学生，父辈的财富、人脉及权力等难以派上用场。选拔制度改革以后，分数不再是唯一的录取条件，在"多元入学"的游戏规则下，

"多才多艺""见多识广"的孩子个人资料亮丽，面试表现也容易占上风。这样一来，富裕家庭不但为孩子聘用补习教师，还会安排孩子学习各种才艺，参加各类社会活动，强化子女竞逐学历文凭的优势；而贫寒家庭的学生不再像"联考"时代那样可以单靠努力弥补家庭资本的不足。台湾地区教育改革的举措及其后续的影响值得我们深思。秦海地说："高考改革是一项重大的民生工程，既要符合教育发展的理念，又不能伤害教育的公平性，还应该考虑到国内经济和教育资源尚不均衡的现状……高中办学既要着眼于为国家培养新时期的栋梁之材，又要考虑家长的期待；既要仰望星空，又要脚踏实地。"

做有根的教育，必须知行合一，超越"日常此在"，着眼于学生的未来发展，有精心的制度设计，举办丰富多彩的校园活动。如果把高中生比作一棵正在茁壮成长的小树，那么，他的学习成绩以及各方面的能力，就是这棵树的枝叶；而他逐渐形成的诸多品质，则是这棵树发达的根系。要想枝繁叶茂、粗壮挺拔，就必须舍得花费气力去植根、育根。

学校要培养学生哪些能力和品质，该怎样培养？秦海地说："我们认为学生成绩的提高'功夫在诗外'，因而，我校通过一以贯之的励志教育、扎实有效的养成教育、宽严相济的爱的教育、丰富多彩的校园活动、意蕴丰赡的校园文化等，实现了对学生良好品质的培养。"衡水二中每年举行的"十八岁成人礼"，在学生心中牢固树立起"已成人，敢担当，要负责"的意识；融入德育意义的"跑操"，作为学校德育活动的传统，是对学生意志的磨炼和信心的激励；每年一届的校园文化艺术节，形式丰富多样，各种体育竞赛、趣味体育活动、宿舍文化评比、学星评选等活动，既调剂了紧张的生活节奏，缓解了学生的学习压力，又极大地促进了学生综合素质的全面提升……

做有根的教育，重在一种文化氛围的营造，教师处处体现职业的自觉，以倾情奉献为荣。"橘生淮南则为橘，生于淮北则为枳，叶徒相似，其实味不同。所以然者何？水土异也。"不同学校有其不同的成长与发展土壤。正如荷尔德林的诗句："人充满劳绩，但还是诗意地栖居于这块大地上。"人的一生充满劳累，成天为诸多事情而烦恼，这是我们很难逃避的存在。我们生活的具体"大地"，与整体的抽象的"世界"是相互依存又对立的，人要看到这个"世界"，让这个世界打开，敞开"澄明之境"，就需要诗意地栖居，也就是有意义地生活在世上。加缪说："人不是要生活得最好，而是要生活得最多。"人一生追求很多东西，到晚年回顾一生时，应该有自己曾经热爱过、付出过、无私奉献过的，是这些增添了人一生的分量，让平凡的生命焕发出别样的光彩。

2015年6月，高考前夕，英语教师吴娜在路上不慎将脚摔伤，医生要求尽快打石膏治疗并建议其休养一段时间。为了在备考的关键时刻尽量多地帮助学生，也为了以自己的坚持给学生激励，吴老师决定延迟治疗时间，只做了简单治疗。随后，便拄着拐杖、一脚着地，坚持给学生们讲课、辅导、做减压游戏。教师的坚持，深深地感动了学生们。他们自觉帮助吴老师，还在教室里专门设立了"爱的回音盒"，在里面为教师放入感谢卡片和润喉片、巧克力等小礼物。这些陪伴学生成长的点点滴滴，均是对学生进行的最直接的心灵教育、感恩教育。这样的故事在衡水二中还有很多很多。在现实生活中，总有人重复着每一天，过着同质化的人生。从这个意义上说，衡水二中的教育生活是丰满的，教师们都有属于自己的故事，明白自己的精神之"根"在哪里，因而，他们是辛劳的，也是幸福的。

树高千尺　根深叶茂

　　一所高中学校办得怎样，升学率诚然是重要指标，但更为重要的是，这所学校有怎样的文化特色，有怎样的文化品位。一所学校管理得秩序井然，这固然是校长领导水平的体现，但更为重要的是，作为校长有无文化自觉。教育是人类的精神文化活动，烙有民族文化的鲜明印记；教育的重要使命是传承民族优秀文化，以保障一个民族精神生命的绵延永续。有教育而无文化，则教育是空洞的；有文化而无教育，则文化是僵死的。教育就其本质而言，是以文化人和以文育人。教育植根于民族文化的精神土壤，具有旺盛活泼的生机、朝气蓬勃的气象。毋庸讳言，现代学校制度来自西方，现有教育理论也主要来自西方，专家们指导教育改革的理论武器，其逻辑框架和话语方式，乃至评判教育成败的依据，免不了有西方文化的色彩。

　　秦海地说："在素质教育的探索与实践中，不少教育专家和工作者力图在西方教育中找到中国素质教育的出路，但教育的国际化应该是双向的，我们不但要学习西方的先进做法，更要传承和发扬中国传统文化。"在民族文化的自觉、自信和自尊方面，秦海地及衡水二中无疑是值得钦佩的，其意义远远超过升学率方面的贡献。教育的使命不仅在于民族文化的传承，更在于优秀文化的创造与弘扬。教育对民族文化的传承与弘扬，重在培养学生的家国情怀；教育所担负的文化使命，重在培育学生创造的品格与才能，以及与时俱进的创新精神。在学生心灵植入民族文化的精神基因，学校教育因此彰显中华民族的文化特色，这是衡水二中最值得称道的不凡与卓越之处。秦海地认为，"我们的高中教育要以优秀的中华文化为依归，这是学生之苗成长为栋梁之材的最润泽的雨、最和煦的风、最暖心的阳光、最肥沃的土壤。我们的孩子要在中华文化的基础上建构起自己的思想体系和价值观念"。

现代教育不能脱离社会的现实环境，更不能远离民族发展延续的主题，因此，民族传统文化与现代学校教育的结合，是教育改革与发展永恒的主题。秦海地认为，教育改革理应彰显民族文化的特色，具有民族文化的丰富内涵。如果仅着眼于教育的现实功利，醉心于片面追求升学率，这将是一种本末倒置的反教育行为。他清楚地认识到传统文化的教育价值，以及它对学生成长的影响。秦海地说："孩子们能知道自己的'根'在哪里，就能知道我们的民族与国家'从哪里来''到哪里去'，自然也就能成长为身心健康的自立之人，并在未来的发展中走得更远更好。"优秀传统文化是民族的精神依托，是一个民族屹立于世界民族之林的保证，也是一所学校发展与提升的根本保证。不迷信书本，不盲从专家，不"为外国人拉洋车"（陶行知语），秦海地坚信，中华文明绵延数千年，有其独特的价值与功能，衡水二中的生存与发展正得益于民族文化的精神滋养。

习近平总书记指出："一个国家、一个民族的强盛，总是以文化兴盛为支撑的，中华民族伟大复兴需要以中华文化发展繁荣为条件。"秦海地主事衡水二中十多年，自觉地将总书记的指示落实到学校管理的实践中，始终坚持以精神文化立校。中华优秀传统文化已成为这所学校的精神基因，丰富了每个师生的内心世界，潜移默化地影响着他们的思想与行为方式。衡水二中创造了教育的奇迹，受到的称赞多，前来学习参观的络绎不绝，但秦海地始终保持着一种谦虚谨慎的作风，保持着一种低调的行事风格。"满招损，谦受益"，中国古代的这一格言，成为他个人修为的座右铭。秦海地经常跟教师们说："我们既不要飘飘然，也没必要妄自菲薄。"衡水二中不为外界的毁誉而改变初衷，因而能不断超越，不断地创造新的辉煌。

衡水二中管理之认真、严格和细致，教师工作之倾情投入与不辞辛劳，学生以奋斗和拼搏精神谱写自己的青春之歌，所有这些，往往会受到一些误解与质疑，以为缺失一种闲暇，缺少一种自在，限制了师生的自由，不够人性化等。正所谓"道不同，不相为谋"，苦乐观与世界观紧密相连，不同的人会有不同的看法。海德格尔的学生阿伦特说，人生境况可以分成劳动、工作和行动三种。"劳动"是维持生命所必需的活动，它不具有公共性，是一种动物式的人生。所以马克思才会一边说劳动创造了世界，一边又说人类应该从劳动中解放出来。"工作"的特点是有用性和技艺性，它具有公共性，但没有意义。换言之，劳动与工作都是"日常此在"，没有更高的存在意义。"行动"则包含思考与言行，它揭示了人的独特的差异性，构成意义，从中生发和照亮人类存在的源泉。通过言行，使自己与他人区别开来，是人之为人相互显现的方式。它不是劳动的必然性强加，也不是工作的有用性驱使，它表明了你是谁。阿伦特对劳动和工作的定义，有她特定的语境和文化背景，与我们不尽相同。然而，只有将工作变成行动，我们的生活才会变得有意义，才会真正实现自我。这一论断具有普遍意义。秦海地的以苦为乐，师生的乐在其中，这是某些人所难以理解和体验的，因而误读与曲解也就难免，这是生活观和价值观方面的差异。

秦海地说："素质教育势在必行，但应多方探究、辨清真伪，绝不能以模糊的轻松自由、爱好广泛、多才多艺等来将其简化，更不应忽略提升任何一种潜在能力与品质。"对教育的不同理解，与一个人所具备的文化视野密切相关。所谓"言必称希腊"，希腊文化注重个体的优雅、生活的闲暇，因而有柏拉图的阿卡德米学园。中华文化注重伦理责任，孔子明知天下事不可为而为之，一辈子风尘仆仆奔走于途。秦海地认为，一所高中学校应该有激情燃烧、积极进取的校园氛围，有助于学生养成积极乐观、顽强拼搏等诸多品质。他说："这是中华民族最宝贵的思想品质，更是应该大力弘扬的正能量、真素质，也应该成为高中学校的育人精髓。"正是从这个意义上说，衡水二中是一所有优秀传统文化品位的学校，秦海地是一位有民族文化自觉的校长，时时处处，身体力行，积极弘扬民族优秀文化。

衡水二中一以贯之地对学生进行励志教育、养成教育，给学生营造点燃激情、激发潜能的气场，致力于培养学生立足社会、报效祖国的志气与豪气。秦海地说："在对学生进行社会主义核心价值观教育的过程中，我们把核心价值观中传承着的中国文化基因、民族特质，融入班级誓言，从对誓言的学、编、讲、选、喊、传等各个环节，加深学生对核心价值观的认识和理解，让社会主义核心价值观喊于声、留于脑、记于心、见于行。"教育是为党育人，为国育才，是对民族优秀传统文化的继承与弘扬。衡水二中的教育实践包含环境育人、活动育人和学科教学育人。学校建成全方位校园文化体系，让墙壁说话，使展牌含情，花也悦人，树也励志。浓郁的文化气息弥漫在校园的每个角落，给师生以无声的感染，净化着师生的心灵。

各种集体宣誓活动、"传统文化进校园"活动、"中国梦·家乡情"社会实践活动等，让学生体味中华文化的博大精深，感觉到社会进步的日新月异。在日常的学习活动中，注重培养学生坚持、专注、探究、创新、合作等诸多品质，让学生做学习的主人，学会自我管理与相互合作。秦海地说："素质是人最本质的内容，乃一生之养，绝非一日之功。因而，要加强对学生性情的塑造，注重环境熏陶和文化润泽。"衡水二中始终植根于中华优秀传统文化的土壤，从一棵小的树苗成长为参天大树，成为河北教育亮丽的文化风景。秦海地动情地说："树高千尺也忘不了根！"

打好生命成长的底色

《红色：学生成长的底色》一文，2013年12月18日刊发于《中国教育报》，这是秦海地系列文章的第二篇。2004年到2013年，历时九年，衡水二中奋力拼搏，砥砺前行，从一所名不见经传的薄弱高中，跻身全国著名高中的行列。当年卑微的丑小鸭，从蹒跚学步到一举冲天，在惊人的蜕变中展现自身的风采。这一过程是艰难的，也是漫长的，多少往事，萦绕在二中人的心头；多少感人的故事，伴随着挥之不去的情思，饱含着二中人的心血和汗水。作为校长的秦海地，该有多少的感慨，有多少的沉思，有多少对学校前景的展望。"忆往昔，峥嵘岁月稠。"奉调薄弱高中，似乎是秦海地的宿命，先是铁路中学，后是衡水二中，无一不落后并边缘化，又无一不因他而旧貌变新颜。"时刻听从党召唤"，这是秦海地的党性；"越是艰险越向前"，这是他的本色和个性。

衡水二中师生，历经九年的跨越，迎难而上，披荆斩棘。学校发生翻天覆地变化的同时，秦海地的教育思想走向成熟。学校形象的提升和办学范式的建立，多角度地折射着他的理想与智慧。《红色：学生成长的底色》一文，围绕基础教育的性质和高中教育的特点，多层次、多方位地阐述了秦海地的办学思想，包含他对教育、人生以及学生成长的思考，涉及人生观、价值观、文化观和幸福观等。在秦海地的教育思想和办学实践中，蕴蓄着他的使命精神及对学生深深的爱。《红色：学生成长的底色》一文，作为系列文章的第二篇，是对"风骨"篇的具体阐述———一种实践性的转换，也是理论上的正本清源。《红色：学生成长的底色》带有论战的性质，旨在澄清各种迷思与误解，说明衡水二中范式的正当性和选择的合理性。《红色：学生成长的底色》一文，体现了秦海地办学思想的理论基础，也由此成为学校发展的行动指南。

基础教育重在培养学生的习惯和基本素养；作为基础教育的最高阶段，高中教育的重要使命在于价值导向，帮助学生树立人生的理想与行为的准则，为学生的精神成长打下生命的底色。"打下生命的底色"，即扣好人生的第一粒扣子；"打下生命的底色"，是教师的职业责任，也是学生的自我要求。什么是"学生成长的底色"？"红色。"这是秦海地的回答。"红色"意味着什么？秦海地说："青春是红色的，像燃烧的火焰，像初升的太阳，朝气蓬勃，奉献光和热。"

青春的"底色"，其意义在哪里？孔子曰："绘事后素。"（《论语·八佾》）朱熹集注："绘事，绘画之事也；后素，后于素也。《考工记》曰：'绘画之事后素功。'谓先以粉地为质，而后施五彩，犹人有美质，然后可加文饰。""绘事后素"，意谓有良好的质地，才能进行锦上添花的加工。"底色"，是一个人的基本品质。给学生的精神生命赋以什么底色，关乎学生的高中生涯如何度过，以什么样的态度迎战高考，又以什么样的姿态走进大学；给学生的精神生命赋以什么底色，关乎学生未来走什么路，成为什么样的人。"像燃烧的火焰"，而非一潭死水；"像初升的太阳"，而非日薄西山；是"朝气蓬勃"，而非暮气沉沉；是"奉献光和热"，而非苟且、任性和得过且过。秦海地认为，高中学生得有点血性，有点阳刚气息，而不能未老先衰，或迟钝麻木。

什么样的教育，才能使他们终生难忘、一生受益？如今的高中生，他们究竟需要怎样的涵养？这两个问题是高中教育的基本问题，这两个问题如果不能想明白，想透彻，学校的定位和发展必然陷于盲目。学校的中心任务在教导学生，教育的宗旨在立德树人，旨在促进学生的全面发展。对于一所具体的高中学校而言，则需要考虑从哪里切入，怎样切入，该选择怎样的路径和策略。教育学生的前提是了解学生，帮助学生的前提是明白学生的需求，如果对学生的需求一无所知，或认识有严重偏差，那么，学校教育必然无的放矢，或事倍功半。什么样的教育，才能使他们终生难忘、一生受益？如今的高中学生，他们究竟需要怎样的涵养？这不能通过翻书来寻找现成的答案，更不能照搬外国的所谓先进经验，对于某些教育专家言之凿凿的说辞，同样不能轻信与盲目接受。

通过认真而深入的思考，并在教育实践中不断尝试和调整，秦海地认识到，必须切实处理好几种关系。

其一，价值多元与价值导向的关系。倡导价值多元，在相当长的一段时间里，占据着舆论的高地，教育专家连篇累牍进行理论论证。价值多元，意味着不能以单一的尺码衡量学生，衡量学校；高中学校不能千人一面，高中学生不能成为一个个标准件。大自然有斑斓的迷人色彩，我们不能要求玫瑰花和紫罗兰有同样的香味，又怎么能够在学校教育中强求一律而泯灭学生的个性？另一方面，学校教育又必须有主导价值，始终贯穿社会主义核心价值观。学生的个性化成长，不能背离社会的普遍要求，更不能走向任性与妄为。秦海地说："教育更应有尊重、赏识和包容，让高中学生和谐发展并能张扬个性，给学生'七彩的青春'。"他认为，凡事皆有度，适可而止，过犹不及。作为高中学校的校长，秦海地注重学校精神，注重统一认知，关注学生的情感认同和价值认同。因为，如果没有统一的精神与价值取向，学校就不可能形成自身的文化特色，更不可能有凝聚力和向心力。一所学校，如果师生都各行其是，没有统一认知，没有学校精神，形如一盘散沙，这将是校长的失职，也是学校教育的失败，而受危害最大的则是学生。当然，学校的价值导向不是要学生无条件地服从，而是极具亲和力和人性的感召。

其二，怎样看待学习的快乐与成长的苦恼。在某些教育专家看来，学生的学校生活太压抑，学习负担过于沉重和单调。他们认为应该解放学生，体现人性化管理。所谓人性化,就是尽量地迁就学生,让他们有更多的快乐与幸福感。这样的看法和倡议并非没有道理,但走向极端会形成恶性循环。秦海地认为,教育并非要给学生以快乐。学生的成长必须穿越各种烦恼,这是不言而喻的。古人说:"人生不满百,常怀千岁忧。"海德格尔认为,人生就意味着烦恼。任何人都不可能活得一直轻松、自在、样样如意、事事顺心。更何况,处于人生发展关键节点的高中阶段,高中学生必须面对冷峻的高考挑战,面对成人以后的社会责任,怎么可能一直悠哉游哉呢? 幸福并不局限于所谓悠闲、快乐,也可以是知识增长和精神成长所带来的愉悦,是穿越烦恼和战胜困难所带来的自尊与自信。秦海地认为,鼓励学生的自信心,赞扬他,鼓励他,这是对的,但不能演变为对学生的迁就和放任。他说:"否则,孩子将来到社会,他面临的反差足以把他摧毁。"秦海地认为,我们应该告诉学生,社会生活是非常复杂的,免不了吃苦、受委屈。因而,生命的韧性需要在学校生活中得到磨炼,教师则应该帮助学生树立正确的幸福观。

其三,学生的自我成长与教师管理的关系。秦海地说:"我赞成对孩子严格要求。孩子毕竟不是成年人,孩子还必须管教、必须惩戒,必须让他知道教育绝不仅仅是快乐,学习绝不仅仅是快乐。"他坚持认为,教育不能以爱的名义轻易向我们的学生让步,向家长让步,向社会让步。学校教育必须有自身的独立性,同时对社会有精神导向的职责与义务。学校作为专业化的教育机构,不能一味地为社会的舆论所左右,对于家长的一些偏颇的要求,不可能事事满足,处处满足。对孩子的爱,家长可能尺度宽松,会走向溺爱和偏爱;教师承担着职责所赋予的使命,对学生的爱则更为理性,有自觉的价值导向。学校不能放弃对学生管理和引导的责任。减轻学生负担是重要的,"双减"的意义尤为深远,学校要履行自身的责任,而不是放弃这种责任。减轻学生负担是为了提高教育质量,让学生的身心得到更为健康的发展,而不是片面地宽纵学生。如果任意放纵,学生难免产生消极、逃避等负面情绪。荀子说:"故圣人化性而起伪,伪起而生礼义,礼义生而制法度。"教育的功能在"化性而起伪","伪"即人为的意思。通过文化精神塑造，才能使人去恶为善。视宽纵学生为人性化，这是对教育的严重误解，也是对学生的不负责任。

秦海地说："这样教育出来的孩子，是接不住中国未来发展的重担的。只有学会了感恩，懂得了担当，青春才会有梦想、有激情，生命才会变得高贵。"他认为，青春是快乐的、是丰富多彩的。同时，青春不仅仅是快乐的，更要有担当、有责任。正是从这个意义上来说，青春是多彩的，而红色则是学生生命成长的底色。

精致的境界与生命的精彩

《精致：孜孜以求的办学境界》，这篇文章在2014年3月13日发表于《中国教育报》。它作为系列文章的最后一篇，卒章显志，有两个关键词：一是"精致"，二是"境界"。办学达到什么境界？ "精致"的境界。如果说，创出自己的品牌，这是理想的目标、办学成功的标志，那么，精致则代表着品牌的成色，意味着这是精品，而非泛泛的名号。"孜孜以求"，意味着执着，代表着精诚，是一种锲而不舍的追求。办学的境界，也是校长的境界；校长的为人，决定学校的境界。张世英先生说，人生有四个层次的境界：欲求境界、求实境界、道德境界和审美境界。"精致"，无疑是一种审美境界，属于人生的最高境界。

宋代的张载说："学不能推究事理，只是心粗，至如颜子未至于圣人处，犹是心粗。"意思是，学习却不能推究事理，只是由于心粗，乃至像颜渊这样的，未达到圣人的境界，还是由于心粗不精。颜渊，名回，孔子最为得意的弟子。颜回英年早逝，孔子痛心疾首。后世尊颜回为"复圣"，意味着几乎达到了圣人的境界。张载说，之所以没有完全达到，还是失之于粗，没有孔子的"精"。《中庸》有言，"致广大而尽精微"，足见"精致"境界之崇高。于秦海地而言，"精致"是办学的最高境界，精益求精是人生的不懈追求，也是对工作、对学生的满腔热忱。

学校管理，如何才能达到精致的境界？秦海地说："从某个角度来说，教育像加工璞玉的过程，是一种精细的打磨，是一种用心的创造，是一种止于至善、超越不已的追求。"衡水二中的崛起，正在于孜孜以求的执着，在于精益求精的认真，在于精雕细琢的用心。执着是一种信仰，基于对生命的敬畏；认真是一种态度，基于教师的人格修养；雕琢是一门艺术，倾注着教师的心血。教育不是一朝一夕之功，不能有丝毫的疏忽大意；教育是人类灵魂的事业，须有如临深渊、如履薄冰的谨慎，有一种敬畏之心。教育为党育人，为国育才。秦海地说："对人才的定义可以是粗线条的，但育人的工作应该精雕细琢、精益求精。"教育无小事，事事都育人。教育是一个个环节的衔接，也是许许多多细节的聚集，因而，学校管理要把平凡做到极致，于细微处见精神、见境界。秦海地说："我们的教育管理，要以'精'驭质、以'致'取胜。精致的教育是一道美丽的风景，需要我们为之孜孜以求。"

　　教育细节对学生的影响是不容忽视的。衡水二中精心关注细节的完美，为学生提供优质的教育服务，取得了令人惊叹的教育成果。这一切离不开教育过程中的精心打磨。从"精细"到"完美"，有一个累积的过程；教育作用之发挥，有一个潜移默化的渗透过程；学生的精神成长，同样地有一个不断进阶的过程。"积土成山，风雨兴焉；积水成渊，蛟龙生焉；积善成德，而神明自得，圣心备焉。故不积跬步，无以至千里；不积小流，无以成江海。"荀子《劝学》中的这段话，是人们普遍熟知的。土堆积成了山，风雨就会在这里兴起；水汇集成深渊，蛟龙就会在这里产生；善行积累起来成为高尚的道德，自己就会得到极高的智慧，具备圣人的心志。所以，不能一步半步地积聚起来，就不能到达千里之远；不汇集涓涓细流，就不能形成大江大海。教育管理的具体对象是人，重要使命是佐助学生的生命成长，需要教师倾注点点滴滴的心血。秦海地说："课堂和班级的管理都要落实到具体的学生身上，每一个过程和每一个环节的整体精细、精致与完美，都可以使教育的作用得到更好的发挥。"

　　加拿大教育家马克斯·范梅南的《教育的情调》，转述了人类学和历史学家劳伦·艾斯利的一个真实的故事——艾斯利在海边沙滩上散步，人们沿着海岸线，捡拾海水退去后留下来的贝壳和海星。当他走过拥挤的拾贝壳和海星的人群时，看见有一个人不时弯下腰把一个东西扔进澎湃的浪涛中。只见那个人迅速而轻柔地捡起海星，用力将它远远地扔进了海里。"它会活下去的。"这个人对艾斯利说。艾斯利有点困惑，因为其他人都没有冒险下到离海水这么近的地方。"你有没有捡过什么？"那个人问，一边弯腰看着沙滩上求生的海生物，一边轻轻地说，"只像这样，为了生命而捡。"

　　扔海星的人被一种需要遵从和负责任的情感驱使着。这里，"遵从"意味着能够去倾听，倾听那些向你倾诉的内容。而要想知道海星在说些什么，你就必须热爱它们。马克斯·范梅南想要告诉我们的是：为了获得教育的敏感性和机智，就必须懂得教育知识和语言的本质。除了每天的教学活动，教育还渗透在日常生活之中。比如：学校和教室的气氛，教师和学生的关系，当时情境的复杂和敏感程度，还有学校的走廊、教室、办公室、操场的空间等。这些方面所隐含的，是需要被感受的，需要通过体验和感受来了解，而不是通过思考和推理而获得。

　　由此，你就能够理解秦海地，他似乎很随意地在校园里走动，随机地与碰到的教师打招呼、寒暄和交谈。他能叫出每一位教师的名字，常常主动地跟教师们打招呼。教师们感到校长很亲和，什么都愿意跟他说，无论工作还是生活，无论学校的还是家庭的。学校当然不能没有规矩，没有纪律；工作不能没有投入，没有奉献，但教师首先感受到的，是校长的尊重和关爱，是情感的温馨，是学校生活的温暖。

　　于是，严守纪律、忘我工作，一丝不苟地认真负责，就成为一种自觉的要求。学校的制度是严格的，执行是刚性的，但教师们并不感到严苛，更不会有抱怨。领导就是服务，教育就是关爱。像重返大海的海星，学校让每位教师都有家的感觉，让每位学生都有舒心成长的天地和机缘。秦海地说："立德树人,教育首要的就是为学生的立德、成人、成才服务。"校长之于教师、教师之于学生,有一种谦和、关爱与严格要求,学校精细的作风、精致的追求,建立在一种情感和认知交融的基础上,师生之间心心相印、息息相关。在衡水二中,精致是一种爱的境界,爱学生,爱教育,是精致最为本质的规定;精致是生命舒张的境界,离开生命的成长,离开生命成长的幸福,精致就失去价值与意义;精致是自由与创造的境界,带来师生生命的精彩,带来衡水二中事业的辉煌。

生命的活力与校服的风采

教育学家顾明远先生说："一条校训，一枚校标，一支校歌，一套校服往往反映了学校的精神面貌和办学品位，应该让学校的一草一木都具有教育意义。"从这一意义上说，学生的着装，并非随意的穿着。服装作为一种教育资源，是文化的载体，潜移默化地影响着学生的精气神。校训、校歌和校服，已成为许多学校的标配，其中，最为日常化、生活化的无疑是校服。"校服"一词，其本质含义是统一的服装。英国是校服公认的发源地，大约在亨利八世统治时期(1509—1547)就出现了校服的萌芽，至今已有将近五百年的历史。从20世纪90年代开始，运动服样式的校服开始慢慢流行于我们国家的校园，逐渐受到人们的普遍关注，并引发"美与丑"的议论。

秦海地认为，若从校服的基本功能方面来看，这些穿着便利、朴素实用的校服，似乎更能适应学生校园生活的需要，原本"单纯"的校服，无须赋予太多有关审美和时尚的附加要求。在人们眼里，运动服样式司空见惯，单纯得似乎有点土气。但它其实有过闪亮"登场"，曾经非常抢眼与时髦。

1920年，在比利时安特卫普举办的奥运会上，首次出现了现代奥运会中的运动装，运动装第一次作为一种细分的时装类型进入人们的视野。"每次比赛我都全神贯注,击球瞬间我要将高贵掷向空中。"网球女选手苏珊·朗格伦说道。她将过去女网球选手必须穿的"长到脚踝的白色连衣裙、束腰马甲、衬裙和帽子"改为利落的短袖、过膝百褶裙和贴身长裤。这身轻便装备迅速带动了运动时尚,成为爵士年代的经典时尚。由此可见,便利与适用本身就是美的因素,时尚或许是具有时限性的,朴素却是一种永恒的美。

20世纪末,日本曾对校服的利弊有过争议,但赞成派是主流,其主要观点如下:第一,穿着校服可培养群体精神及归属感。第二,反映平等主义,不论富贫均穿同一制服,一视同仁。第三,减少校内暴力。服装乱则生活乱,整顿行为从服装开始。第四,校服十分便利及耐用,家长及学生不必为每天穿什么衣服上学而烦恼。第五,保护学生。穿上校服,别人便知其学生身份而给予优待及保护。

中日虽然国情不同,但校服的功能基本上是一致的,都是学生身份的一种标识。秦海地说:"统一穿着校服最大的效果是无论在什么时候、什么场合,都可以通过校服表明学生的社会角色。一套具有学校特色的校服代表着学生的身份,会时刻提醒学生认清自己的身份,留意自己的言行举止。"

秦海地认为,校服也是学校形象的无声代言人,同校的学生看到自己学校的校服,无论是否相识,都会产生一份好感、一份亲近。几年的校园生活过后,校服已经成了学生们青葱岁月里的标志性记忆,其中蕴含着他们太多的生活经历、情感体验、奋斗记忆。校服与随意穿着的衣服最大的不同,在于它是一所学校的文化标识,能充分唤起学生的情感认同,协调人际关系,让学生有精神的归属感,有发自内心的自豪感。在英国,校服就是一种符号、一种标识、一种身份的象征,如蓝袍制服、伊顿校服、传统制服、军校学生服等。中国高中学校要打破千校一面的单调样式,用精心设计的校服体现一所学校的个性风貌。秦海地说:"校服与校训、校徽、校名一样,都是象征性符号,某种程度上也承载着学校的办学理念、办学宗旨和育人取向,是学校文化中的重要一环。"

校服是一种很好的教育载体。秦海地认为,随着物质水平的日益提高,如今中学生也逐渐出现物质化、享乐化的倾向，而统一的校服有利于避免学生在穿着打扮上的攀比，净化学校风气，促进良好习惯的养成。他说："统一的着装让学生在意识中淡化了对物质享受的关注，有利于营造平等和谐的教育氛围，让学生更专注于自身的学习和进步，这也是校服之所以产生的主要原因。"服装，会改变我们的思想。我们穿的每一件衣服，都通过服装语言对别人"说话"，向世界表达我们的思想。一个人该如何着装，在中华传统文化的语境里，这是非常严肃和庄重的一种礼仪，它规范着人们的思想和行为，体现了一个人的修为、身份与精神境界。孔子认为，服饰衣着起到展示人格理想的作用，直接与治国齐家平天下的制度、秩序相关联。

孔子说："君子正其衣冠。"穿戴整齐是文化教养的表现。由此，我们可以感受到一种文化启迪。诚如秦海地所言，校服是思想教育的重要载体，提醒学生注意自己的身份，作为学校文化的重要构成，服装文化潜移默化地影响着学生的成长。

爱美是人的天性。美育是高中学校的重要责任，校服自然应该体现美的因素，有自觉的审美设计。秦海地说："在这越来越纷繁美丽的世界，时尚与个性成为社会的鲜明特征，大家对更美观、更靓丽的校服充满期待也是情理之中。"美的东西对人有一种天生的吸引力，对高中学生更有巨大的感染力。高中学生有幸接触过真正美好的事物，这种美好会潜移默化地在他心里生根发芽，会伴随他的终身发展。教育的终极目的是让人摆脱物化的束缚，以获得精神生命的自由。美丽的校园，是培养学生精神气质的圣地，从一件校服开始，在学生心田种下美的种子，让它不断生长，不断地延伸……同时，秦海地认为，校服毕竟不同于时装，无论怎样变化，它的基本功能仍然需要保持。他说："青春的色彩并不会仅仅因为一身校服而淡然无光，一个人的精神、品质、气质等才是青春内涵的所在，'单纯'一些的校服才是校园里应有的元素。"秦海地的这段话，涉及对美的界定，以及对学校美育的定位。

美是现代服装最基本的要求，校服当然也不能例外，且总得有一点特色。

但是，校服就其日常功能而言，是一般生活状态下穿着的服装，不是特定场合的服装，更不是演出服。美是生活，美必须体现一种和谐，校服之美，须适应学生的多数生活场合。校服是学校内所有学生的着装，要让各种性格、爱好、穿衣取向的学生都能接受，校服须体现一种普适性的美。此外，为让所选定的校服能够长久地穿着下去，流行元素就不能用得太多，太过夸张与出位的设计，时尚感过强的设计都不适合校服。秦海地说："并非只有样式新潮、华丽的校服才能做到。运动式校服宽松、实用，只要穿着整齐、统一，同样能够使学生张扬生命的活力、舒展青春的风采，成为校园里一道最富有特色的流动风景线。"秦海地提议说："可以开展'校服设计大赛'之类的活动，让学生参与到对校服的改进中来，尽力让我们的校服在学生们的青春记忆中留下更多的色彩。"从一套校服，也可以管窥秦海地治校的工作之细致与用心。

素质教育促进高考升学

《基础教育》杂志2012年第一期，发表了秦海地的论文《刍议高中素质教育与高考升学率》。《基础教育》是中文核心期刊，在这本杂志上发表论文相当难，遑论基层中小学校的校长，高校专职从事理论研究的教授在上面发表文章也不容易。

"素质教育"和"应试教育"，无论是在日常的教育生活中，还是在学术研究的讨论中，都是引用频率最高的两个概念。20世纪80年代后期出现了"素质教育"概念，不久就有了"应试教育"概念与之配套，于是，从"应试教育"转轨为"素质教育"成为主流的说法。什么是"素质教育"？其内涵和外延到底是什么？曾引发非常广泛的讨论。什么是"应试教育"则引起了更为激烈的争论。北京师范大学教授王策三先生坚持认为，只有片面追求升学率的教育，没有所谓的"应试教育"。因为既无"应试教育"的理论体系，更无"应试教育"的制度设计，包括独立的课程、教材和教学等，事实上也没有哪所学校只搞"应试"的教育。

学界的争论可以暂且搁置。通过教育改善和提高人的素质，这无疑是一个正确的方向，倘若把教育只锚定在应试上，这无疑是片面的，也是有害的。

从这个意义上说，防范应试教育的倾向，批判应试教育造成的弊端，这些都是需要得到重视的。

但批判应试教育不是目的，提高素质教育的实施水平、促进中小学生的全面发展，这才是基础教育的目的。作为基础教育的最高阶段，高中教育该怎样定位？秦海地认为，高中阶段是为学生终身发展奠基的重要时期，如果养不成健全的性格，学不到必需的知识，就会丧失许多继续发展的机会。显然，性格养成与知识学习，这两者都不能偏废。怎样的高中教育才是成功的？秦海地说："高中教育只有让学生实现性格、能力与学业三方面的成功，才不失为成功的高中教育。"他特别强调，高中教育绝不能一味追求升学率，忽视学生性格的完善、能力的培养，但也大可不必谈升学率而色变，更不必以闭口不提升学率视为追求素质教育之清高。他所理解的素质教育包含升学率，他所理解的素质教育与升学率并不构成矛盾关系，因而，推行素质教育不应该排斥升学率。他看到，随着社会的发展，人们让子女接受优质教育的愿望更加迫切。他坚持认为，教育必须对学生的终身发展负责，学校必须尽可能满足人们对优质教育的期盼，而优质教育的重要标志是升学率。秦海地说："离开了升学率的素质教育是不完善的素质教育，完全不讲升学率的素质教育是不全面的素质教育。"

如何全面体现和完整实施素质教育？毋庸讳言的现实是，某几位教育学者往往将应试教育泛化，同时将素质教育庸俗化。在他们批判应试教育的演讲和文章中，常常拿考试尤其是高考来说事，似乎重视考试就是应试教育，高考成绩好便是应试教育的标志。素质教育被他们简单化地演绎为负担轻、管理少、学生随意任性。这样的理论引导和舆论导向，对高中教育和学生成长构成了干扰和误导。秦海地感慨地说："如今，'高考＝应试教育，高分＝应试机器＝低能'的论调不绝于耳，人们提及高考、升学往往'义愤填膺'，群起而攻之，仿佛只有废除高考才能大快人心。"这话尽管说得带有一些情绪，但它的确揭示了一个普遍存在的现实。事实上，几乎没有一所学校不重视高考、不抓高考，区别只在于抓得是否恰当、妥善和有效。

秦海地补充说："当然，高中教育如果只看分数不言其他，没有对学生的道德教育，漠视学生的性格养成和能力培养，扼杀学生的自主性与创造性，那么这样的教育就是十足的应试教育。"在这一点上，衡水二中是有发言权的，一以贯之突出思想道德教育，多形式、多渠道培育和发展学生的个性，这是秦海地特别强调的，也是二中办学特色之所在。秦海地深有感触地说，素质教育并不是抵触高考、不要考试，它只是反对频繁考试，反对片面追求升学率。他说："高考升学率不是高中教育的最终目的，但学校需要帮助学生通过高考争取到升学深造、继续发展的机会，这是学校着眼于学生终身发展而应尽的一项职责。"考试是教学活动过程的必要环节，作为最日常的教育评价手段，既是当下教学情况的反馈，也是未来教学的改进导向。高考是一种选拔性考试，作为国家考试制度的设计，是科学、公平和权威的考试，与学生的前途命运攸关。对素质教育与高考关系的理解，秦海地既有求真务实的严谨，又有辩证思维的自觉。

素质教育的成功必然在升学率上得到充分体现。2004年开始的高中新课程改革在实践中不断探索、改进和完善。随着新课改的推进，与之相应的高考制度和高考命题改革也从未停歇。高考命题始终贯穿社会主义核心价值观，注重对高中学生的价值引领，注重弘扬中华优秀传统文化，加强教考衔接，遵循课程标准，突出考查思维品质，发挥教育评价的育人功能，引导学生德智体美劳全面发展。秦海地深有体会地说："高考改革正在逐步深化，新课程改革与高考改革正在有机结合，高考正朝着考查学生综合素质的方向快速迈进。"正因如此，将素质教育和高考升学率完全割裂，一味地攻击所谓的"应试"，攻击学校教学中的考试和练习，片面攻击高考升学率高的学校，甚至将高考比附为封建社会的科举，这是有严重偏差的，而且是很不负责任的。

高中学生对标新课程、新高考，勤奋学习、刻苦用功，对此决不能任意地贬低。习近平总书记指出，实现中国梦是一场历史接力赛，当代青年要在实现民族复兴的赛道上奋勇争先。新时代的中国青年，生逢其时、重任在肩，施展才干的舞台无比广阔，实现梦想的前景无比光明。2022年的高考命题充分体现了立德树人的方向，彰显党的十八大以来我国社会主义现代化建设成就，突出青年奋进报国时代主题，强调中华优秀传统文化的当代价值，引导学生坚定不移跟党走，争做伟大理想的追梦人，争做伟大事业的生力军。衡水二中推行励志养成教育，着力培养学生的家国情怀和个人责任感、使命感，激励学生勇于担当、奋发向上、攻坚克难，由此带来学校精神面貌日新月异的变化。衡水二中日常的教学活动与各项研究，与国家课程、考试改革的精神高度契合。

秦海地说："素质教育为国家培养人才，高考是为国家选拔人才，二者侧重点有不同，但目标和方向是一致的。素质教育与高考，是相互合作的，辩证统一的。"他认为，一方面，考试包含着对素质的要求，是对学生素质的检测和评价；另一方面，素质教育又通过考试改革得以强化并明确导向。近年来，高考命题无论是在理念上、形式上还是在内容上，都做了与素质教育相关联的调整，不断变革中的高考在考查基础知识的同时，更多地关注学生的思维能力和科学素养。秦海地说："一个爱学习、会观察、会思考、会提出问题、会解决问题、能全面发展、心态积极、乐观向上的孩子，势必能通过高考的检验。"而培养这样的孩子，也正是当下教育的育人目标。

提升综合素质　助力全面发展

　　作为一种制度设计，高考是相对科学的，也是相对公平的。诚然，它并非尽善尽美，换言之，它是有缺陷的。然而，任何制度设计都有其不足与缺陷，我们不可能设计出尽善尽美的制度。高考制度只是一种最不坏的制度，尽管有其不足与缺陷，但在现行教育制度下，暂时还没有其他制度可以替代它。根据考试要求组织教学活动，这是顺理成章的事，不能斥之为"应试教育"。当然，我们又必须清醒地看到，必须承认，学生的综合素质和核心素养很难通过考试来有效测试。

　　正因高考制度有此不足与缺陷，所以需要不断地通过改革来调整和改善，逐步提高它与素质教育的匹配度，而不是轻率地否认它或偏激地攻击它。秦海地说："诚然，高考在一定程度上还有一定的局限性，但随着高考改革的深入，它越来越重视对学生综合素质的考查，越来越能体现高中素质教育的成果。"一位普通高中学校校长十年前的预言，今天不正越来越成为现实？新高考与新课程理念一致，强化对德智体美劳全面发展的导向作用，引导学校将主要精力放在学生的综合发展、健康成长上；将体育、美育和劳动教育等有机融入试题，通过情境浸润式、体验式的考查和引导，让学生体会到"五育"并举对于个人成长和发展的重要性，引导学校构建支撑全面发展的良好教育生态。

唯有根深，才能果硕。秦海地说："没有扎扎实实的素质教育，学生就不会具备当前高考所需要的知识迁移、探究探索和多元思辨等能力，也就不会在高考中脱颖而出。"当前，高考试题设计越来越体现学科知识的融通、跨学科整合及应用性转化，越来越关注学生核心素养的养成和学生道德人格的完善。高考改革多年来一直没有停步，试题设计遵循教育规律，深化基础性，引导学生掌握原理、内化方法，主动进行探究和深层次学习，而不是把重点放在解题技巧上；高考改革促使教师把精力放在讲透教材重点内容上，提升课堂效果和作业的有效率，吸引学生从校外培训回归校内课堂。秦海地说："如今的教学改革、高考改革，早已使高中学校不可能只抓学习'投机取巧'而取得成功。"

作为高中学校的校长，秦海地无疑有教育体察的敏感，有教育改革的前瞻，在学校教育与管理中自觉体现素质教育导向，能与考试和课程改革深化同步并合拍。高考命题的改革，正通过增加情境型问题，增强试题的开放程度，促使学生在学习过程中积极思考，实现从"解题"到"解决问题"的转变。衡水二中坚决抵制机械训练，反对大运动量的刷题，摒弃各种惰性思维，积极倡导学习的主动性、灵活性和创造性。校长视野的开阔，对素质教育的坚守，学校改革与高考改革取向的一致，全校师生高度热情的投入，带来了衡水二中教育质量大幅度的提升。既然升学率与素质教育有高度的一致性，那么素质教育如何才能提高升学率？秦海地的回答很干脆，那就是"善教而乐学"，他说："二中的高升学率源自素质教育下的教学。"

践行素质教育的前提是正确理解素质教育，各所学校教育质量的参差不齐，很大程度上在于对素质教育的理解不同、践行的方式不同。高中学校中既有求真务实、勇于实践的典型，也有盲目跟风、热衷于做表面文章的。秦海地说："有的学校流于形式，认为搞艺术、有活动就是素质教育，认为教唱歌、打球、弹钢琴等，让校园热热闹闹就是素质教育。"如果这样理解素质教育，根据这一理解来设计教学活动，那么这样的学校势必缺少文化内涵，教育也缺乏价值导向，师生必然陷入盲目性，缺少自觉性。秦海地认为，真正的教育规律是非常朴素的，教育最需要的是一种求实的精神。如果校长热衷于表面文章，教师也就难免虚与委蛇，浮华的校风之下很难有扎实的教学活动，教育质量和升学率也就很难值得期待。

素质教育体现在课程教学中，素质教育的主阵地依然在课堂上。秦海地说："如何扎实有效地在课堂上坚持新课程形式下的素质教育，更应该成为我们努力的一个方向。"离开扎实有效的课堂教学，素质教育就是无源之水、无本之木。有的人似乎对应试教育深恶痛绝，对大量刷题严厉批评，然而，在他们的潜意识里，恰恰认定这样的训练方法有效，能提高升学率。在他们的臆想中，衡水二中之所以考得好、升学率高，全在于管理的严酷和大量训练。但事实恰恰相反。秦海地告诉我们说："如今的高中生个性十足、崇尚自由、容易叛逆。一味地高压、强制、束缚，只有上课、做题、考试，恐怕管'身'尚且不能，遑论管'心'。应试教育下的课堂枯燥而单调，只能使学生厌倦甚至憎恶学习。"他认为，素质教育就是要激发和唤醒学生，学生主动发展并满怀激情地投入学习，高考升学率才有可能真正得到提高。有鉴于此，衡水二中以课堂改革为核心，让每一堂课、每一道习题都成为有效的学习资源，以学习的高效率克服学习的"高消耗"。秦海地说："我们需要把教学重心放在学习能力的培养而不是知识的快速堆积上，通过'赏识激励''情感渗透''分层教学'等优化学生的学习习惯和思维品质，增强学生的自主意识、参与意识和合作意识，为学生的终身学习、终身发展储备宝贵的精神财富。"

素质教育的本质在立德树人，教书育人在细微处，学生成长在活动中。衡水二中通过一以贯之的激励教育、扎实有效的养成教育、丰富多彩的校园活动、意蕴丰赡的校园文化等，实现了对学生良好的道德教育。每年举行的"十八岁成人礼"，帮助学生牢固树立起"已成人，敢担当，要负责"的意识。定期举行的"爱衡水，爱家乡"系列社会实践活动，培养学生的家国情怀，树立建设家乡、报效祖国的雄心壮志。融入德育意义的"跑操"，是对学生意志的磨炼和信心的激励。每年一届的校园文化艺术节，形式丰富多样，让学生的才艺得到体现、特长得到发挥，让学生在各自擅长的领域中获得成功的体验，收获自信。此外，各种体育竞赛、趣味体育活动、宿舍文化评比、学星评选等活动，缓解了学生的学习压力，调剂了紧张的生活节奏，极大地促进了学生综合素质的全面提升。

升学率高是优质教育的重要标志之一，素质教育有助于提高升学率，衡水二中给我们提供了一个很好的示范。但另一方面，我们依然要警惕的是，如果过分追求升学率，片面追求升学率，那就完全违背了素质教育的初衷，背离了立德树人的宗旨。素质教育的核心是道德品质教育，它需要有一个潜移默化的陶冶过程，渗透在学校教学活动的各个环节中。秦海地说："优秀的综合素质，助力学生全面发展，高分就会成为学生核心素养提升的副产品。"衡水二中的亮眼成绩，是为这番话做出的最佳注解。

营造自然本真的教育生态

　　秦海地的办学思想、衡水二中的办学特色，可归纳为三句话：一是"原生态教育"理念；二是打破"唯生源论"束缚；三是打造"低进优出"教育品牌。"原生态教育"，即尊重每一个学生，期待每一个学生；"原生态教育"，即相信每一个学生都能成长，相信每一个学生都能成才；"原生态教育"，意味着对学生不挑不拣，一视同仁地对待每一个人。打破"唯生源论"，是"原生态教育"的核心内涵。"低进优出"教育品牌，则是"原生态教育"所要实现的目标。"低进"是面对现实、从容淡定；"优出"是职责之所在、自信之所在。"低进"是必然的，一所新建的薄弱高中，不可能招到高分学生；"优出"是应然的，薄弱高中要华美蜕变创建全国品牌，低分学生要昂首走进心仪的大学，一切皆有可能。

　　事在人为，有志者事竟成。从"低进"到"优出"，是一次一次的飞跃，是一年一年的进步。"原生态教育"理念，正是秦海地办学的核心理念。2011年12月20日，秦海地在《中国教育报》发表文章，论述"原生态教育"理念。"原生态教育"使愿望变为现实，衡水二中一举成为闻名全国的品牌高中。发表在《中国教育报》的这篇文章，是秦海地"原生态教育"理论成熟的标志，文章的题目是"本色原生态、追求真善美"。

"教育直接发源于上古先民最切近的谋生方式之中，其内容涉及社会生活的各个领域。师法自然，返璞归真，教育也要从往圣先贤的经典和精髓里寻找无华、无求、无痕的原生态智慧，在外和内谐、教化育人的格局下，努力追求大真、大善、大美的境界。"秦海地文章中的这一段话，阐述了他对教育缘起的探讨，是对"原生态教育"所下的定义。寻根溯源、返璞归真，是"原生态教育"的第一要义。秦海地说："'真'是立教之基、求学之本。说真话、办真事、求真知、做真人，应该成为学校最质朴、最真实的教育理想。"对秦海地而言，学生最真实的需要是什么，人民群众最真切的期盼是什么，这两点是衡水二中办学的基点，也是"原生态教育"理念的生长点。

学校之求真，奠基于校长的真诚。急学生之所急、办人民群众之所需，是学校职责之所在，也是校长使命之所在。与职业高中最为明显的不同，普通高中不是为社会输送应用技术人员，而是重在为高等学校输送合格人才。学生选择上高中而不是职中，家长送孩子上普通高中，目标很明确，就是上大学。期盼上更好的大学，这是人之常情。当教师、任校长，得面对真实的生活，一切从实际出发。办一所什么样的学校，施以什么样的教育，有怎样的教育质量，这与学生的命运息息相关，与人民群众的切身利益紧密相连。

教育，因"谋生"的需要而发源，与"社会生活"密切相关，这是历史的视角。教育，并非玄思妙想的产物，而是随生产劳动而诞生，伴社会生活的发展而发展，这是现实的考察。"原生态教育"，是对人民群众基本需求的真实回应。恩格斯在马克思墓前的讲话有一段经典论述——"正像达尔文发现有机界的发展规律一样，马克思发现了人类历史的发展规律，即历来为繁芜丛杂的意识形态所掩盖着的一个简单事实：人们首先必须吃、喝、住、穿，然后才能从事政治、科学、艺术、宗教等等；所以，直接的物质的生活资料的生产，从而一个民族或一个时代的一定的经济发展阶段，便构成基础，人们的国家设施、法的观点、艺术以至宗教观念，就是从这个基础上发展起来的，因而，也必须由这个基础来解释，而不是像过去那样做得相反。"

　　恩格斯的这段论述揭示了历史唯物主义的基本原理——人们在社会中生存，不能离开物质的生活资料的生产，社会一切活动都必须以此为基础，任何人都无法否认这个事实。办教育，真办教育，就要从人民群众的真实需求出发。教育扶贫、阻断贫困的代际传递，是教育职责之所在，更是高中学校职责之所在，这有什么值得质疑的呢？

　　马克思主义这一基本原理，现在已成为人们普遍接受的常识，李泽厚甚至称自己的哲学是"吃饭哲学"。人首先需要满足基本的物质需求，然后才谈得上成就道德，这是一个事实，一个无法否认同时又必须认真对待的事实。我们的先贤很早就明白了这个道理。《管子》云："仓廪实而知礼节，衣食足而知荣辱。"这是一个极好的例证。马克思正是以这样一个事实作为基点，构建了历史唯物主义整个大厦。秦海地说："教育最需要的是一种求实的精神。让教育回归本真，是学校办学的最高境界。"衡水二中的"本真"，所信奉的是马克思主义的真理。"本真"，并不满足于基本的物质要求，本真的教育要引导学生追求真理。

　　秦海地说："教育要指向人的灵魂深处、人的生命成长。"从这个意义上说，高中教育不是求职的敲门砖，高中学校不仅仅是通向大学的桥梁。陶行知告诉我们，"千教万教教人求真，千学万学学做真人"。秦海地认为，教学生求真知，做真人，是教育最基本的使命，然而，需要教师的表率和示范。教师时时处处教真、做真，学生方能有真才实学，成为真诚无伪的智者，最终成长为社会的中坚和时代的砥柱。真理是朴素的，"原生态教育"是本色的。衡水二中的教育是实事求是的，秦海地的教育理念是朴实无华的。不事雕琢，不加修饰，更不弄虚作假，秦海地着力营造一种自然本真的教育生态。

　　秦海地的崇尚自然，在学校管理中融进道家哲学，或许与他熟读《道德经》有关。老子曾强调"人法地，地法天，天法道，道法自然"。"自然"就是不矫揉造作，不虚伪作假，而能至情至性。所以，要有真性情，且崇尚自然、崇尚真诚的人来管理，单位才能欣欣向荣，学校才能蒸蒸日上。老子又曾说："江海之所

以能为百谷王者，以其善下之，故能为百谷王。"这种"善下之"的管理方法，作为校长，是真诚地服务于师生，奉献于社会，这是最能凝聚人心的智慧。

营造自然本真的教育生态，是学校管理的系统工程，但需要从小事做起。老子也曾强调："图难于其易，为大于其细。"亦即"天下难事，必作于易；天下大事，必作于细"。即老子认为，所谓不平凡的难事，必定从平凡的易事做起。秦海地营造自然本身的教育生态，既有高屋建瓴的顶层设计，又有细致入微的项目规划和一丝不苟的行动方案。校长率先垂范和自我激励，又热切鼓励师生努力不懈，以期累积众多小成，从而达到重大的成就。平凡的人创造不平凡的事业，其秘诀就在按部就班、循序渐进、持之以恒、努力不懈。把每天努力的"平凡"累积起来，就会变成不平凡了。

精神立校　文化育人

衡水二中为什么能有这么大的成就? 衡水二中为什么有这么快的变化? 不到十年的时间,发生了翻天覆地的改变。秦海地2004年任衡水二中校长,作动员,谈愿景,当时教师们将信将疑。2011年《中国教育报》发表秦海地的文章,阐述"原生态教育"理念,昔日愿景成为现实,人们刮目相看。"没有革命的理论,就没有革命的运动。"这是曾经很流行的一句名言。同理,没有"原生态教育"理念,就没有衡水二中的变化。在"原生态教育"理念指导下,衡水二中的面貌焕然一新。但所有的理论都不是从天上掉下来的,也不是人头脑中所固有的,而是在实践中萌芽、生长和成熟起来的。其变化的过程是渐进的,伴随着衡水二中的革新和发展,"原生态教育"理念不断地充实、丰富和走向成熟。人们对衡水二中的关注,大多聚焦在高考成绩的不断刷新,却容易忽视驱动这一变化的精神动力,容易忽视"原生态教育"理念的丰富内涵和指导作用。诚然,对衡水二中的评价不能离开高考成绩。升学率、高考成绩是衡水二中办学质量的一个注解,也是这所学校赢得巨大声誉的重要原因。但另一方面,衡水二中也因此遭到误解。

俗话说,成也萧何,败也萧何。考分、升学率与高中学校的声誉、命运紧紧交织在一起，考不好固然是怨声载道，考得太好又难免议论纷纷。"只要学不死，就往死里学""提高一分，干掉千人"，这些所谓应试教育的"金句"，到底是基层学校的创造，还是某教育专家的发明，恐怕不容易考证明白。但衡水二中决无这样的话语。这些"金句"及应试教育的帽子，哪个地方高考出色，哪个学校考得出众，就容易被套上，被扣上。用分数来衡量和评价学生被认为是片面的和粗暴的，那么，用分数来衡量和评判学校是否也是片面的和粗暴的呢？将分数低的学生视为差生，与将考分高的学校视为应试教育，二者的思想方法有什么不同呢？用分数评价学生是必要的，但唯分数评价学生是片面的、有害的。对唯分数观的批评，不应该导致对分数采取轻率或虚无主义的取消态度，正如布鲁姆所指出的，尽管有批评家的反对，给学生评分仍是教育的一个重要的部分，而且在可预见的将来无疑会继续如此。高考不能衡量学生的全部素质，这是无可争辩的事实。通过不断的改革，高考越来越与学生的素质评价一致起来，这同样是无可争议的事实，而且是一种必然的趋势。

何为应试教育？或许，见分不见人，人性的缺位，人的不在场，这样的教育可称之为应试教育。那么，评价一所学校是否为应试教育，关键在于如何定位教育，能否体现学生本位，以及对学生生命成长持什么样的态度，更为重要的是学生得到了怎样的成长。秦海地说："教育的目的是实现教育对象的'质变'，实现学生的发展——短期和长期的发展，实现生命价值的极限提升。"他认为，生命的全过程就是由一次次的生命活动组成的。重视每一次生命活动的质量就是重视生命全过程的质量。秦海地说："学校是人生成长征途中重要的驿站，教育就是要对学生的每一次生命活动表达关怀，这种关怀不仅包括对生命的关注，而且包括对生存能力的培养和生命价值的提升。"这样的教育观和聚焦生命成长的教育行为，能称之为应试教育吗？立德树人的教育宗旨，在具体的教育实践中如何校本化并得到实施？这也是秦海地关注并思索的重点。衡水二中紧紧围绕学生的道德成长，展开各种活动，一以贯之地弘扬中华民族的优秀传统文化，加强对学生的爱国主义教育、人格修养教育、责任担当教育。

秦海地说："在学生德育方面，我们按照古圣先贤'正心、修身、齐家、治国、平天下'的人生哲学理想为学生提供符合其成长特点的教育模式。"

秦海地说，所谓"正心、修身"，即以养成教育为主，以良好习惯的形成为切入点；所谓"齐家"，即以励志教育为主，让学生学会担当、自强不息；所谓"治国、平天下"，即以爱国主义教育为主，培养学生强烈的爱国意识，让学生将个人前途与国家命运、个人价值与国家需要结合起来。显然，衡水二中的学校德育带有鲜明的儒家文化的印记。如果说衡水二中的学校德育有独到之处、有值得称道的成功经验，那么，最重要的就是促成儒家文化的现代转换，将之转化为卓有成效的校本化德育实践。

儒家学说是对中华民族精神影响最大的学说，儒家道德的特点是富含理想主义、人文主义和理性主义精神。儒家道德是理想主义的，它追求自我完善，力图通过道德塑造理想人格，这与学校德育的目标有高度的一致性。儒家非常重视人格修养，孔子说："志士仁人，无求生以害仁，有杀身以成仁。"儒家提倡"仁者爱人"，提倡子女孝敬父母；儒家强调人的社会责任，修身齐家、治国平天下；儒家注重个人的内在修养，以达到道德的完善，他们把人看作可改变的，关键在于加强个人的道德修养。学校德育当然不是为了服务于高考，但一个有内在修养和外在责任担当的学生，当然会积极地投身于学习，以一种顽强的意志达成学习的目标，勇于接受高考的挑战，争取优异的成绩。认知与情感的融合、德育与智育的统一、将责任转化为动力，这些是衡水二中大幅度提高教育质量的根本保证。

"人皆可以为尧舜"，是儒家理想人格最鲜明的特征。"人皆可以为尧舜"，也是儒家关于理想人格平等化的最早的表述，这是衡水二中"原生态教育"理念的文化基石，即关注人，关注人的生命成长；承认人格的平等，承认人发展的无限可能。秦海地说："人，是学校工作的中心，人的发展是学校一切工作的重心。"他认为，"以人为本"的根本是通过挖掘人的潜能，发挥人的力量，实现人的发展。"以人为本""人皆可以为尧舜"，说到底是要培养一种健全的理想人格。健全的理想人格系统是由三个子系统构成的：智力(认识系统)、情感(审美系统)、德性(道德系统)。"原生态教育"理念是要促成这三个系统之间的统一，而每个人通过努力都可能达到这种统一，尽管程度有所不同。钱穆在谈及儒家思想传统特征时说："圣人只是一个共通范畴，一个共通典型，只是理想中的普通人格在特殊人格之实践与表现。圣人人格即是最富共通性的人格。……理想上最高人格，即是最普通的人格。圣人只是人人皆可企及的一个最普通的人。"这段话证明了"原生态教育"理念的逻辑自洽，所谓的差生都可能成为优秀学生，"低进优出"在衡水二中成为普遍的现实。

　　衡水二中之所以有这种变化，关键在于精神立校和文化育人。秦海地说："精神，是一个人的外在面貌，也是一个人灵魂深处的内在的面貌，是一个人做事的状态，从一个人的精神状况便可知他成功的概率。"衡水二中所倡导的是什么精神呢？简而言之，就是一种"生生不息"的精神。秦海地说："这是对生命的一种态度——不断进步，不停超越，追求完美，止于至善。"以育人为中心，这种精神是怎样建立起来的呢？衡水二中最富有特色的有两条：其一是环境育人，其二是活动育人。衡水二中校园文化环境的建设，处处突出育人理念，将楼体、甬路、花园、走廊、教室、宿舍等进行整体规划设计，融入古典传统文化的元素，把学校建成了一个底蕴丰厚、内涵十足、饱蕴精神的"励志园"。秦海地说："精神是直抵灵魂的。"衡水二中开展丰富多彩的励志活动，让学生精神的海绵吸足养分。"原生态教育"是关注和尊重生命个体的教育，用秦海地的话来说，"无华之大真、无求之大善、无痕之大美是其至高境界"。

健全的性格和理想的学府

　　秦海地《人文为本，回归本真》一文，于2011年6月发表在《中华儿女》杂志。文章结合衡水高中学校的实际情况，阐述了他对高中教育的理解以及对学校教育、社会生活、学生成长三者关系的辩证思考。《人文为本，回归本真》展示了秦海地教育管理思想的基本立场，反映了衡水地区高中学校共同的价值追求和文化特色。"天命之谓性，率性之谓道，修道之谓教。"教育是佐助生命成长的事业，也是人性向善发展的过程。教育就其本质而言，是佐助学生的生命生长及个体社会化的过程。在经验世界里，教育是可以观察和参与的活动，具有价值性、认知性及自愿性。教育有鲜明的人文色彩，教育之目的在成就人，通过教育，使人成为真正意义上的"人"，是古今中外教育的共同定位。

　　在中华文化的语境里，教育立己达人，造就志士仁人。强调教育的人文性，重申以人为本的立场，坚守立德树人的宗旨，教人求真，学做真人，是秦海地这篇文章的基本立意，也是他对衡水高中教育的基本定位，显示了衡水高中学校素质教育的根本诉求。毋庸讳言，高中教育中的确存在各种问题：对学生来说，考分决定着命运，在应试教育的操演中，学习变成了对高分的唯一追求。片面地强调考试和分数，也就消解了学生作为人的价值。片面追求分数本位的应试，"人"就不见了，作为教育的对象和主体，人被遗忘了；人的潜能、个性和价值高于一切，事实上却无从体现。秦海地《人文为本，回归本真》一文，是斩钉截铁地对应试教育的拒绝，旗帜鲜明地表达素质教育的坚定立场，为高中教育人文精神的回归鼓与呼。

高中阶段是为学生终身发展奠定基础的重要时期，关键在育"人"，而非育"分"。人之为人的教育，秦海地认为，关键在培养学生健全的性格，重在"立志、培智、陶情"。秦海地说："在高中，养不成健全的性格，就不会有茁壮的成长；不能到理想的学府继续深造，学不到必需的知识与能力，'学生的终身发展'就变得遥不可及。"人文教育和人文精神培养之重要，必须着眼于学生的终身发展，服务于学生的终身发展，切实提升学生必需的知识和能力，否则，人文精神失去依附，人文教育也就失于空泛。秦海地认为，"健全的性格"和"理想的学府"，二者是相辅相成的目标，规定了高中人文教育的价值取向。健全的性格有助于学生通向理想的学府，理想的学府可以成就学生美好的未来，使他们沐浴科学的光辉，丰富自身的人文修养。性格培育的过程，必然包含矫正，包含规训，克服各种任性；学习的过程，必然包含辛苦，包含劳累。无论性格的培育，还是知识的习得，必然经受各种磨难，穿越各种烦恼，经历失败的体验。古希腊哲学家、教育家亚里士多德曾经说过："教育的根是苦的，但其果实是甜的。"

秦海地说："最切实际的教育首先要使学生具备在竞争激烈的社会中求得生存、发展的本领。"他认为，让学生具备良好的抗挫能力、适应能力、生存与发展能力，这就是人文教育的基本要求，人文精神包含有"苛酷的柔情"。对成长的呵护，对个性的尊重，对人全面发展的保障，教育应有柔情脉脉的温馨。秦海地认为，这些诚然是人文精神的具体体现，但光有这些是不够的，停留和固守于此是片面的，强调过多则会带来危害。"过犹不及，"秦海地说，"如果高中教育没有一点'虎妈情怀'，对学生过于'让步'，时时讲个性，处处去包容，事事要‘人文’，久而久之，自立自强、艰苦奋斗、遵纪守法、坚忍不拔等诸多优秀品质，或许就要远离当代高中生。”他认为，如果高中三年，不能完善学生的性格，大量的学生不能进入高等学府深造，不能实现进一步的成长，这就完全违背了素质教育和人文关怀的初衷。

秦海地的观点及这番议论，或许有一部分教育学者不尽赞同。无论赞同或不赞同，秦海地说的是真话，揭示了社会生活的现实，这点大概无可争议。校长所面对的是教育实际，是现实的社会生活，是学生和家长的切实诉求。学者的着眼点大多是理想的教育，是应然的社会生活，是人类历史发展的未来趋势。1917年3月2日的《甲寅》日刊，登载李大钊的《政论家与政治家》一文，文章对学术中人与政治中人作出区分：“政论家宜高揭其理想，政治家宜近据乎事实；政论家主于言，政治家主于行。政论家之权威，在以理之力摧法之力，而以辟其新机；政治家之权威，在以法之力融理之力，而以善其现状。政论家之眼光，多注于将来；政治家之眼光，多注于现在。政论家之主义，多重乎进步；政治家之主义，多重乎秩序……”引用这段话，以“政论家”比拟专家，以“政治家”比拟校长，似乎也颇为契合。

学校校长与教育专家，二者角色不同，社会分工不同，因而思想方法和话语方式也有很大不同。校长必须务实，面对教育实际，着眼于学生的切身利益。专家大多务虚，超越当下教育，着眼于社会的未来发展。校长之职责在于“行”，留心于做，研究怎么做恰当；专家之职责在于“说”，指摘时弊，容易把现实理想化。我们常常看到这样错位的场景：校长论辩滔滔像专家，这样的学校大多办不好，学生考不好，家长不满意；专家越俎代庖像校长，把办学看得很容易，对校长指手画脚，这样的专家大多学问不怎么好。校长的太务实和专家的太务虚，是进退失据的两难。如果从学生终身发展的需要出发，积极回应人民群众对优质教育的期盼，那么，专家与校长完全可以在这基础上求同存异，共同履行立德树人的历史使命，高中教育的“人文为本、回归本真”就能真正落到实处。培育学生健全的性格和助推学生走向理想的学府，二者可以相辅相成、相得益彰。

　　健全的性格和理想的学府不应该有矛盾，良好的教育生态应该有一种相辅相成的和谐，应追求一种有机的平衡。高中学生的接受教育，学校课程教学的管理，须呼应国家课程考试的改革，做到二者的相辅相成。秦海地所主张的，"健全的性格"和"理想的学府"的统一，正是一种辩证的、形象的表达。

构建学生的精神家园

对于衡水二中，无论你认同或不认同，它的成就在那里，无法否认，不能抹杀。秦海地的办学思想，无论你赞同或不赞同，他说的都是真话，不违心，不口是心非。一所边缘化薄弱高中蜕变为全国名校，并非易事，但衡水二中做到了，秦海地做到了。"鸳鸯绣了从教看"。学术是天下公器，作价值判断，可见仁见智；作事实判断，须实事求是。有人说，衡水高中学校考得好，无非是严酷管理和强化训练。"无非"，说得很轻松，看得很简单。如果真这么容易，那么办好县中便易如反掌，何必这么重视，这么费劲呢？如果真这么容易，那么，衡水中学、衡水二中这样的学校会多得像雨后的蘑菇，也就不值得关注和议论了，当然也就不会有那么多人来学习、观摩。事非经过不知难。与其指责别人这不好那不好，莫如自己办一所或参与办一所更好的学校，让学生青睐，为家长所向往。

教育最实在，不能摆花架子，做表面文章。秦海地说："教育工作可以不新奇，但必须扎实；教育工作可以不抢眼，但必须有效。"高中校长，一份沉甸甸的责任；高中学校，寄托着无数家庭的期盼。高中校长当得如何，高中教学质量如何，关系无数学生的前途和命运，关联着他们的未来与终身发展。因而，校长得有见识和定力，不能盲从与跟风；校长必须务实而细致，不能浪漫而轻率；校长须谋定而后动，所有决策和选择，不能不慎之又慎。学校是培养人、造就人的地方，是完善人格、美化心灵的地方。弘扬人文精神、促进全面发展，是学校教育职责之所在。然而，人文不是一句空话，教育最该落到实处，见诸学生的生命成长。秦海地说："社会的要求很实际，要让学生健康地成长；家长的愿望很朴素，要让孩子拥有美好的未来。"他认为，给学生一个美好的前途，这是教育的人文关怀。如果一所高中学校，校长讲得头头是道，学生却走投无路，迈不进高校的大门，这岂不是莫大的讽刺和悲哀？

高质量教育源于人的创造。秦海地说："教育要以人为本、充满人文关怀，就需要教师有强烈的责任感和使命感，有一腔赤诚的情怀。"教育是心灵的事业。秦海地认为，教师与学生要有心灵的沟通，有人格的互塑。教书育人，身教重于言教。整天和学生在一起，教师是否敬业、是否称职，学生看得很清楚。亲其师，信其道。秦海地说："老师有奉献精神，责任感强，工作勤恳踏实，学生就会对老师产生由衷的敬意。这样，教师的敬业精神和人格魅力就会对学生产生巨大的教育力。"一所学校能否办好，决定因素不在物，而在人。教师的投入程度，师生的默契程度，决定着学校教育的品位。教师的工作热情被调动起来了，学生的学习积极性才能相应地被激发起来，教师的精神状态某种程度上决定着学生的精神状态。秦海地由衷地说："有好的教师，才可能有好的教育。"衡水二中出色的高考升学率，背后是教师群体的心血与奉献，他们的责任心、事业心和进取精神，支撑起衡水二中的高质量和高水平。

德国教育家第斯多惠曾经说过："教师除了丰富的学识、引人入胜的教学技巧外，更重要的是他要有正直刚强的精神状态和性格力量。没有好的品质、觉悟、作风，是不能保证教育效果的。"优秀的师德风范催生优秀的学风，营造出锲而不舍、奋发向上的人文精神，衡水二中为此提供了鲜活的例证，成为学校管理的一种典范。不仅是衡水二中，在衡水，各高中学校俨然就是一处精神高地，因而教育效果能有充分的保证。秦海地说："各学校无论是校长、教师，还是后勤服务人员，都有一腔炽烈的教育情怀。他们思想纯、境界高，有理想、肯付出；他们远离铜臭，潜心教育教学，孜孜以求；他们有着把教育视作终身追求的精神境界，共同营造了一种'千帆竞发'、互相激励的积极进取的氛围。"秦海地的这段话，既是如实的说明，也是中肯的分析；既回应外界的各种质疑和误解，为衡水高中学校正名，也告诉人们办教育需要有一种精神力量，办一所优质高中尤其需要有崇高的精神境界。

对衡水高中教育最大的误解，是将这方水土视为考试的地狱，视学生为应试的机器，似乎这里的学生个个精神压抑、痛苦不堪。然而，事实恰恰相反，"有了丰盈的精神之源，学生的学习生活就成了快乐之旅、精神之旅、心灵之旅，他们吮吸着成长的阳光雨露，生命得以舒展，个性得以张扬，灵魂得以唤醒。即使偶有风雨，他们依然活力无限，激情无限"。秦海地以诗化的激情和语言，生动地描述了衡水高中学生的精神状态。正是这样一种精神状态，使辛苦的学习活动转化为成长的乐趣，学生获得积极向上的强大内驱力。秦海地说："衡水高中成了学生激情无限、超越不止的成长乐园，成了师生心灵向往的殿堂，成了学生生命旅途中的重要驿站。"衡水地区的一所所高中，之所以办得好，之所以为学生所喜爱，为家长所信赖，关键在于培育出了一种精神，一种意蕴深厚的人文精神。衡水高中教育的成功，出色的高考升学率固然是一个方面，更为重要的是学生和教师视学校为实现理想抱负的平台，校长旨在将学校办成文化高地。

衡水地区高中学校普遍办得好，质量高，二中是有代表性的一所。对衡水高中教育的评价，存在着巨大的分歧。信息不对称，对实际情况不了解，想当然，人云亦云，将衡水高中教育妖魔化，这样的人不在少数。更大的分歧源自不同的教育观。对衡水高中教育作出苛评的，无不视学生的勤奋学习为一种痛苦体验，将激烈的升学竞争视为洪水猛兽。然而，教育不能不面对学生成长的现实，面对社会发展对人才的需求。学习难以避免劳累，成长难以避免烦恼，创造难以避免艰辛，青春意味着奋斗，幸福来源于奋斗。消解学生的责任担当，放纵学生的个人欲望，迎合学生的消极意愿，这或许才是教育最大的失误和失败。醉心于道德自恋，沉溺于乌托邦的幻想，既与人民群众的生活产生严重隔阂，又对社会的运行规则缺乏敬意。人首先需要满足基本的物质要求。不断满足人民群众对美好生活的期盼、对优质教育的期盼，这是学校教育基本的责任，也是教育伦理的基本要义。

高考是选拔性考试，它是相对科学的，也是相对公平的，满足了不同高校对人才的不同需求，也对应于社会分流的现实。目前，等级结构仍是人类群体生活无法忽视的存在。市场经济使现代社会的等级结构具有了开放的属性，一个人可以凭借自己的天赋和努力，实现层级的跃迁。但是，这并不意味着等级结构已经从人类群体生活中消失。是当下乃至不久的将来，人们仍然可能生活在不同的社会位置上。那么，如何理解"平等"呢？既然财富、权力、职务、社会声望等资源还不能在人与人之间均衡地分配，那我们总是要在人与人之间找到一种共同的东西，以此来定义人与人之间的关系，建立有关公共生活的制度和规则，从而使生活在不同社会位置上的人们都能受到公平的对待。高考制度，正是在这个意义上体现了人与人之间权利和价值的平等。人类社会需要从"相互竞争的观点与利益之间做出选择"，如果人们无法用和平的方式做出选择并且行之有效地付诸实践，其结果将是灾难性的。因此，一所高中学校用积极的心态去重视学习应对高考，既是对学生发展的有效帮助，也是对社会现实的积极回应。

人文精神，很大程度上是人文理想与至善境界。"篱笆好，邻居好"给人类自我的良性成长勘定了边界。人文不仅仅是同情与理解的问题，而是要成为构建文明的强大基石。因此，高考制度与人文精神的匹配性，无论怎样评价都不会过高。高考无疑是重要的，与学生命运息息相关，但终究只是促进学生成长的手段，而非目的。教育以立德树人为宗旨，育人是最根本的事业，考试须服务于育人。秦海地说："扎实开展的形式多样的德育活动，使衡水的各高中学校真正成为师生的精神港湾和心灵圣地。"他认为，能够打造学生的坚强意志、磨砺学生的顽强品质的教育，才是成功的教育；能够深入学生的灵魂，构建学生的精神家园、树立学生精神信仰的教育，才是有力量的教育。衡水高中教育以此为己任，并为之孜孜以求，而且真正地使之落到实处，它带给学生的不只是知识，更是一种历练、一种成长，以及终身受益的良好行为习惯和优秀品质……

校长的感召力和凝聚力

秦海地认为校长之"修身"，首在"仁以修德"，继而"义以度情"。所谓"义"，就是"适宜"。"义"是儒家思想的一个重要范畴，位列仁、义、礼、智、信这"五常"的第二位，是人们的言行举止所要遵循的原则。秦海地说："从管理的角度来讲，管理者应该讲求道义，取合宜之法，'度义而后动'。"孔子说，人的行为符合周礼和道德，就是"义"。"义"是一个人立身处世的准则：言行恰当，合于情理。秦海地认为，在学校管理中，校长必须真心实意，处事公道，不偏激，不固执，不持偏见，不徇私情。"义"与"利"相对。孔子说："君子喻于义，小人喻于利。"当校长须有正义感，对教师的评价考核要合理，晋级提干要公平，利益方面要谦让。秦海地说："义是处理利益关系的最高原则。如果可以做到这样，就能够达到最佳的预期管理效果。"

在孔子释"义"的基础上，孟子更进一步，将"义"阐述为人的"羞恶之心"，即对于自己丑恶的言行感到羞愧，对于他人的丑恶言行感到憎恶。文天祥就义前，留下绝笔《自赞》，系之衣带间。其词曰："孔曰成仁，孟曰取义；惟其义尽，所以仁至。读圣贤书，所学何事？而今而后，庶几无愧。"文天祥的舍生取义，闪耀着人格的光辉，是后世志士仁人的楷模。

校长之"义"，不仅在个人修养，还体现为一种使命感。秦海地说："校长要'在其位，谋其政'，与时俱进地传承和创新教育教学方法，高瞻远瞩地谋划学校发展的方向。在专业技能上指导，在发展方向上引领。""义"是一种人格修养，也是一种精神境界，所谓大义凛然。孔子认为，一个人不仅要当仁不让，而且还要见义勇为，有所担当。秦海地说，校长要讲"大义"，谋大事，"勇于承担自己所肩负的责任和使命"。

秦海地认为，当校长须"礼以量行"。在儒家的道统里，孟子崇仁，荀子隆礼。"仁"是内心修养，"礼"是行为标准。《论语》曰："不学礼，无以立。"礼，"所以正身也"，是一个人为人处世的根本，也是社会稳定的根基。孔子所痛心疾首的，是礼崩乐坏、天下大乱。"克己复礼，天下归仁"，是他最为殷切的期待。同样道理，在学校管理中，"礼"就是制度，就是规范，制度治校，即对学校实施规范管理。秦海地说："真正高效的学校管理，必然要靠制度来运行，制度是保障学校良性发展的生命线。"

没有爱就没有教育，教师要有仁爱之心。"爱和仁爱的行为，须规范化和制度化，才能避免主观任意或偏爱。把仁爱精神客观化、制度化，这就是'礼'。礼是制度化、客观化的'仁'。传统社会和家庭，有了'礼'，才有秩序和规矩，大家才能和谐相处。"现代学校也是如此，有制度约束，"爱"才不会成为放纵。秦海地认为，校长要一方面强调保持制度的权威性，另一方面要注重对教职工的人文关怀。"礼"含有"尊重"的意思。秦海地说："校长应有'礼贤下士'的风度，切忌颐指气使、盛气凌人。唯有如此，才能创设和谐融洽的人际环境，唤醒师生的主人翁精神，共同推动学校向前发展。"

秦海地认为，当校长须"智以明心"。智，"知也"，无知即愚昧。"知"从何而来？非生而知之，乃学而知之。教师只有"学而不厌"，才能"诲人不倦"。"智"对于校长而言，就是要不断地学习、不断地进步，充实自己的学识，提升自身的素养，以适应不断发展变化的学校实际及教育形势。人不学不知道，校长疏于学习，势必孤陋寡闻，与师生没有共同语言，难有情感的共鸣。一个没有学识的校长，很难唤起师生的敬意，也就不可能拥有个人魅力。

秦海地说："校长要用丰富的学识、优秀的素养展现出教育者的魅力，感染身边的人，点燃他们的敬佩之心，成为他们的榜样。"校长之高明，不仅在知识量，更在有智慧、有见识、有修养。中国古人将知识分为见闻知和德性之知，校长不仅要见多识广，学问渊博，而且要有崇高的道德修养。秦海地说："一位校长不仅要做知识的巨人，更要成为行动的巨人。"这就是《中庸》所说的"博学、审问、慎思、明辨、笃行"。秦海地认为，博学精思、知行合一，这是管理者的重要素质。

秦海地奉行"信以立身"。孔子曰："人而无信，不知其可也。"守信，为立身之本。作为管理者，校长要具备"言必信，行必果"的气魄和胸襟。秦海地说："作为校长，要脚踏实地按照既定的目标和规划步骤，持之以恒地潜心耕耘；要能够倡导并形成一种务实肯干的风气，并在工作中创造出教育价值。"孔子认为，取信于人，是为人的基本条件；"信"也是事业成功的保证，"君子义以为贡，礼以行之，孙以出之，信以成之"。有信之人，人们才对他委以重任，"宽则得众，信则人任焉"，人们也对他委以重任，"信则民任焉"。

孔子认为，只有取得人们的信任，才能领导人们去成就事业。"信"指"信念"。秦海地说："信念，是校长对学校的使命、愿景及核心追求的认识和坚持。从某种意义上说，信念是发展的根本动力。"秦海地之所以如此痴迷和执着于教育，在于他对教育有一种理想信念。秦海地之所以对教师有强大的感召力和凝聚力，在于与他们有共同的价值追求和理想信仰。

秦海地深有感触地说："一个校长对于事业的信念将会决定一所学校发展前景的广度及高度。"校长的信用首先是个人信用，让师生服从的前提是让他们相信。没有威信的校长无法有效管理一所学校，校长之"威"，不仅在于行政的授权，更在于个人的信用。校长的"信"，植根于理想信念，见诸日常的言行举止。校长的"信"，是内心修养与外在行为的统一，处处为全校师生的表率，是鼓舞人心、办好一所学校的根本保证。秦海地说："作为学校发展的领路人，校长要深入理解'仁义礼智信'在当下的时代内涵,辩证地加以学习,感受其于当代社会中绽放出的无限魅力。"新儒家代表人物成中英认为,"义"是一种公平的原则,宁可人负我,不可我负人。如此才能获得别人的支持。"礼"是自我节制,尊重别人,以使人与人之间有相互联和、尊重、肯定的空间。"智"是一种有技巧和艺术的处世态度。能在为对方设想的情况下,仍然达到本身之目的就是发挥了"智"的德性。"信"即对自己的言行负责,公私分明,如此才能建立权威,产生凝聚力。

理解"仁义礼智信",校长及师生的进德修业就有了基本方向和基本内容。如何才能做到"仁义礼智信"? 孔子说是"修身、齐家、治国、平天下",强调由内而外逐步发展。就管理而言,代表了"先安内再攘外"的程序,也代表"先内圣再外王"的根本思想,此所以《大学》中强调"物有本末,事有终始,知所先后,则近道矣"。又说:"自天子以至于庶人,壹是皆以修身为本,其本乱而末治者,否矣。""修身"既为务本的工作,同样也可称为"管理"的本质。"修身",无论于校长还是师生,重在提高自身道德境界,中国古人称之为"成仁"。"仁"是修身的目标,"礼"则是人应该遵行的正道。认知不清、感情冲动而背离正道,就是违礼,当然也是失义。一个人能控制自己,言行举止均恰当,就是克己复礼,也就是仁了。无论校长教师还是学生,循规蹈矩是行事的规范,提高自身道德修养是人生目标。智是认识水平,义是做事分寸,信是个人信用。成中英认为,学校如想通过儒家管理实现目标,就应该注重这五种德性的培养,使人的潜力得以充分发挥。"仁义礼智信"代表完善人格,需要兢兢业业地自我修炼。《史记·商君列传》有言:"自胜之谓强。"这话说得极好。如果我们能自立自强,那么,什么困难都能克服,什么奇迹都能创造,衡水二中便是这样成功的典范。

第四章 | 实践探索：高质量创新发展的行动研究

"临渊羡鱼，不如退而结网。"对于基层学校而言，实践永远具有先在性。问题就是课题，教学就是研究，学生成长就是成果。理论联系实际，不断长善救失，高质量创新发展的行动研究，对于深化教育改革，提高教师专业水平、增强学生的学习体验，具有多方面的意义和价值。

为政在人　取人以身

　　面对生源较差的客观实际，县域普通高中如何大幅度提升教育质量？衡水二中的经验是，坚持"抓激励、重养成、塑习惯、促成长"的育人思路，以"励志教育＋养成教育"双优德育模式促进学生发展。"励志"属于思想教育，旨在帮助学生确立远大的理想，培育学生坚强的意志；"养成"属于行为教育，旨在培养学生的良好习惯，形成一丝不苟的学风。"激励""养成""习惯""成长"，这八个字是衡水二中的育人思路，也是学生三年学校生活的概括。"励志教育"固然重要，"养成教育"也不可或缺，个中道理校长们其实都明白。高中学校几乎都注重励志教育，注重学生良好习惯的养成，但为什么衡水二中的奇迹没有在其他学校发生呢？有校长到衡水二中来了不止一次，每一次来都有新的启发和教益，心动之后也有行动，收获总是有的，但与衡水二中还是有距离，这是为什么呢？

　　秦海地说："思想激励是我们激发学生成长潜能、引导学生自主发展的有效手段，在校园里，思想激励无处不在，贯穿于日常教育之中的'精神激励、环境激励、榜样激励、活动激励'是励志教育的有效环节。"从秦校长的这一番话语中，我们可以感悟到这样三点：关于励志教育，其一是"无处不在"；其二是

"贯穿于日常"；其三是"有效环节"。毛泽东说："要'抓紧'……抓而不紧，等于不抓。"从空间角度看，许多学校做不到"处处"，励志教育仍有很多空白；从时间角度看，许多学校做不到"日常"，励志教育经常被遗忘；从实施角度看，许多学校没有连贯性，缺少有效性。因此，同样是励志教育，缺少有效措施，不能持之以恒，于是也就落不到实处，结果也就可想而知。

　　衡水二中为什么能做到，而且效果这么好呢？子曰："夫政也者，蒲卢也。故为政在人，取人以身，修身以道，修道以仁。仁者，人也，亲亲为大；义者，宜也，尊贤为大。"孔子的意思是：以人施政最容易取得成效，就像种植蒲苇那样容易生长。因此，治理国家在于得到人才，选取人才取决于自身的素质，提高自身的素质要靠道德，加强道德修养要以仁为根本。所谓仁，就是指爱人，爱人以亲近自己的亲人最重要。所谓义，就是指适宜，适宜以尊重贤人最重要。这段话出自《中庸》，背景是鲁哀公询问孔子，请教如何治理国家。孔子强调人的因素、人的修养及人才的重要。这段话的影响很深远。宋代大儒胡瑗有一段名言："致天下之治者在人才，成天下之才者在教化，教化之所本者在学校。"强调了人才、教育、天下之治三者之间的紧密关联。

　　孔子曾说："文武之政，布在方策。其人存，则其政举；其人亡，则其政息。"意思是，周文王、周武王治理的方略，都明白地记载在典册之中。有这样的贤人在世，这些治理方略就能得到施行；没有这样的贤人，这些治理方略也就被废弃了。归根到底，人的因素才是最为重要的。任何一种理想、制度和策略，都需要人去践行，有怎样的人，就有怎样的结果。这对于办好一所学校、当好一名校长，对学校的教育管理和发展都有启发意义。有相当一部分的教育典型，的确是"其兴也勃焉，其亡也忽焉"，暴得大名，一时间无限风光，但三五年以后就慢慢走向衰落，直至门庭冷落车马稀。像衡水二中这样的学校，包括衡水的其他一些高中学校，学生向往，家长信任，十多年、二十多年持续发展，旗帜不倒，阵地不丢，这样的典型的确很值得研究。

　　对衡水二中了解不多的，有误解的，往往指责他们违背了所谓"教育规律"。但什么是教育规律呢？学校教育的本质是培养人，学校管理的重点在引导人，学校发展的依托则在人的自觉与创造。衡水二中不正是遵循了教育规律，所以迎来了它持续的、高速的、高质量的发展？在衡水二中，校长的理念化为师生的共识，学校从组织共同体走向价值共同体和命运共同体。学校的所有奇迹都来自师生共同的、自觉的创造，而不仅仅是校长的个人意愿，更不是校长的强制要求。关于现象和规律的关系，正如列宁在《哲学笔记》中所说，"现象比规律更丰富"，因为"任何规律都是狭隘的、不完全的、近似的"，所以他"反对把规律、概念绝对化、简单化、偶像化"。

衡水二中对励志教育和养成教育的执着坚守，那种一丝不苟、持之以恒的精神，来自对"人""人性"的认识，来自对教育与人的关系的理解。

王德峰在《文明与自然》中提到，与动物相比，人的器官未曾达到高度的专门化，相应地，人在本能装备方面也相当贫乏。就大自然自身的尺度而言，人在本能装备上是不完善的。作为一个物种，人具有未完成性。大自然似乎把人只造到一半就推他上路了，让人自己去完成那另一半。在这一点上，人就已经同单纯作为自然造物的其他动物区别开来了。他要么由于器官的非专门化和本能上的贫乏而被自然作为一个怪种而淘汰，要么由他自己形成一种生产性的、创造性的能力去适应外部自然条件而存活下去。这种生产和创造就是尝试和学习的能力，并且把尝试和学习看作是自己永远的任务。因此，改造并超越人的自然属性，通过学习走向不断的创新和创造，这正是人和人性的体现。正是在这个意义上，人通过教育使自己成为真正的人。反之，浑浑噩噩过日子，既不学习，也无创造，更没有理想，这就使人下降到动物的水平。这一点上的认识不清，造成一些学校和校长行动上的动摇和彷徨，似乎努力学习，积极上进，严格要求学生，反倒成了对人性的扼杀，是一种应试教育。

与励志教育相辅相成，衡水二中的养成教育着重以精细化管理促使学生养成良好习惯。秦海地说："来我校就读就预示着要和懒散、拖沓说再见，教师注重引导学生从身边的小事做起，规范学生言行，培养良好行为习惯。"什么是教育？王德峰在《精神与自然章识》中的话发人深省。教育带有耕作或培养的意思，是把本已具备的潜在因素、潜在素质、潜在能力发掘、发挥出来，这即是发展某种被给予的东西。所以，对自然素质进行培养的文化修养、文化训练，是一种为了达到一定目的的单纯手段。教育另有教化的含义，是所谓以文化人。教化不是手段，而是目的本身。教化不是从某种现成的基础性要素中开发、发展出它的成熟形态来，也就是说，它不是发展某种被给予的东西。教化的结果，乃是某种具有自主性的东西的形成和构成。秦海地说："我们每学期广泛开展的各种评选和丰富多彩的育人活动，将学生的道德培育和品质养成贯穿于学校生活的点点滴滴、方方面面，让学生在活动参与和情感体验中具备了热爱祖国、知恩感恩、合作担当、勤勉诚信、仁爱宽容等优秀品质和情怀，从而为长远发展积蓄着越来越多的能量。"

学校的一切工作都围绕学生成长展开，培养人、引领人、促进人的创造与创新是学校工作永恒的主题。一所学校，再先进的理念，再完善的制度，再优良的设施都要人去践行，去创新。秦海地告诉我们：一位校长，无论有多么前沿的思想，有多么高深的学问，都要尊重人、依靠人、培育人的自觉性，发挥人的创造性，需要带领整个教师团队一起前进。因此，校长的眼光、度量、境界尤为重要：亲亲，校有家的温馨；尊贤，发现人、培养人、用好人、知人善任，校长需要以身作则。衡水二中的奇迹创造，其经验是多方面的，最根本的一条，则在于人的积极性和创造性的激发，在于校长的爱、自知、自律和职业自觉。

高效课堂的风景

学校教育与管理工作尽管千头万绪，但中心工作始终是教学工作。学校教学活动有多种形式，课堂教学始终是主要形式。在班级授课制为主要教学形式的背景下，提升教育教学质量的主阵地在课堂，教师彰显教学艺术的舞台同样是课堂。课堂不仅是学生学习学科知识的处所，更是精神发育的园地与智慧生成的土壤。"形而上者，谓之道；形而下者，谓之器。"再崇高的教育理想，再精湛的教育理论，都要落实于具体的教学实践，见诸课堂教学的一招一式。"道"要见之于"器"，"知"要落实于"行"，否则便流于空谈和幻想。学校的教育改革、校长的办学意愿，首先体现在课堂教学中，体现在师生的教学活动中。

衡水二中教育的高质量、学生的卓越成长，秦海地认为最直接地得益于课堂教学改革。衡水二中课堂教学改革的理念，秦海地把它归结为这样几句话："以教师为主导，以学生为主体，以问题为主线，以激发学生兴趣为主旨。"教学活动是教师和学生的共同活动，教师始终是教学活动的主导者，主导教学活动的全过程，把握教学活动的节奏；学生始终是学习活动的主体，学习终究是学生个体性的活动，谁都不能越俎代庖，代替学生去学习。在课堂教学活动过程中，教与学相辅相成、辩证统一，教师与学生鱼水相依、彼此成就，不可分离。

教师的职责主要在"导"，学生的职责主要在"学"。离开了学生的学，教师的导就成为无的放矢；离开了教师的导，学生的学难免不得要领。

教学不是简单的知识授予，学生更不是被动接受知识的容器。知识学习离不开积极的思维活动。因而，课堂教学必须以问题为导向，教学过程必须以问题为主线，引导学生提出问题，分析问题，解决问题，促进知识的增长、活化与迁移，促进思维的发展和认识的深化。学生学习的认知过程始终伴随着情感的参与，因此教学过程需要创设相应的教学情境，以激发学生的学习兴趣，诱发学生学习的主动性，从这个意义上说，没有兴趣就没有学习。

衡水二中的经验告诉我们，高效课堂是提高教育质量的根本保证，教师、学生、问题、兴趣是课堂教学的四要素，这四要素有机组合，才能达到课堂教学的高效。高效课堂既是教师积极主导的课堂，又是学生主动学习的课堂，"教"始终服务于"学"，课堂终究体现为学习者中心，其本质是对学生学习潜能的信任和对学生独立性的尊重。学习的主动性是学生对学习的由衷喜爱，是发自内心的自动和自觉，它源于学生对学习的一种内在需要，这种内在需要主要表现在两个方面。首先是学习兴趣。学习兴趣是指带有强烈感情色彩的、渴望获得知识的一种个性心理特征，是对个人学习活动起积极作用的一种认识倾向和情绪状态。学生有了学习兴趣，学习活动就不再是一种负担，而是一种享受、一种愉快的体验，学习效果也必定事半功倍。

苏霍姆林斯基曾精辟地指出："所谓课上得有趣，这就是说，学生带着一种高涨的、激动的情绪从事学习和思考，对面前展示的真理感到惊奇甚至震惊；学生在学习中意识和感觉到自己智慧的力量，体验到创造的快乐，为人的智慧和意志的伟大而感到骄傲。"让学习成为学生的一种精神需要，而不是一种外在的压力，改变学生的学习状态和学习体验，使学生从"受逼"学习的状态中解脱出来，这是课程改革的头等大事和教学改革的首要任务，这也是衡水二中的成功之处。

兴趣于学生学习之重要，再怎么强调都不为过，然而教学活动又不能完全取决于学生的兴趣，更不能一味迎合或局限于学生的兴趣。因而在激发学生学习兴趣的同时，需要培育学生的责任心与使命感。学习责任是指学习者充分认识到学习是个人对社会应尽的义务和责任，表现为学习者对学习目标和意义的认识以及由此产生的对学习的积极态度和敬业精神。树立高度的学习责任心是自觉学习的前提，这也是学校教育立德树人的根本要求。秦海地说："经过理想信念教育和励志教育，学生内心深处有了担当意识和家国情怀等社会责任感，形成了超越精神，从而努力去主动学习、自主学习。孩子们有了学习的动力，教师的课堂教学引导就会事半功倍。"

衡水二中的课堂教学改革贯穿着辩证唯物主义的精神，始终正视现实，一切从实际出发，充分体现了关联性、适切性、过程性与发展性。学生是课堂教学活动的主人，教学过程中需要调动、培育和提高学生学习的主动性和创造性，又要充分激发教师教学的积极性和主导性。学生从他主到自主、从依赖到独立有一个转化过程，这是学生自主建构和教师价值引领相统一的过程。因此，秦海地认为，为了让学生坚持自主学习，教师要从课内和课外保证学生自主学习的时间；要相信学生自主学习的潜能，不断地把学习的主动权和责任权还给学生；要把教学建立在学生自主学习的基础上，使教学成为推进学生自主学习活动和巩固、深化其自主学习效果的一种学习活动。

在传统的课堂教学中，学生往往处于依赖教师讲授的被动接受状态，没有积极的思维活动，缺少应有的体验和实践。现代教学论强调学生获得结论性知识的同时，要亲身经历和体验知识获取的过程。学生亲身经历学习过程，可以使他们在自主探索和师生互动中获得更多的体验。衡水二中的"高效课堂"倡导学生自主学习，让学生在课堂"场域"中以及教师的指导下，自主学习和自主探究，经历知识的发生和发展过程。秦海地说："教师要努力做到该讲的大胆讲，不该讲的坚决不讲，切实落实教学的针对性，把教学用在刀刃上，用在解决最近发展区的问题上，真正实现少教多学。"

尽管新课改提倡以学生为本，一切从学生出发，但受应试教育的影响及传统观念的惯性，教师很难改变其原有的教学方式。课堂教学中强调知识中心和教师中心，对学生的控制仍然比较普遍，不自觉地把学生引导到教师所预设的知识、结论或观点上去。即使是优秀的教师，教学过程中也容易沉浸于自己的"完美表演"，尽量阐发自己的意图、思想及观点，以期感染学生的愿望和情感体验，这种方式决定了学生还只是一个旁观者和共鸣者。为此，衡水二中的课堂教学改革，对教师行为作出了制度性的限制和引领。秦海地说："学校提出了'四个五'的高效课堂模式：连续讲课不超过五分钟，每节课的最后五分钟留给学生，每节课有五次鼓励性的提问，每节课设计五个有价值的问题。从而让学生既有知识的收获又有精神的享受，由此产生进一步的学习要求和动力，让他们各方面能力在课堂上得到充分锻炼。课堂更因此成为师生教学相长的宽阔舞台。"衡水二中的高效课堂支撑起学校教育的高质量，不仅大幅度提升了学校的高考升学率，而且让学生在获得系统基础知识的同时，智力得到发展，兴趣得到激发，情感得到丰富，潜能得到开发。

教学相长　相得益彰

　　衡水二中的发展与腾飞，得益于坚定不移的课程改革，紧紧围绕课堂教学的"实效"做文章，得益于教师的才干与创造热情。课程改革的核心环节是课堂教学，课堂教学的主要依托是教师的专业发展——这就是学校教育改革的基本逻辑，也是教育质量的根本保证。"师者，所以传道授业解惑也。"没有高水平的教师队伍，没有精益求精的敬业精神，一所学校就是一潭死水，所有理想抱负都是空中楼阁。教师是一所学校最为宝贵的教育资源，是学校发展最强劲的动力支撑，因此，培养与成就教师，激发教师的热情与智慧，是校长最为基本的职责，也是最为基本的职业能力。教师队伍如何造就并不断提升，在职教师如何充分发挥他们的作用？任何一位校长都要直面这样两个基本问题。这两个问题解决得好，学校的发展就好；这两个问题的解决不理想，学校的发展就不理想。

　　与县市传统重点高中相比较，衡水二中的教师队伍显得年轻，教学经验显得不足。秦海地说："为了让教学更加高效，我们在强调教师个人教学素养提升的同时，非常注重发挥集体的智慧和能力，形成了固定而完备的集体备课制度。"秦海地的着眼点在学校集体备课制度的建构，以制度建设保障教师才干的发展与发挥。集体备课制度的具体形式是"四定"和"五备"——"各年级每个学科的备课组每天进行一次集体备课，从组内教师分工到具体实施步骤等各方面都有明确的标准和规范，遵循'定时间、定地点、定内容、定中心发言人'的'四定'原则；坚持'备重点、难点，备教法、学法，备思路创新，备精讲精练，备学生素质提升'的'五备'内容。"作为一种制度设计，"四定"和"五备"对教师备课作了规范，能有效杜绝盲目性和随意性；"四定"和"五备"规范了备课的原则和内容，使备课活动有章可循、有案可稽，学校对教师的要求可以落到实处，从而促进教师的专业成长。

北京师范大学康永久教授认为，存在着一种制度情境中的教育学，或者说制度本身就是一种教育学，它不同于专业教育研究者的那一套东西。制度情境中的教育学是原创性的，是一定理论指导下与学科知识教学相结合的。大多教育改革都是先由专家拿出一套方案，然后再联系学校的实际。依循这样的逻辑，一旦进入具体的学科教学与管理领域，这套方案很难完全照章执行，理论设想难免走样。离开具体的教育实践和实际需要，反复强调转变教育观念，进行各种理论培训，其效果常常是很有限的。康教授说："其实还有一种更有意义的教育学，它不是通常所说的专业教育学，而是存在于制度情境之中的教育学。"衡水二中的"四定""五备"，正是一种制度情境中的教育学，是秦海地创造性智慧的结晶。理论的意义不仅在于解释世界，而更在于改变世界。这种制度情境中的教育学，其价值不在论辩与言说，而在操作的实效性，能有效提高备课的质量，提升教师的专业水平。这是完全个性化的，但又有普适性的价值和意义。

"四·五"备课制度需要教师参与，也需要教师执行，那么，对教师个体有怎样的具体要求呢？秦海地说："教研前明确任务、撰写草案，坚持人人参与；教研时集体研讨异中求同，个性修改同中求异，坚持人人发言、二次备课；教研后交流反思、跟踪会诊，坚持教学反思制度。"由此可见，一是人人参与的民主精神，二是求同存异的创新追求，这两点显然是这一备课制度精华之所在。美国哲学家、教育家杜威认为，民主最大的益处是教育，完全可以将民主本身理解成一种教育学。这一教育学的基本原则就是相互尊重，相互交流经验，共同生活，自由竞争，不断地通过探索、试验来发现真理。杜威进而认为，一切社会组织的价值不仅在物质方面，尤其在教育方面。每种社会组织的最高价值都是教育的价值，也就是能够使我们的生活有意义，能够使我们相互交流，能够促进我们知识的增长、传播和创新，使所有的人都受到尊重。人们之所以要民主，就因为在这里所有人的感情、知识、思想都有充分发展的余地，能做更大的事业。杜威的教育思想让我们联想到，一种好的制度设计，它的价值是多方面的，其延伸和迁移的意义比原来的设想更为丰富。衡水二中之所以长盛不衰，重要的原因是营造了一种民主作风，教师的智慧能得到创造性的发挥。

秦海地说："教师在集体教学研修中互相启发、荟萃精华、共享智慧，将更多的时间和精力转移到对学情的把握上、对教学的改进上、对效果的反思上，提高了教学有效性，保证了教学质量。"备好课是为了上好课，备教材，备学情，备教法，就其本质而言，是服务于学生的更好成长。秦海地将此归结为教学的"有效性"。这"有效"体现在教学质量上，不仅是有效的知识学习，有效提高了考试能力，更重要的是有效地丰富和发展了学生的个性。为了最大限度发掘学生的成长潜能，秦海地说："我们在班级管理上还打破学科界限，以教学班为单位，实行以班主任为核心的班级教研制度。"将备课制度与班级教研制度结合起来，其主旨在于让学生学科知识学习与精神成长同步，将学科育人贯穿于教学活动的全过程。衡水二中的这一制度设计，完全是"以生为本"，围绕学生的成长需要展开活动。秦海地说："班里的学生全部归由各学科教师分别负责，班级每周举行全体教师的教研活动，分析学情动态，研讨班级管理。"备课制度与班级教研制度结合，全员参与育人，促进了学科教学与教育管理的有机融合。

德国教育家赫尔巴特认为，"一切教学都是教育"。无论于教师或学生，知识能力提升的同时，精神世界都得到丰富，这是真正意义上的教学相长。秦海地说："各学科教师在教学和学生管理工作中相互支持、加强合作，并担任学生导师。"教师在促进学生发展的同时，自身专业水平不断提升。学生的个体成长，获得全面、协调和可持续的进步；教师的忘我投入，使之在教学与管理实践中，不断积累与升华自身的教育经验和智慧。秦海地说："班级管理从以往一名班主任全包几十名学生的局面，转变为一名教师关注几名学生的格局，学生随时可与导师谈心交流。"这些富于实效的管理制度设计，让教师获得专业成长的同时，也更为切实有效地保障和促进了学生的发展。

青春因融入高考而美丽

　　高中教育有一个无可回避的话题，那就是高考。高中校长有一份义不容辞的责任，得让每个学生都能考好。高中学生有一个共同的梦想，期盼在高考中能出色地发挥。高考关乎千千万万学子和家庭的命运，关乎社会的公正稳定与长治久安。知识改变命运，高考改变人生，某种程度而言，这是一个不容置疑也无须争辩的事实。社会分层是现实的存在，对于贫困家庭和弱势群体来说，高考是最为公平的制度设计，是改变自身命运最为重要的契机。

　　秦海地给我们讲了这样一个故事：2016 年 5 月 26 日，二十八岁的中国学生何江在美国哈佛大学毕业典礼上作演讲，这是哈佛当年毕业生的最高荣誉。他说："这是一次耗时很长的竞争，但很高兴我撑到了最后。"何江出身于湖南省偏远农村，他坦言，如果没有高考的成功，他就不可能有这样的机遇。何江的父亲何毕成介绍说："我们家没有背景，做生意也没有资源，唯一的出路只有读书，读书可以改变命运。"

　　美国人类学家玛格丽特·米德说过这样的话："生活在富裕家庭和特权家庭的孩子在社会上所拥有的机会，有助于他们探寻人生的路径，而这些路径对大多数人来说都是关闭的。重点高中和名牌大学提供的专业训练，可以确保它们的学生得到更高的职业定位和更富裕的生活。"如何改变这种既成的事实，使社会阶层不至于固化？在中国，高考制度的设置为社会阶层之间的流动创造了条件，使穷孩子有了改变自身和家庭命运的可能。

教育扶贫，阻断贫穷的代际传递，主要是通过考试选拔制度这一手段。正是从这个意义上说，教育公平是最大的公平。秦海地的"原生态教育"理念，其着眼点一直在普通生源和一般家庭，"既来之，则安之"，让他们一碗水端平地享受到公平而优质的教育，为他们的未来发展提供更好的平台与契机。衡水二中之所以有口皆碑，人心所向，正在于打破了"唯生源论"的束缚，打造了"低进优出"的教育品牌，让更多的孩子和家庭实现了自己的梦想。

"天命之谓性，率性之谓道，修道之谓教。"教育是生命的事业，顺乎生命成长的节律，有内在的逻辑自洽。教育，首先得满足人生存的需要，即通过教育提高人的生存能力。其次，人不能只是如动物般生存，受教育可以让人有更多的选择，使人的生活更为美好。教育终究是一种教化，始终追问生命的意义，努力成就人生的价值与尊严。生存—生活—生命，逐步由低到高，教育满足人不同层次的需求。不断从实然世界走向应然世界，教育提升人生的质量和品位。通过奋斗带来自身命运的改变，教育让贫寒子弟看到希望和未来。显然，脱离人的基本需求，侈谈理想意义，这样的教育是虚妄的；忽视人的应然生活，只谈生存需求，这样的教育是庸俗的。

作为校长，既要仰望星空，又要脚踏实地，对此，秦海地有非常清醒的认识，用明确的坚守、执着的践行，回应无数家庭的期盼，帮助孩子们的生命成长。在秦海地的理解中，高考和应考绝不意味着消极与被动，而恰恰是一种积极并意义深远的举措，对学生是一种不可或缺的磨炼和激励。一定意义上说，高考成就了青春的飞扬与生命的厚重。

教育以立德树人为根本宗旨，既要通过相应的途径将前人创造的道德规范、准则传递给受教育者，又要激发受教育者的道德热情，引导受教育者增强主体意识，树立道德理想，培养道德自由抉择的勇气，充分发挥自己的创造精神。中国古人说："玉不琢不成器，人不学不知道。"高考不仅是对学生已有知识的检测，更是一个精神陶冶和品质培养的过程，参与高考对学生而言是一次重要的人生历练。秦海地说："有考试就有高低，有选拔就有优劣，但无论结果如何，经历过高考的无数学子在未来应该都会感激这段为了一个目标而努力的时光，因为高考带给他们的远不只知识与分数，更是勤奋拼搏、坚韧顽强、规范专注、自主探究、协作担当等诸多优秀品质，是他们能力的提升、性格的成熟、素养的完善，这更是青春的一份厚重与精彩。"学生因高考风雨的洗礼而走向成熟，生命因备考过程的磨砺而趋于沉稳。

青春因好习惯而受益。高中教育是基础教育的最高阶段，培养学生形成良好的习惯，是基础教育最为基本的职责。怎样才能帮助学生形成良好习惯呢？人的行为习惯养成有一个复杂的生理、心理的综合过程，杜威说："所需要的信仰不能硬灌输进去；所需要的态度不能黏贴上去。但是个人生存的特定的生活条件，引导他看到和感觉到一件东西，而不是另一件东西；它引导他制定一定的计划以便和别人成功地共同行动；它强化某些信仰而弱化另一些信仰作为赢得他人赞同的一个条件。"正是高考制度的引导，规范意识、拼搏精神、创造热情等，这些伴随学生终身的核心素养和良好习惯，在三年迎考的过程中潜移默化地得到了培育。秦海地说："作为青春的主角，高中生为了成就梦想而全力以赴，尽力而为，用刻苦与奋斗改变高考，用勤奋与拼搏赢得未来，这是一种昂扬奋进的向上姿态，这是一幅热情如火的青春图景。"

莘莘学子，青春因奋斗而闪光，生命因拼搏而出彩，好的管理也因挑战而发光。所谓"生于忧患，死于安乐"，高考的压力可转化为前进的动力，从而培养学生的忧患意识和责任意识。高中学校的管理不是同样的道理吗？孟子强调要有忧患意识，才能使人"动心忍性，增益其所不能"，台湾的"经营之神"王永庆说："赋予一个人没有挑战性的工作，是在害他。我觉得人的潜能是无穷尽的，给予没有挑战性的工作，这个人的潜力根本无从发挥，他这一生不就完了？"这与孟子所说"天将降大任于是人也，必先苦其心志，劳其筋骨"，可谓不谋而合。应用在管理上，王永庆更明确强调："如果台湾不是幅员如此狭窄，发展经济深为缺乏资源所苦，而台塑企业可以不必这样辛苦地致力于谋求合理化经营，就能求得生存及发展的话，我们能否做到今天PVC塑胶粉及其他二次加工均达世界第一，不能不说是一个疑问。"

有压力反而更能激发动力，这种"化压力为动力"的哲学，于学校管理界同样重要。"忧患意识"对于激发潜能的重要性，在衡水二中的学校管理中得到高度重视和充分体现。

在迎考中历练人生

　　高考似乎一直是个沉重的话题，在常见的语境里，高考往往与压力，与焦虑，与竞争等连在一起：考场就是战场，高考就是一场没有硝烟的战争。青春期遇上高考，这是高中学生无可回避的际遇。如何看待高考，如何对待高考，需要作出回答的不仅有高中学生，还有高中学校的教师和校长。"横看成岭侧成峰，远近高低各不同。"人们看问题总有不同的角度，不同的视野，进而有不同的境界，有不同的思路与价值追求。作为一种制度设计，一方面，高考是基础教育阶段最重要的选拔性考试，毋庸讳言，与学生的命运息息相关，甚至主导着他们的生命航程；另一方面，除了甄别与选拔的功能之外，高考对青春期学生精神生命的成长能带来什么呢？对这一问题的回答，秦海地认为，先要定义"青春"，要清楚青春的生命需要什么。

　　"青春是活力的象征，它蕴含着健康、智慧与成长，更意味着生命内涵的充盈与深化，意味着生命潜流中涌动的一种全新的感觉。"这是秦海地的看法，充满着乐观，洋溢着青春的气息，是生命视角的解读。青春期的学生该如何应对高考，青春与高考相遇意味着什么？秦海地说："迎接高考的经历是学生体验青春的幸福，积极主动迎接、创造美好未来的过程，他们在成长中理解着青春的含义,丰富着青春的内涵。"对青春的解读,对生命活力的描述,影响着对高考作用和价值的诠释。理性地看待青春与高考的相遇,是现实与理想相统一的需要。秦海地对青春生命由衷赞许,对生命成长充满着自信,这折射出一种英雄主义的精神,也是衡水二中始终坚持考试育人的真实写照。什么是青春,什么是高考,青春与高考相遇意味着什么? 秦海地的回答充满力量,正视听,树新风,一扫积久的困顿萎靡之气,给人以勇气,催人奋进。

高考激发独立创新思维。秦海地认为,高中学习是对基础知识的掌握,而在学习的过程中让学生增强独立学习、独立思考、创新思维的能力,对于他们的未来发展至关重要。创新是社会进步不竭的动力,也是学生成长最重要的核心素养。不在已有知识的累积,而在知识的创新,在创新思维的培养,这是教育的重要使命。随着课程改革和高考改革的深化,秦海地说:"高考所反映的绝非只是简单的分数,更与分数背后对应的能力密不可分。"学生的能力中最为重要,也最有价值的,无疑是创新思维与创新能力。陶行知先生说:"处处是创造之地……人人是创造之人。"高考为什么能推动学生创新思维的发展?秦海地说:"当学生遇到难题时,总会激发起思考的热情,调动起思维的兴趣,直到在老师讲解的基础上,通过以往的知识想出解决方案,构筑出自己新的思路、新的方法、新的认识。"

学生迎接高考的过程,挑战难题的过程,必然伴随着创新思维的萌芽与生长。从这个意义上说,高考是创新思维的催化剂,为学生提供了培育创新思维的契机。现状和习惯最能够束缚人,聪明人也在所难免。弃旧图新的选择,缘自外部条件变化,对外部变化的反应导致旧习惯的中断,新探索的开始。如果没有任何外部变化,社会和个人都会以惯常的方式运行,创新没有必要,创新思维也就无从生长。如果没有高考这一制度性的激发,或许部分学生的求知欲不会这样旺盛,生命成长的指向不会这样明确,创造和创新意愿不会这样强烈,对他们而言,伴随终身的创新素质的养成就不会这样有效而持久。以高考为契机,衡水二中着意营造适宜学生创新成长的文化土壤。

秦海地说："三年的高中学习，有老师的知识引领、有同学的合作探究，但更主要的是，学生凭借自己的独立思考提高解决问题的能力，启发探索未知世界的勇气。"

高考培养团结协作精神。秦海地说："青春只有和集体一起唱响，才会飘荡最美的乐章，而高考的成功之中，除了蓄积着个人的努力，还有团结协作的精神——那种坚不可摧的凝聚力。"每个学生都是鲜活的个体生命，但人并非孤立和唯一的存在。人之为人，必然蕴含着他人，已不可能离开他人，个人不能离开社会。一己之生命，始终生活在他人之间，成长就包括与他人一道生活。杜威说："学校就是社会，教育就是生活。"教育首先意味着，能够理解他人，尊重与接纳他人。学校是集体生活的单位，班级是师生教学相长之处所，高考必然是教师和学生共同应对。秦海地告诉我们，衡水二中的学习常态是，"同学们结合成学习小组，成员间相互合作和启发，将自主学习中遇到的疑点、难点、重点问题进行讨论探究，共同找出解决问题的方法与思路"。现代教育所要求学生的是，学会认知的同时，也要学会合作，这是人的社会化的必然要求。迎考过程中，学生的相互学习、互相启发和借鉴，不仅提高了学习的效率，而且融洽了人际关系，优化了学生社会化的进程，营造了"各美其美、美美与共"的校园文化。在中华传统文化的语境里，这正是一种"诚意正心"，以一己之诚，成就自己，也成就他人。

备战高考的各科知识学习，其难度之大和负担之重是可想而知的，不仅考验着学生的认知能力，也检测着学生的耐挫力，因而，期待关切与帮助，是每个学生的共同愿望。对此，作为校长的秦海地有充分的共情性理解，衡水二中同学之间的相互帮助、互相激励蔚然成风。秦海地说："面对学业的繁重，面对压力的侵扰，同学们在奋力拼搏中还会热情鼓劲、相互支持。遭遇失误时，来自同学的一句安慰令人备感暖心；考试失利时，同学之间亦会互相拍拍肩膀，共同找回灿烂的笑脸。"携手共同应对高考，不仅提高了学习的效率，而且培养了学生真诚的个人品质。"君子有成人之美"，善于体察别人的内心需求，真心诚意地输送自己的关心与帮助，在别人的成就中看到自身的价值。这充分说明，教育的立德树人，关键在学校的育人自觉，尤其是校长的因势利导。在衡水二中，年复一年可以看到这样的感人场景——高考上场前，许多同学手叠着手一起呐喊，为自己加油，为同学鼓劲，互相传递着必胜的信念。秦海地由衷地感慨说："高考也就因团结协作中凝结的真诚友情而少了紧张，多了温馨。"

高考增强感恩担当意识。每年的高考都牵动着千百万人的神经，社会各界都对学子们投来关切的目光，努力为他们创造更加便利的条件和环境。秦海地说："来自社会的关爱令学生们感动，使他们切实体会到自己是社会大家庭的一员，时刻都受到国家和社会的关注，更加激励他们充分做好准备，早日承担起服务社会、建设国家的责任。"从秦海地的这一段话里，我们能够体会到，高考制度的实施，不仅提升了全社会对教育的关注，更重要的是培育了未来一代的家国情怀。高考为什么能提高道德教化的水平呢？关键在于学生通过迎考与参加高考，对来自家庭和社会的关爱有了深切的体验，从伦理亲情走向爱国之情，走向仁者爱人的责任担当。将"亲亲"转化为"仁"，自然人情是道德教化的土壤，而教育所要培养的德性，可以从高考制度的基础上生长起来。高考诚然与升学密切相关，但它更重要的意义在于培养人。秦海地明确提出，要让"学生体验爱、感受情，逐渐懂得了感恩，学会了担当，努力用自己的行动报答师长、报答社会，报答所有关心和帮助他们的人"。

教育是培养人的活动，目的在于把受教育者培养成社会需要的人。秦海地说："高考是实现教育目的的手段之一，并非让学生纯粹为了考试而参加考试，而是通过考试让学生真正得到锻炼与提升。"人之为人，人跟动物的最大不同，在于动物是特定的，而人是待定的。也就是说，人是"未完成的"。人只是自己的可能性，因此，人才有"无限"的潜能。教育的职责就在于发挥人的潜能，使潜在的可能成为生命的现实。人"本来"微不足道，什么都不"是"，什么也没"有"，除了"自己"，除了"自己的可能性"。所以，人必须学习，人天然是学习的动物；人必须奋斗，青春的价值在于奋斗。离开了学习与奋斗，意味着失去精神成长的可能，失去自身的可能性。《中庸》有言，"博学之，审问之，慎思之，明辨之，笃行之……人一能之己百之，人十能之己千之。果能此道矣，虽愚必明，虽柔必强。""我"的"天生"或"实际"能力也许不如别人，但只要"我"肯付出多于别人百倍千倍的努力，"我"就最终可以成为能者——"虽愚必明，虽柔必强"。秦海地说："在迎战高考的青春阶段，学子们心怀梦想，刻苦学习，俯身奋斗，用行动释放青春的力量……他们的青春在高考中绽放了更多的精彩。"

"毛尖草"的生长奇迹

　　曾经，名不见经传；积淀不厚，质量不高，排名靠后。对衡水二中来说，这些都是事实。"知耻近乎勇"，坚冰需要打破，航道需要凿通，衡水二中需要扬帆起航。作为一名新任职的校长，秦海地有非常热切而强烈的愿望。后来，衡水二中是怎样走出了困境，怎样创造了奇迹？"夫战，勇气也"，秦海地认为，首要的任务是鼓舞士气，扫除横亘在二中人心头怯懦的阴云，培植全体二中人勇敢面对挑战、奋力走出低谷的共同信念。学校发展需要有价值导向，有理想目标的定位。在第一次全体教师会议上，秦海地慷慨陈词："置之死地而后生。二中的兄弟姐妹们，身处教育强市——衡水，我们不存则亡。沧海横流，方显英雄本色，我们二中人要用铮铮铁骨，不畏艰险，不惧强手，冲出低谷，跨越发展，用最短的时间，把二中打造成全国名校。"

　　衡水市是四线城市，经济欠发达，交通也不便利。且不说在全国、全省默默无闻，即使在衡水市，十二所省级示范性高中学校中，二中也是最没有家底、最没有实力的，与全国名校相比更是有着天壤之别。校长慷慨激昂、信心满满，但教师呢，会受鼓舞，会被打动吗？类似的动员报告，许多学校、许多校长，他们可能都会做，以中国幅员之广大，演讲时热血沸腾的校长，决计不会少。然而，如衡水二中教师这般被鼓动起来的、忘我投入的，进而努力拼搏的，实在是非常的鲜见。诚然，二中教师开始也疑惑，也信心不足，可能也就听听而已——"这可能吗？"秦海地说："我仿佛听到了教师们的心声。"然而，教师们被鼓动起来了，他们听从校长，追随校长；他们相信未来，投入工作——以奋斗的姿态。他们相信且坚信不疑，他们投入整个身心，他们奋斗并锲而不舍。秦海地的演说为何有这样的效果？是因为他的口才？是一种情绪的感染？是的，但不全是。那些收效甚微的校长的报告、演说和号召，关键点不外乎是：其一，宣传者自己也不相信；其二，提倡者自己不能身体力行；其三，虎头蛇尾。出色的演讲的确可以鼓动于一时，但很难转化为持久的精神推动力。衡水二中则不然，教师的好强心被激发，心中奋斗的火焰被点燃。

"相信我们，一定可以！"秦海地说，"二中已经具备了发展的潜能，唯一缺乏的其实是一种精神。"人最需要的是一种志气，"三军可夺帅，匹夫不可夺志"；学校最需要的是一种精神，精诚所至，金石为开。秦海地说："我告诉自己，若要逆势突围、由弱变强，就要培植学校的精神文化，营造学校的精神氛围，冶炼学校的精神风骨。"要教师相信，前提是校长自己相信；要告诉教师的，校长先要告诉自己。办一所全国名校是宏伟的目标，前进之途须扎扎实实、一步一个脚印，不停息，不松劲。好大喜功、急功近利，这是领导者的大忌。"天下难事，必作于易；天下大事，必作于细。"秦海地说："要建设一流名校，就要从校园文化到课堂教学，从环境打造到育人细节，各项工作、各个细节必须精耕细作、勤耕不辍。"他认为，只有这样，才是抓住了根本。显然，校长有清醒的认识，学校才有正确的定位，有可持续的发展。恰如马克思所言，理论只要彻底，就能说服人心。校长高瞻远瞩，教师才能看到前行的方向；校长身体力行，教师才会心悦诚服地追随。

秦海地给教师们讲过毛尖草的故事——在神秘的非洲草原上，有一种毛尖草，被称为"草地之王"。好长一段时间内，它只有一寸来高，长得稀稀疏疏，丝毫谈不上高大茂盛。在长达六个月的旱季里，它几乎是草原上最矮的草，毫不起眼，人们甚至看不到它的生长。然而，随着雨季的来临，见证奇迹的时候到了：毛尖草就像被施了魔法一样，每天长高一尺半，几乎以肉眼可见的速度疯狂地生长。三五天的时间内，它就会拔地而起，长到一米六至两米高，且成片成片地长，就像一堵突然竖起的墙，让人感到无比震撼！科学家考察发现：毛尖草的根，竟然长达二十八米。原来，在漫长的旱季，毛尖草也在一刻不停地以不被人觉察的方式生长。它的成长不是在地上，而是在地下。或许，这恰恰是毛尖草成长的智慧——在整个漫长的旱季，它都在地下默默地积攒能量，一旦雨季来临，它便会尽情地挥洒生命的激情。大自然是神奇的，人类从大自然中汲取着智慧和力量。秦海地说："任何一所学校的崛起与发展，尤其是薄弱学校的发展，都不会是轻而易举的事，都要像毛尖草一样经历一个漫长的、不为人知的、默默地积蓄能量、强本固基的过程。"是的，天上不会掉馅饼，世上也没有随随便便的成功。

毛尖草的故事深深地打动了每一个教师，毛尖草成为衡水二中的写照。列夫·托尔斯泰《安娜·卡列尼娜》有关于"幸福"和"不幸"的评价："'幸福者'都是相似的，'不幸者'各有各的'不幸'。"幸福和不幸带来丰富的人生故事。古今中外的文学名著，常写生活中的困窘和挫折，这不是消极，恰恰是真实的人生。通过故事的叙述，作家写出生命的自我超越，通过故事的阅读，人们可以获得思想的升华和精神的净化。作为教育者我们可以多阅读伟大的经典，让自己的人生故事能与作品相呼应；多思考形而上的问题，理性地对待人生中难以控制的挫折，穿越各种烦恼与纠结，追求更为重要的事业，诸如，把学生培养成一个善良、正直的人，让他们在未来的生活中有更多的选择和更好的发展，进而为祖国与人类做出更大贡献。

"善良"是人的宝贵品德，"自强"也是人的一种宝贵素质。如果说没有爱就没有教育，那么，如果没有自信和自强，就决计不能成为一位好教师。"天行健，君子以自强不息。"教师没有自信，不能自强，就很难带出志存高远的学生，培养出攻坚克难的顽强精神。秦海地认为，培养教师的自信，必须见诸教师的自强。所谓"自强"，即通过自身不折不挠的努力，向着美好、崇高的人生目标积极进取，这是非常宝贵的人生姿态和人格品质，它不仅是教师品德铸就善良的基础，也是事业有所作为的保证。教师教书育人、为人师表，如果不思进取；学校以立德树人为使命，如果得过且过、因循守旧；校长为学校的灵魂，倘若做一天和尚撞一天钟，无所作为，那么，这不仅是对社会的一种伤害，对国家的一种危害，而且也辜负了自己的生命，失去了对人生意义的叩问与追求。

衡水二中是怎样崛起的？秦海地告诉我们说："学校首先强化了'超越永无止境'的校训文化，在爬坡迈坎、负重前行的过程中，率先给二中师生强筋骨，注入自觉、自信、自强的崛起意识。"由此，滋养与孕育了"二中风骨"——越是"不可能"，越要做成功；越有艰难险阻，越要迎难而上；越是不可逾越，越要再造巅峰。秦海地说："这种超越文化，成了学校文化的精神内核，并转化为巨大的力量，指引着我们克服生源难题，突破发展瓶颈，在绝境中求得生存，在夹缝中求得发展，在发展中求得超越。"衡水二中，一所如毛尖草般的学校，创造了令人惊叹的生长奇迹。

激情燃烧的校园

　　来衡水二中观摩学习的教育同仁，感受最为深刻并由衷赞叹的，是这里激情燃烧的校园文化。置身二中校园，"少年智，则国智；少年强，则国强""高擎二中精神，点燃青春激情""我是二中人，我为二中卓立巅峰而奋斗"……这些大红标语触目可见。最令人震撼的，则是衡水二中的跑操。每天清晨和上午大课间，气势恢宏的跑操在校园激情上演。一个年级一个方队，排山倒海。"拼搏自强，誓创辉煌""全力以赴，青春不复""脚踏实地，勇夺第一"……学生一个个斗志昂扬，似江涛汹涌奔腾呼啸。秦海地说："这种昂首挺胸、自信向上的姿态，就是学生成长的底色，势必给他们的成长带来无穷的力量。"跑操后的小班会，上午第一节课的课前宣誓，下午第一节课的课前一支歌，每周一次的激励班会，定期举行的励志演讲、体育竞赛、"疯狂英语"进校园等活动，时刻点燃学生心中奋斗的激情，无限地发挥人的主观能动性。

　　秦海地说："在二中校园，看不到丝毫的散漫与萎靡、消沉与无助，我们深刻感触到的是他们青春的活力、旺盛的斗志和乐观的精神。我想，这就是红色的力量。""红色的力量"所传递的，是一种蓬勃向上的生命力，一种志在必胜的英雄气概，一种百折不挠的顽强意志。正是"红色的力量"，佐助衡水二中从逆境中升华，从困境中突围，不断超越已有的成就，不断走向新的创造，有新的飞跃。燃烧的激情像火焰，散发着光与热，学校创设的各种活动化情境，真正触发了学生的心灵。对学生成长来说，并非所有活动都具有同等价值，只有那些真正触发了学生内在情感的活动，才对学生精神成长具有意义。这些活动可以有不同的形式，但它们都要能回应学生当下的精神期盼，与学生的心智与德性密切相关。激情燃烧的校园文化，应该是绚丽多彩的，引起学生的浓烈兴趣，吸引他们全身心地投入其中。

激情燃烧的校园文化，让人自然地想起苏格拉底的一句名言。什么是教育？苏格拉底说："教育不是灌输，而是点燃火焰。"这是一种精神的火焰，有红色的光芒，闪耀着生命的光辉。苏格拉底不是从认知角度定义教育，而是从情感角度阐释教育，揭示它丰富的内蕴与强盛的生命力，是对既有知识和现象世界的超越。所谓"点燃火焰"，就是唤醒学生沉睡的心灵，激发学生内在的激情，燃烧出巨大的能量。人是理性的，又是情感的。理性像明灯照亮人们前进的道路，激情则是人们奋力前行的动力。没有理性的观照，人们只能盲目地摸索前行；没有激情的推动，人们就不可能有前行的意愿。教育须避免这两种倾向，在认知中融入情感，以激情催发理性，丰富理性。

激情是青春的象征，伴随学生的生命成长。"人禀七情，应物斯感。"人很难被理性打动，却能为情感所激发，中小学生尤其如此。因而，教育必须体现情感性原则，努力创设各种情境，调动与激发学生内在的情感。秦海地说："中学生正处在烂漫的花季，他们的生活里本应该充满朝气、洋溢激情，因为有激情才会有梦想，有梦想才会有追求，有追求才能到达理想的彼岸。"他认为，高中教育应当担当起培育青春学子激情的重任，让他们意气风发，始终保持昂扬的斗志与强烈的进取心。激情总是指向特定的目标，与特定的价值所融合，为人生的梦想所牵引。秦海地说："激情是活力的释放，一个没有激情的青年人是很难有美好未来的。"在一些人的思维惯性中衡水二中常与大运动量应试训练，与单调枯燥的校园学习生活，与不堪重负而又万分无奈的高中学生捆绑在一起。然而，事实恰恰相反，这里有燃烧的激情，这里有青春的光辉，这里有生命的豪情，这里有创造的奇迹。在衡水二中，激情是和青春的梦想连在一起的，激情成就学生的青春梦想，助力莘莘学子梦想成真。

激情孕育了梦想。梦想不是对现实的回避，而是对现实的改造与超越，从而走向积极的创造。梦想不是一时的心血来潮，而是家国情怀所催生的拼搏精神和矢志不渝的坚守。梦想不是想入非非，而是基于感恩与责任，朝向美好明天的奔跑。秦海地说："青春可以说是一场徒步旅行，路上布满荆棘，也充满诱惑，有的孩子可能因惧怕困难而止步不前，有的可能因沉溺诱惑而跌倒路边。"因而，他们的人生必须有梦想，他们的行动必须有目标，他们需要听到理想的召唤。衡水二中经常开展多种形式的感恩励志教育活动，努力让学生从内心深处懂得知恩、感恩、报恩。每年4月，学校都隆重举行十八岁成人礼仪式，邀请全体高二年级学生家长来校，共同见证孩子们的成人时刻。活动通过戴"成人帽"、行"拜谢礼"、步"成人门"、踏"成才路"等环节营造出充满温情的氛围，为学生展现激情飞扬的青春风采，表达快乐成长的感恩之情，助力他们树立勇于担当的责任意识。

不同的仪式承载着不同的意义，这是一种触动心灵的体验教育，不是泛泛的知识性说教所能比拟的。激情燃烧的校园文化提升了学生的生命体验能力，让他们不仅体验到经验和情感，而且指向对生命意义的追问，帮助他们形成人生的智慧。秦海地说："尤其在向父母行拜谢礼、与家长真情告白等环节，学生们真正体会到了十八年的成长离不开父母的呵护，懂得了十八年来父爱的伟大、母爱的细腻，更懂得了应该知恩感恩，回报父母。"多姿多彩的感恩励志教育活动，让学生感受到家的温馨和父母的爱，体验到情感的真诚与生命的幸福，自然而然地唤起他们的感恩之心与个人责任感。学生的生命体验生成于各种精神活动，没有触动心灵的精神活动，学生就不可能有丰富的生命体验，反之，也就不可能有相应的精神发育与精神成长。高中教育的主要任务不是应试训练，立德树人的教育宗旨奠基于对生命意义的寻找，诉诸学生的身心体验。丰富多彩、寓教于乐的励志活动，让学生潜移默化地受到情感熏陶，获得对生命意义与自身责任的感悟。

激情燃烧的校园自然地生长出个人责任。秦海地说："一个人可以不富有，可以不伟大，但不可以没有责任感。只有扛起责任才能扛起生命的追求与信念。"他认为，从某种意义上来说，学生的"感恩"与"担当"是紧密交织在一起的。在衡水二中，红色是学生成长的底色，引导学生热爱家乡，报效祖国，这是学校教育永恒的主题。红色作为成长的底色，衬托出生命的丰富多彩——个性多样与不可替代。青春的生命之光，不仅照亮自己、舒展自己，更奉献自己，照亮他人，让二中的校园更富活力、更加光彩照人。激情燃烧的校园文化，不仅培育学生的个体责任，而且引导学生不断地超越自我、走向他人、融入社会，体悟生命的激情与豪迈，领略生命的伟大与崇高。

真诚的坚守　虔诚的等待

《坚守:教育者的信仰与使命》,该文于2013年12月25日发表在《中国教育报》。如果说"风骨"是学校发展的内核,彰显秦海地精神立校的意愿;"红色"则是青春的风采,旨在铸就莘莘学子生命的底色。那么,"坚守"就是将一种信仰化为使命,体现了立德树人的使命感与教书育人的日常性。秦海地说:"学生成长是量的积累,教育注定是一种慢的艺术,需要教育者真诚的坚守。"怀特海指出,教育是一条川流不息的长河,"所有具有实践经验的教师都知道,教育是一种需要在细节掌握上耐心又耐心的过程,一分钟又一分钟,一小时又一小时,一天又一天,一年又一年,反反复复,学习无捷径。"

坚守是一种虔诚的等待,这是由教育的性质所决定的。著名儿童教育家李吉林说:"让儿童慢慢长大。"教育就是一种水磨的功夫,不能急功近利,更不能揠苗助长。秦海地说:"学生是幼苗,教师是园丁,教育的过程就是幼苗长成参天大树的漫长过程,绝非一朝一夕能完成。"他认为,教育需要等待,需要耐心持久的等待。知识学习的过程是缓慢的,身心成熟的过程是缓慢的,道德发展的过程也是缓慢的,学生成长有一个循序渐进的过程。因而,学校须有足够的耐心,教师要讲究教学的艺术。卢梭认为,教育是使个人天赋的性能自然、充实的发展；裴斯泰洛齐认为，教育是人类一切知能和才情自然的、循序的、和谐的发展；福禄贝尔说，即使花草也表现着各部构造和形态的和谐发展，做父母的该让儿童有美丽的和谐发展。诚如福禄贝尔所言："人类，如同植物经由其自身的活力而生长，其力量亦必须经由其自身的练习与努力而变成强大。"秦海地则说："教师是辛勤的园丁，我们只有俯身花丛，浇水、施肥、捉虫、剪枝，把对幼苗的爱融入等待之中，也只有在这种等待中不辍耕耘，教育才能收获桃李满园。"等待并非一种消极应对，更不是无所作为，而是顺应学生潜能的自然开展与完成。他认为，教育必须有一种坚守，教师要顺应学生的天性，积极营造学生成长的文化土壤，让每个学生都能和谐地、个性化地拔节生长。

坚守是一种习惯的养成，教师的责任在陪伴与引导。高中学生普遍成熟度不够高，他们的生理发育先于心理发育，因而，自制力与自觉程度都不够。秦海地认为，这使得他们很难养成良好的习惯，却极易沾染一些坏习惯，因而教师的陪伴和引导尤为重要。他说："心理学有一个著名的观点，一种好习惯的养成需要连续二十一天不间断的内部和外部的激励，而一种坏习惯的养成只需要三天。"秦海地强调习惯养成的自然连续性，使经验的连续性——心理习惯的养成——道德行为的力量贯通起来。杜威说："教育即生活，而生活就是发展；不断发展、不断生长就是生活。"人生的任何一个阶段都有可塑性，具有生长的可能性。因此，教育要创设良好的环境，促成和满足学生习惯养成的需求。秦海地说："我们极其注意通过内务整理、激情跑操、学习细节等教育教学行为，养成学生良好的行为习惯。"在衡水二中，所有教育的"点位"，都有教师或近或远，或直接或间接，或"台前"或"幕后"的陪伴，随时矫正学生的不良习惯。他说："正是这样的陪伴，助推了我校学生良好习惯的养成。"

坚守是一种生命关怀，是师生之间的细心体贴。每年临近高考，衡水二中会富于创意地营造轻松而不放松的气氛，让孩子们摆脱考试的高压心理。进入6月，高三教师会穿上"和你在一起"的大红T恤，给学生生活上更多的关心、学习上更多的指导、心灵上更多的陪伴。秦海地说要"让孩子们的高考像过节一样快乐"。教师给学生精心准备亮晶晶的幸运星、热乎乎的茶叶蛋，精心制作笑脸、手链和寓意颇丰的班级吉祥物，例如一飞冲天的火箭、一鸣惊人的礼炮等。"老师在，关怀在；关怀在，状态在；状态在，胜利在。"秦海地说，"自由复习、活动减压、考前适应、保温训练、营养特餐、瓜果盛宴，给学生一份真情与感动的同时，更给了学生一份信心与鼓励。"二中学生这样描述他们的教师们："一会儿是老师，给同学们答疑解难；一会儿是爸爸妈妈、哥哥姐姐，给我们送上菊花茶、绿豆汤、茶叶蛋；一会儿又是演讲家，让我们信心满满地进入最后的冲刺。"正是这种倾情的陪伴、这种执着的坚守化为一份浓浓的爱，让孩子们的高考变得温馨而快乐，更让二中学子考出了更加优异的成绩，获取了更加丰富的成功体验。

坚守是一种人格的尊严，基于对教育的坚定信念。人生需要有一种信念，它是一个人安心立命的根基。假如没有这种信念，知识就成为一种无助的妄想。信念本身并不是知识，却能让知识变成有效的决断力。因而，真正的思想不是语言的表白，而是人生观的呈现，是触及灵魂的省察。秦海地说："学生的成长需要我们春风化雨般的润泽，需要我们长时间的引导与帮助。从这个意义上讲，没有速成的教育，也没有完全'散养'的教育，学生的成长需要教育者的陪伴与坚守。"然而，后进学校的改造绝不是一朝一夕的事，低分学生考出优异成绩更是千难万难，这种陪伴和坚守需要付出多少汗水和心血？微茫的希望有多少成功的可能？作为校长的秦海地，如果有一丝的动摇和彷徨，有一点苟且与见异思迁，衡水二中就不可能有今天这样的风光。为了让低分学生也能有自己的尊严，能选择自己心仪的大学；让贫困家庭看到希望，助力他们的孩子有更好的发展，秦海地矢志将衡水二中带出低谷。这首先需要的是一种坚守，坚守一所薄弱学校校长应有的尊严——守土有责，奋力拼搏，背水一战，别无选择。教师像蜡烛，燃烧着自己，照亮别人；教育事业是神圣的，需要有一种奉献和牺牲的精神。

坚守是崇高理想的践行，它植根于内心的良知。俗话说，心有多大，人生的舞台就有多大。一个人最大的破产是绝望，最大的资产则是希望。法国作家莫泊桑说："人生活在希望之中。旧的希望实现了，或者泯灭，新的希望的烈焰随之燃烧起来。如果一个人只是过一天算一天，什么希望也没有，他的生命实际上也就停止了。"儒家认为，任何人都可以通过坚持不懈的道德学习与实践，全面获得上天赋予的内在德性。用孟子的话来表达，即君子"居天下之广居，立天下之正位，行天下之大道"。秦海地说："一个人赚到了整个世界，却丧失了自我，又有何益？"自我的责任在"弘道"，舍此，人生就没有意义。发挥自己的聪明才智，办一所理想的学校，让每个孩子都受到最好的教育，这是秦海地的"弘道"，也是他的坚守。"咬定青山不放松，立根原在破岩中。千磨万击还坚劲，任尔东西南北风。"郑板桥的这首诗，或可作为秦海地心境的逼真写照，写出了这位校长对教育伦理的坚守，也是对人生价值的坚守。

这是信仰，更是使命

　　忽然想说这样一句话：世上原本没有最好的教育，即便有，也要坚持得够久。脑海中忽然闪过这样一幅画面：撑一支长篙，在河津渡口任山绿山黄、水涨水落，毅然摇桨操舵，把学生送往成功的彼岸，让老师，让学校有更好的发展。我想，这就是我作为一名基层教育工作者对教育的坚守，这是信仰，更是使命……

　　秦海地的这一内心独白，既富有哲理，也很有诗意。"其实地上本没有路，走的人多了，也便成了路。"鲁迅先生的这一名言，是人们所熟知的。秦海地的话与此类似，传递的哲理相近，寓意则有不同。先生说的是"走"，秦海地说的是"守"；先生说的是众人，秦海地说自己；先生是对社会现象的洞察，秦海地是自我的内心体验。然而，无论"走"或"守"，无论群体或个人，无论自觉或不自觉，任何事业的成功，都不可能一蹴而就。归根到底，需要有一种坚持不懈、持之以恒，有一份执着的坚守。在这一点上，秦海地与鲁迅先生的心是相通的——通向理想境界之路，没有现成的坦途，只能不断地探索。这段话也颇有诗情画意，唤起人们的遐想，想起徐志摩的《再别康桥》："撑一支长篙，向青草更青处漫溯，满载一船星辉，在星辉斑斓里放歌。"——诗人的感观细腻而别致，饱含浓烈惆怅的离别之情。然而，同样"撑一支长篙"，秦海地却有一种自然和从容，他的寄情于山水，抒写的不是"别"，而在"渡"——把学生送往成功的彼岸，让老师，让学校有更好的发展。因而，没有任何的个人伤怀，而只有对教育的坚守，秦海地说："这是信仰，更是使命……"

　　坚守源于自信，是一种职业的操守，最能反映校长坦然从容的意志。2010年6月，衡水二中跑操的视频被网友上传至各大网站，迅速引起全国范围内的强烈关注，短时间内网络点击量突破3000万，被冠以"天下第一操"的美誉，甚至认为宏大的气场堪比"奥运会开幕式"。对二中师生而言，大家并不觉得跑操有什么特殊，只是做到了规定的要求：步调一致、排列整齐、口号响亮、动作到位、精神振奋，仅此而已。二中的跑操引起震撼的同时，也遭到了一些人的质疑。"纯属炒作""摧残学生个性"，质疑和反对的声音开始多起来。"怎么办？还跑吗？"教师们纷纷问校长。秦海地回答说："我们反思一下，我们的跑操有问题吗？""首先，我们不是炒作，跑操在二中是再寻常不过的日常行为。""跑操点燃了学生们的激情，增强了同学们的规范意识。""同学们步伐整齐，还增强了大家的团结意识。""强健了学生们的体魄，还让他们懂得了坚持。""大声地喊口号，还是一种心理上的释放、情绪上的感染。"你一言我一语，教师们说着跑操的好处。"既然跑操是有许多好处的，那我们还顾虑什么？"秦海地说，"任何一种教育教学行为，往往都会有利有弊，对的就要坚持下去。"衡水二中的跑操活动照常进行。事实证明，跑操对学生成长起到了非常好的育人效果。教育佐助年轻一代的身心成长，为党育人，为国育才，教育方式须与时俱进地不断创新，而不是墨守成规。"对的就要坚持下去"，是一切从实际出发，对学生的成长负责。

　　跑操，其他学校称之为跑步，是学校传统的体育锻炼项目。跑操与跑步，二者都是"跑"，并无本质的不同。跑操是跑步的进化：步调一致、排列整齐、口号响亮，有一种仪式感，学生的投入更认真，增强体能的同时，培养了学生的团队意识和协作精神，思想教育贯穿于体育锻炼的全过程。跑操之区别于跑步，在于体育活动之"育"——不仅"育"体质，也"育"精神气质，"育"个人品质，因而更能体现教育性，更有文化内涵。跑操更适合高中学生，青春期情感有了宣泄的渠道；跑操有利于摆脱高考的压力，有对学生很好的心理暗示作用，有充分的励志鼓舞作用，且让每个学生都有一种集体归属感。跑步，从来都默不作声，且随意而松散。正如鲁迅先生所发问的："从来如此，便对吗？"高中学生为什么不能呐喊，不能欢呼，不能自我激励？万马齐喑的校园是一种理想的教育场景吗？松松垮垮是一种理想的精神状态吗？鱼游水中，冷暖自知。痛苦或快乐，有利或有弊，作为当事者的高中学生，参与其事的校长和教师，感受最为深刻，因而，最有发言权和选择权。舆论有时会形成很大的压力，所谓三人成虎，或人言可畏，许多校长会放弃初衷，改革尝试由此半途而废。能不能有一种执着的坚守，往往决定着事业的成败，考验着校长的思想定力和意志力。

坚守基于利弊的权衡，是一种理性的选择，要有择善而从的胸襟。秦海地说："教育者的坚守，就是对有效教育教学行为的一以贯之。"他认为，任何一种教育教学行为，往往都会有利有弊，人们的见仁见智是常态，校长须有闻过则喜、兼听则明的气度和修养。任何一所学校都有自己的本土特色和生源等实际情况，因此，学校的发展定位、思路与措施，都必须适合自己的学情和校情。秦海地说："我们既要不断调整自己的教育教学管理措施，也要对自己充满自信，绝不能畏首畏尾，以致丧失自我。"2013年春天，二中高三年级的"百日誓师活动"又在网络爆红。"最强高考百日誓师"，鼓舞了学生的斗志，调动了他们学习的积极性，形成了巨大的气场。有人称赞说："在这个气场里，所有同学的潜能都被无限地挖掘出来。"有人批评说："这样助长了高考的功利性，让高考竞争变得更加激烈和残酷。"与2010年相比较，2013年的正面评价开始多起来。

三年教育实践所取得的成就，是最好的说明，也最有说服力，因而，越来越多的人能比较全面地看待衡水二中。这是一份坚守所带来的变化——不是对社会各色人等费心做解释，而是以自己的坚守和成就打动他们，让他们改变立场与看法。今天，面对褒贬不一的各种声音，衡水二中比以往更多了一份淡定，没有一位教师对誓师活动持怀疑态度。因为大家都知道，二中学生的学习过程更是修身养性、习惯养成、意志锤炼、心理调适的过程。秦海地说:"在二中,越临近高考越充满真情、充满温馨、充满感动,二中的学生、家长及了解二中的人都知道,二中的高考不是紧张的而是快乐的!"衡水二中始终全力践行"原生态教育"理念,彰显"低进优出"的办学品牌。秦海地说:"我们会时刻竖起耳朵,倾听八方来音,也会根据不同的意见反思我们的行为,不足之处我们会及时矫正,以让我们的教育教学行为更科学、更高效、更合理。同时,只要是对的,我们就会坚持下去。教育者的坚守,就是对有效教育教学行为的一以贯之。"

坚守是忠于一种信仰,进而有一种神圣的使命感。信仰并不源于知性,而源于伦理态度。因此,不必参与各种无谓的争论。"知者不辩,辩者不知。"不因无谓的争论而陷入迷途,信仰能超越所有的争论。作为一名教育工作者,必须有基本的伦理态度,做诚实而善良的人,本分而虔诚地忠于自己的执守,没有这种伦理态度,信仰便无从说起。作为一种信仰,我们应该做什么,人怎样做才能与目的相吻合?人是目的,而非工具。一切思考必然与行为连接在一起,行为过程是实现目的的手段。否则,我们的思考就是空洞的,理论是苍白的。离开学生更好的成长,离开他们生命的舒展,离开教师专业成长的需要,背离家庭与社会的期盼,所有理论的说教都缺乏价值与意义。

张千帆在《为了人的尊严——中国古典政治哲学批判与重构》中提到:在中国传统文化的语境里,君子对正义的坚定承诺赋予其物质和道德上的独立性。君子并不依赖其他人的可变而不可靠的意愿,而是通过自己的努力实现上天赋予的内在潜能,进而获得完全的道德独立。"天道弥远,人道弥近。""道"即俗话所说的天理良心。既以"道"作为自己的追求,君子总是按自己的原则行事,不受权力、压力和他人意见的影响。坚定的信仰和自觉的使命感,是一种"反身而诚",是用正义的镜子检视和匡正自己,从而获得了不可战胜的道德勇气。"十年树木,百年树人。"衡水二中的崛起和腾飞,基于一种执着的坚守,锲而不舍,矢志不渝,十数年风雨兼程。这种义无反顾的坚守,所履行的便是一种教育信仰,一种良知,一种立德树人的神圣使命。

致广大而尽精微

　　提起衡水二中，人们说得最多的是这所学校的高考奇迹。因为考得好，质量高，有口皆碑，家长慕名而来，生源逐年有所改善。但衡水二中终究只是一所四线城市的普通高中，在区域范围内作为二批次招生学校的地位并没有改变，因而，生源尽管有所改善，但依然不是最理想的。正因为这样，二中的高考成绩特别有说服力，创造的奇迹也特别让人感慨。以2022年的高考为例，网上有这样的数据：河北省600分以上的考生，衡水二中一所学校占了五分之一；学校超强基线：物理组合占97%，历史组合接近92%；当年低分进校的学生的高考分数几乎都达到了一本线。考得好能让学生走进心仪的大学，未来有更好的发展，这也是每个家庭的热切期盼。

　　令人羡慕、称奇的高考成绩也有可能让人误解，以为这所学校仅仅是考得好，因而有培养"考试机器"的嫌疑。无论出自善意的误解，还是含有恶意的猜测，在部分人的眼中，衡水二中是漫画式的。然而，不争的事实是，这所学校的学生无不意气风发、乐观自信，这所学校的教师无不敬业自尊、爱生奉献。这里没有校园霸凌，没有家校冲突，师生之间、生生之间没有争端，校领导之间没有隔阂。这里有友好，这里有团结，这里有和谐，这所学校风清气正、积极向上，教师是学生的表率，校长是师生的楷模。高考成绩出色是自然的结果，而不是办学追求的唯一目标，立德树人始终是这所学校永恒的主旋律。秦海地说："要潜移默化地养成学生良好的行为习惯和提升学生全面发展的综合素养，要重视对学生健康成长与个性发展的德育细节。"

从已有的生源和条件出发，相信每个学生都能成才，让每位学生都能得到最好的发展，衡水二中始终秉持这一朴素的"原生态教育"理念。但理念怎样才能转化为现实呢？"天下大事必作于细，"秦海地说，"学生的日常行为是基本素质的集中体现，其中的许多细节虽微小而细致，却为我们改变学生习惯、提升学生素养提供了有力的抓手。"这段话有两个关键词，一是"细致"，二是"习惯"。叶圣陶先生说："教育的过程就是改掉坏习惯、培养好习惯的过程。"又说，"我们在学校里受教育，目的在养成习惯，增强能力。"衡水二中成就的取得，关键在于对学生良好习惯的培养，但习惯怎样才能有效培养？秦海地认为，要从小处入手，把握细节，精益求精，精雕细刻。他说："每一个步骤都要精心，每一个环节都要精细，每一个举措都要精当，把每一项工作都做成精品，那么我们就能够在教育的精致化中，完成对学生良好素质的养成和完美性格的塑造这一崇高使命。"

教育的精致化、育人的自觉性，贯穿于日常的教学过程中，落实在每一个具体的细节中，但这依然不够，还必须有适宜的项目为载体，有恰当可行的操作方式。哲学家冯契先生曾提出"化理论为方法，化理论为德性"的重大命题。从哲学高度审视，理论与方法之间是体用关系，即理论是体，方法是用。但体用是不可分割的，离开理论的方法和离开方法的理论都是没用的。他认为，在具体的社会实践中，很多人并不能把掌握的理论化为有效的方法，其中的根本原因就是没有在本质上弄清理论与方法间的这种体用关系的本质。"化理论为方法"不是只关注于理论是否成为一种形式上的方法，而是关注理论与所化成的方法是否具有一体性、一致性、有效性。

秦海地从来不作论辩滔滔的演讲，但善于把教育改革的理念转化为具体的方法，并且做得非常实在和细致。衡水二中的许多德育活动，特别注重在细节处下功夫。比如学校的跑操，从跑操间距、摆臂幅度、踏步节奏无不注重细节，从跑前小读、行进过程到跑后班会，每个环节无不追求精致。一些兄弟学校模仿衡水二中跑操，大多要求低、设计粗放，学生参与的热情不高；管理不力、不细，从而导致随意散漫，最后只能草草收场。再比如学校的宿舍整理，对铺面整理、物品摆放等，二中都有细致的规定。又比如学校的"中国梦·家乡情"社会实践活动，活动的具体安排、实践的每个环节等，学校都有详细的要求，以保证环环扣紧，有条不紊地展开。

秦海地说："我们都特别注重从一些德育的细节入手，帮助学生矫正不良习惯，形成良好习惯。在我们学校，每个班主任都能快速地叠好一床漂亮的军被，每个老师都会特别注意写好清晰规范的板书，每个二中人都会随手捡起校园里的一张废纸。"重点不在说，而在具体地做；不是苦口婆心地讲道理，而是引导学生做事，进而有切身的体验，或许这是衡水二中最为鲜明的管理个性，与校长秦海地的处事风格密切相关。就中国传统的哲思而言，人并非如笛卡尔所说，因"思"而在，而是因"事"而在。"事"既包括做事，也涉及处事，涉及人与人之间的交往。"刀在石上磨，人在事上练。"跑操也罢，整理宿舍也罢，参与社会实践活动也罢，都是为了学生的认识水平和道德修养在做事的过程中得到提高，学生之间的团结合作在做事的过程中得到协调与增进。

正是三年如一日的坚持积累，从点滴小事做起，从具体细节做起，逐渐养成了二中学生各种优秀的习惯与品质。秦海地说："铺面整洁，则卷面整洁；铺面精致，则做事精致；叠被子叠出了好成绩、好习惯，跑操跑出了办学奇迹。"对于孩子在学校的成长与变化，家长都看在眼里，喜在心里。甄亚宁同学的家长张丽华说："高中生活才半年时间，我的儿子就长大了许多，成熟了许多。记得初中时儿子每次回家，总是带回累积半个月的脏衣物作为我的'家庭作业'。现在儿子每次回到家里，早晨再不需要三番五次催他起床，井然有序的'豆腐块'取代了往日的被子满床，还有几次他竟然偷偷为我们做了早饭。"孩子的懂事、勤劳、体贴父母，让家长特别高兴，一致称赞二中的教育实在。二中重视学生的习惯养成，不是模拟，不是旁观，而是让他们去亲身感受。

衡水二中从标准化、精细化的内务整理入手，培养学生规范、标准、精益求精的意识，促进学生养成健康、规律的生活习惯，促进学生个性化的全面发展。快速叠好一床漂亮的军被，是自我服务的一项劳动教育。学校劳动教育的规范化，带动了家庭劳动教育的日常化。学生通过内务整理进行自主体验，从行为的被动矫正转变为积极主动的自我成长。学生在劳动中成长，在活动中成熟，而且具有了一种吃苦精神、规则意识，激发了创新的热情。注重细节，追求精致，让二中学生终身受益。鲁向卉是音乐特长生，刚刚考入大学时，面对繁重的专业学习任务，她总是能分时段、订计划、高质量地完成，这令她很是骄傲。鲁向卉说，这与她的高中生活密不可分："二中管理科学严谨，让我学会了惜时高效、合理统筹，现在看来这种积极的品质已经融入我的骨子里了。"

养成习惯，追求精致，不仅是对学生的要求，更是对教师行为的规范，衡水二中形成了一系列制度性安排。以备课为例，为了让"教"更好地服务于"学"，二中在强调个人备课质量的同时，制定了固定而完备的集体备课制度。每天进行一次集体备课活动，从组内教师分工到具体实施步骤等各方面，都有明确的标准和规范，遵循"定时间、定地点、定内容、定中心发言人"的"四定"原则，坚持"备重点、难点，备教法、学法，备思路创新，备精讲精练，备学生素质提升"的"五备"内容。每天的教研活动由备课组长牵头，一人说课，全体参与，互相启发，荟萃精华，共享智慧，倾全组之力打造每一节课，使教研整体流程做到了精细具体、易于操作、不拘形式。学校还根据学生认知水平的差异，精心编制学案，实施"学生分层、教学目标分层、教学方法分层、辅导分层、作业分层、考核分层、评价分层"的分层教学制度，确保"优秀学生有提升，后进学生跟得上"，最终实现整体优化的目的。

秦海地说："正是我校多年来坚持教学'精'而不'繁'，'细'而不'多'，从'规范''精当'入手，落实教学过程的每一个细节，最终实现了教学的优质与高效。"在日常的教育与管理中，衡水二中努力把平凡做到极致，孜孜不倦追求精致的境界。他们不仅有具体细致的制度设计和活动安排，而且对学生有体贴入微的关怀。河北省首届"自强之星"董胜强同学，及全国受资助学生代表曹翠翠同学等，都是教师们及时发现了他们的家庭境遇后，长期给予了他们生活上的帮助、心灵上的关怀和思想上的激励，使他们感受到了来自学校、教师和集体的温暖，顽强地战胜了人生的挫折，成长为全面发展的优秀高中生，并以优异的成绩走进理想的大学，以更为自信勇敢的心态，乐观而积极地面对美好未来。

集体备课与个人风采

现代学校教育采用的是班级授课制，课堂教学是主要的教学形式，课堂是教学活动的主阵地。学校教育的质量和效益主要取决于课堂教学，教师教学水平之高低、方法之得当与否取决于课堂教学中的发挥。课堂直接体现课程教材的内容与意愿，课堂也是学生知识习得和精神成长的土壤。上好课是教师的基本职责，也是最为重要的任务。

凡事预则立。所谓不打无准备之仗，不打无把握之仗，上好课的前提是备好课。精心备课是优秀教师的共同特点，注重备课质量并进行制度化设计，是几乎所有名校的共同特点。不认真备课就上不好课，浪费学生的时间，耽搁学生的青春，这是教师最大的过失；不认真抓教师备课，不进行制度化备课设计，满足于一般号召，这是学校管理的重大失误。有些学校似乎很重视课堂教学改革，表面重视学生主体、自主合作探究学习等，或进行抄作业式的简单移植，比如注重先学后教、活动单导学等，这种"懒政"思维的特点是说得动听，但落不到实处，忽略了从备课开始的教学过程，因而很难有高质量的课堂教学，学校难有高质量的教育成果。

衡水二中为什么有这样高的教育质量，有这样出彩的高考升学率？重要的一条是抓基础环节，抓备课上课，课堂教学改革从备课开始。秦海地认为，备课在整个教学中起着举足轻重的作用，教师通过认真备课，可以深刻领会教材内容，摸清教学主旨，在这一过程中，教师既可以积累知识，加深对学科相关知识的理解，又可以提升教学专业水平。秦海地在学校管理中始终抓住备课这一环节，鼓励教师去寻找贴近教材、符合学生实际的问题，以便师生在课堂教学中，围绕这些问题思考探究，找到解决问题的方法和路径。这样既可以激发学生的学习兴趣，又可以引发思维的碰撞，迸发出智慧的火花。

衡水二中教育的高质量，主要来自课堂教学的高水平，而集体备课制度，则是课堂教学有效的重要保证。将教师们分散的智慧集中起来，在相互切磋交流的过程中达到集思广益的效果，这是衡水二中改革备课活动的基本思想。秦海地说："一直以来，集体备课作为一种富有实效的教师合作研讨方式被越来越多的学校采用，成为推进课程改革、提高教育质量的重要平台，为教师解决新课程中遇到的新问题发挥了重要的作用。"

衡水二中制度化地推行集体备课，最初也遇到一些质疑的声音，认为它可能产生一个标准件——教师按照一个思路、一个模式"生产"出整个年级的课件来，可能泯灭教师课堂教学风格的多样性，使教师失去自我，对教师个性化发展产生不利影响。秦海地认为，学校生活是集体生活，学校是教师生活的共同体，也是教师实现自身社会化的平台。秦海地说："一个学校教师队伍的成长离不开集体的力量，科学、健全的集体备课制度在教师整体水平提升中发挥着不可替代的作用，同时，每位教师个体的发展和个性化成长也是学校发展的必需，个体的成熟进步才能推动整体队伍的水平提高。"个人与集体是辩证统一的。教师成长的确是个性化的，教育工作的确是个性化的创造，但教师的个性和个人创造，又在集体中得以彰显，在集体活动中得以发展。孤立的原子化的个人，既没有生活的乐趣，也没有成长的动力，更不可能获得相应的借鉴和支持。换一个角度看，教师的水平并不是平均的，个体努力的程度并不相同，个性风格有很大的差异，强求一律，既无可能，也无必要。"春色满园关不住，一枝红杏出墙来。"这才是春天的气象。学会学习、学会做事、学会合作、学会发展,这被认为是现代教育的四大支柱,衡水二中的集体备课制度与现代教育理念高度契合。

集体是力量的源泉,众人是智慧的摇篮。秦海地认为,集体备课至少有以下几点好处:其一,有利于相互学习、互相借鉴。俗话说,你有一个苹果,我有一个苹果,交换以后仍然是一个苹果;你有一种智慧,我有一种智慧,交换以后可以拥有两种以上的智慧。又所谓尺有所短,寸有所长。集体备课意味着充分对话,是思想的充分交流,可以分享智慧,长善救失。秦海地说:"集体备课,可以取长补短,引发参与者智慧的碰撞,明显提高教育教学效果。"其二,促进自我反思,培养民主作风。集体备课中的对话,人人都平等参与:是知无不言,言无不尽;是有话则长,无话则短;是言之有物,又须言之有理。集体备课,信息是透明的,表达是自主的,选择是自觉的。秦海地说:"它使教学的认知、行为向科学合理的方向转化,自我钻研、集体研讨、教后反思的过程,就是教师专业发展的过程。"其三,形成群众性、应用性科研氛围。集体备课制度的设计,是一种原生态的田野式研究:问题就是课题,围绕解决问题展开;教学就是研究,而不是两张皮——作为课堂教学的预设,集体备课是一种应用性研究;教师成长就是成果,这是一种日常的、生活化的研究和成长。秦海地说:"主要任务是完善课堂教学,使一些教学中的课题由于智慧的交流而得到理性的升华。"

备课固然是为了上好课,集体备课却不仅为了上好课,也为了提高教师的专业水平。秦海地认为,教师队伍建设是学校生存和发展的根基,整体水平的提高不能单靠几匹"黑马",得有群马奔腾的壮观景象。集体备课是学科建设和教师发展与成才的重要路径,资源共享和思维的碰撞产生更多的智慧火花,尤其有利于青年教师的成长。在推进集体备课的过程中,衡水二中很注意几个问题:其一,不能成就"懒汉"。即将备课内容分解,然后把教案整合复印,人手一份。一些教师拿到教案后,没有适当修改、增删,没有个人的"二次加工"。秦海地说:"这种有名无实的集体备课比单人独备效果更差,助长了一些人的依赖思想。"其二，不能变成"统一"教案。集体备课并不意味着教案内容和教学环节高度一致，教学的环节更不必如出一辙。秦海地说："否则，教师就成了车间流水线上的操作工人。"其三，不能"一言堂"。集体备课中，不排斥主备教师的主导作用，但必须做到人人畅所欲言，防止个别人垄断话语权。秦海地说："应该引导教师积极主动地交流，在交流中实现思想和观点的相互碰撞与交锋，实现共同提高。"衡水二中的集体备课制度，有力地促进了教师的个性发展，让每一位教师都能出彩，体现了教师教育改革和教学智慧的成熟。

教师不会孤独地居于"我"的小天地，相反他是与外部更大范围的世界共生的。保罗·欧内斯特认为：只有当个人建构的、独有的主观意义和理论与社会和物理世界"相适应"时，才有可能得到发展，因为发展的主要媒介是通过交互作用导致的意义的社会协商。这个世界就是不同范围和规模的共同体，教师通过"合法的边缘参与的方式"在共同体的物质环境中和其他成员进行着无数次的对话与互动，这是教师的实践性知识生成的必然过程。教师的专业水平表现在这种实践性知识中，钟启泉教授对此做了充分的论述，他指出："这个过程要经过大量的模仿、抗争、妥协、重建等复杂的过程，我们可以将其称为协商过程。这些互动往往是在无意识中完成的，它甚至可以说是一种'集体的无意识'过程，因为任何人都生活在它中间，他们对这个过程的认知犹如对空气的感知，人们无时无刻不需要它，但是却往往忽视了它的存在。而正是这种无意识的存在对思维、对行动的影响才更深刻，更持久，更稳定。"

从集体备课到一课双讲

秦海地说："教师的个性差异是一种重要的教学资源，我们可以鼓励教师个性资源的充分利用，促进教师的专业发展，让教师个个抱荆山之玉、藏看家本领，从而形成自己独特的教学艺术，打造出闪闪发光的特色教学品牌。"集体备课由来已久，中小学校普遍采用，为什么大多达不到衡水二中这样好的课堂教学改革成效，能带出一支优秀的教师队伍？秦海地以上这番话是很好的说明。作为校长，他清晰地知道，管理学校不能没有制度，但制度不能僵化，制度的执行必须人本化。集体备课不是一般性的号召，在衡水二中，它是一种制度设计，制度化就意味着能经常化、活动化，从而能不断创新。如果没有制度设计，集体备课很容易走过场、流于形式，不可能坚持，并收到实效，更不可能成为一种行之有效的研究性活动。

秦海地认为，集体备课的制度设计，必须处理好几组关系：其一，集体与个人的关系；其二，常规与创造的关系；其三，探究与交流的关系。而这一切又无不以人为中心，以教师的专业成长为目标，以教师的个性化创造为旨归。教师的个性特色是教师在教育活动中形成并表现出来的独特的教育风格。秦海地说："教育应该是五彩斑斓、充满生命活力的，教师的个性特征渗透于研读教材过程中，涌动于课堂教学过程中。"

集体备课是有组织的活动，因而，必须有统一意志，有一些刚性的规定，否则，教师自行其是，各敲各的锣，各打各的鼓，集体备课便无法进行。另一方面，集体备课既然是一种教研活动，那就必须有教师的积极参与，每一个教师都有参与的热情，能尽职尽力、各抒己见，集体备课才能收到相应的效果。秦海地说："集体是由个体组成的，只有使个体发挥出最大的潜力，集体才能成为最优秀的集体。一个学校整体质量的提升需要众多有成就、有风采的优秀教师。独特风采的个体相互交流、融通是集体备课保持生机活力的根本。"同样是备课，同样是集体备课，这就是衡水二中独特的地方，闪耀着校长独到的见解。

在广泛开展集体备课的过程中，衡水二中积极提倡以下两点：其一，个性化的研读和思考；其二，创造性的集体呈现。在集体备课中，如果教师不去深入解读文本、搜集资料、选择教法，就不能相互交流、启发、争论、碰撞。秦海地说："不能形成自己的观点、见解和看法，这样的教师，充其量只能是一个'看客'和'听众'。"因此，每位教师是否先行准备，是否有充分的个人钻研，关系到集体备课活动的成败。

集体备课固然是集体活动，但活动主体是教师个人，集体既由个人组成，又是个人施展才华的平台。集体汇集个人的个性，又发挥每个人的长处，这样的集体活动必然生机勃勃。反之，如果教师个性压抑，必然被动应付，出工不出力，集体备课也就失去价值和意义。秦海地认为，教育是个性化的工作，学校是不同人才的融合，教学的过程闪现着个人魅力。他说："一个好的设想，不是每个人照做都能产生同样的效果。教师要教好书，应该'多走一分，深入三分'。"

教师与教师有不同的资质。孟子曰："资之深，则取之左右逢其源。"教师必须不断提升自己的专业修养，才能在实际的教育工作中左右逢源。集体备课为教师提供了成长的平台，围绕同一话题展开的对话与切磋交流，深化了教师对教材和教法的理解，能切实有效地提高教师的整体认识水平和理论修养。

但经过集思广益而形成的教案，依然只是一种教学的预设，必须在实际教学过程中有随机生成和创造性发挥。秦海地说："集体备课后还需要执教者灵活选择、运用，并结合班级特点和自己的教学风格提升和再创造个性化教案，然后用经过二次锤炼的教学设计进行班级教学。"

备好课是为了上好课。备课是手段，上课才是目的。集体备课作为一种教学预设，切实提高了教师的教学自信，提高了教师驾驭课堂的能力。秦海地说："将集体备课制度与教师个性发展更好地结合，对学校教学质量和水平的提高具有重要意义。"教案作为一种教学预设，不断在实际教学过程中得到验证和修正。在高中教育强手如林的衡水，二中短短几年时间里由弱到强，教学成绩逐年大幅度提升，乃至稳居前茅。秦海地说："正是得益于我校在教学工作中确立和完善了集体备课制度，并使之成为一种常态化的教学工作形式。"

作为一种集体备课制度，衡水二中有哪些独到的具体安排？这是人们所普遍关注的。秦海地告诉我们，其一是定时间、定地点，针对特定内容进行研讨，要求教师站在学生立场，多层次、多角度审视和解决教学中的疑难问题；其二是一人主讲、众人参与，各抒己见、集思广益，教师是智慧的贡献者，也是集体智慧的共享者；其三是预则立，围绕特定的内容，主讲者充分准备，参与者也是有备而来，以形成有效对话和认知的碰撞；其四是强化说课环节，主讲人必须写出教学设计，并交备课组长审核，确保集体备课的质量；其五是说课完毕后要共同讨论，形成和选择最佳教学策略。

在集体备课的基础上，衡水二中特别推出了"一课双讲"大公开课大教研活动。所谓"一课双讲"，即选定同一年级同一学科的两名教师讲授同一课时内容，不同的设计，不同的教学程式，构建出各具个性特色的课堂。授课教师精心准备，主讲人在备课组内提供研究平台，全校同学科教师参与"探讨式"评课，从而完善课堂教学方法。秦海地说："活动中，讲课老师比能力、赛水平、验效果，听课老师学经验、看问题、找灵感。评课时，评出特色，评出水平，使授课教师的优点得到肯定和巩固，使听课教师从中得到启示和借鉴。"

　　有学者说过，平庸的教师只是叙述，较好的教师讲解，优秀的教师示范，伟大的教师启发。启发是一种教育方法，更是一种教育素养。启发是有条件的，就事论事、照本宣科是谈不上启发性的。只有当教师对教材有深刻、独到的见解，并对自己要讲的一切都烂熟于心，确信无疑，他在课堂上才拥有可供发挥能动性的自由度，才能真正做到游刃有余、指点有方。集体备课和"一课双讲"的制度设计，能促进教师更为深刻地理解和把握教材，教学过程中能成竹在胸，能从容不迫地相机诱导、点拨提示，使学生豁然开朗。

　　每一个教师都是教学的创作者，教师以自己的生活经历、教学经验为基础，通过个人的不断感悟和反思形成实践性教学智慧。集思广益的备课和讲评活动，能多角度培养教师的应变能力。乌申斯基曾说："不论教育者怎样地研究了教育学理论，如果他缺乏教育机智，他就不可能成为一个优秀的教育实践者。"课堂教学是一个复杂的与人相关的系统，它充满了变化和问题。教师如果事先不能周密地设计，不能在与同事的对话中获得经验的启迪，当碰到许多非预期性的教学问题时，课堂教学就容易陷入困境或僵局。从集体备课到一课双讲，合理有效的制度设计让教师经历不同情境，能极大地增进教师的应变能力和教学智慧。

　　从集体备课和一课双讲的制度设计中，人们可以感受到秦海地的领导作风，也可以体察到衡水二中的行事风格，这就是务实、细致、严谨，有系统性的思考，有开拓性和创新性。细微之处见精神。正因如此，衡水二中才能脱颖而出，成为享誉全国的著名高中学校。

高考减压：一个永恒的话题

一年一度的高考，是全社会关注的热点，牵动着无数人的心，非但考生和教师，众多考生的家长、家庭成员、亲朋好友，无不关注和牵挂这件大事。人民群众所普遍关注的，必然是各级政府所重视的。古人有"十年寒窗"的说法，十年苦读，指望一朝考中，"朝为田舍郎，暮登天子堂"，科举是一条艰辛的路，但无数的学子仍趋之若鹜。今非昔比，当今的高考完全不同于当年的科举，性质、目的、内容、形式等有着根本的不同。但通过考试选拔人才，二者在方式上是相通的。基础教育十二年，通过高考，学生开始分流。三天见证十二年，犹如足球场上的临门一脚。高考录取是双向选择，学生选择高校，高校也选择学生。进不同的高校，意味着不同的人生机遇，不同的未来发展。

考生选择心仪学校的资格主要是考分，学校寻找中意学生的依据也是考分，双方的意愿建立在高考分数上。高考不能不牵动人心，因为它与学生的命运息息相关；高考寄托着无数家庭的期盼，与相关学校的形象和荣誉紧密关联。淡化对高考的关注，事实上很难做到。高考是临场发挥，有许多偶然的不确定的因素。因此，家长和教师难免担心，学生难免紧张。虽说随着社会的发展，个人价值实现的途径日趋多元，高考"一考定终身"的局面大有改观。但作为人才选拔的一次重要考试，许多学生和家长仍如临大敌，"谈高考而色变"，精神压力特别大。由此，各种考前减压方式也就应运而生。

对于这些应激反应和过度焦虑，衡水的高中学校却相对淡定，基于不同的应对策略，背后是校长的教育观。二中校长秦海地认为，学生面临人生的第一次大考，为了疏解他们的压力，学校采取相应措施，这是"爱之深，关之切"。然而，某些方法和措施有待改进。他说："如果学校或家长对考生的心理压力过分敏感，高举'减压'大旗，用各种异于平常的方式、方法为学生调节心理，则打破了考生正常的生活节奏，增强焦虑，失掉应对高考的平常心，使他们产生一种'山雨欲来风满楼'的压迫感，其结果是反而给他们稚嫩的双肩又压上重担。"他认为"输液备考"之类，无形中增加了学生的心理负担，营造出更加紧张的氛围，学生们难免会有"面对高考，我的身体绝对不能出问题"这样的心理暗示，这种微妙的心理变化，往往事与愿违，给学生以更大的压力。

面临高考这一重大的人生机遇，命运之途的一次重要挑战，学生心情紧张，有些患得患失，这是必然的，也是正常的。一定的精神压力可以转化为学习的动力，高考临近的紧张，在一定程度上可以转化为专注和高效；高考临场稍许有点紧张，或许有助于学生的临场发挥，并非都是消极的因素。当然，紧张的情绪不能过度，以致焦虑、惶恐、寝食不安。概而言之，学生临考心情紧张是必然的，告诫他放松，强求他不紧张，也许反而传递了教师和家长自身的紧张，学生也必然会受这种情绪的影响。一次次的告诫和提醒，其实一次一次强化了他的紧张心理。秦海地认为，学校和家长在高考前为孩子减压不宜"疾风骤雨"，否则会令考生陷入更大的畏惧与恐慌之中。他说："或许，高三考生本无太大的压力，说的人多了，也就有了较大的压力。所以，越是临近高考，学校的高考减压越需要润物细无声、舒缓而柔和，以让学生尽可能保持平时的心态与行为。"

临考心情紧张是正常的，保持适度的紧张有益无害，教师和家长不大惊小怪，学生就不会惶惶不可终日。多年来，衡水二中在高考冲刺阶段，高三工作依旧保持平时对学生的要求，并不增加名目繁多的减压活动，也不无故放松对学生内务、常规等方面的要求，更不会对学生撒手不管，出现"完全自由"的放松。秦海地说："直到高考前，学生的作息时间、常规行为、纪律约束、宿舍卫生、内务整理等方方面面都保持着以往的要求，与他们近三年的日常生活无异。"秦海地认为，这样安排和处理，有助于转移学生对高考的过度在意，从而努力让学生拥有一颗可贵的平常心。在一如既往的严谨、规范而有规律的冲刺阶段的学习和生活中，学生每天都能够清楚地知道自己在做什么、下一步会做些什么，也就能够明白自己每天可以在哪些方面做得更好。

衡水二中行为的如常，带来了学生心境的平和，学校长期以来的"励志教育"的双优德育模式、"自信、拼搏、争先、成功"的优秀品质和学习习惯，在学生临考之际显示出更加积极的促进力量。在衡水二中，学生为了追逐理想，没有产生更多的浮躁与焦虑，没有陷入对高考的恐惧与抗拒，更没有出现对学习的厌倦与放弃，而是以更为专注的心态、更为积极的情绪、更为昂扬的斗志，在教师的指导下有条不紊地进行着自己的复习和冲刺。在这一以贯之的坚持中，学生已经把高考看作了平常模拟考试的一次复制，把高考的日子当作了高中生活的延续。连续多年，学校的整体高考备考工作呈现出了极好的氛围和状态。高考成绩的节节攀升也从一个侧面佐证了让学生保持平常心的重要性。从教育立德树人的角度看，更为重要的是，通过淡定应对高考，培养学生从容镇定的心理素质，提高他们驾驭自身情绪的能力，学会理性对待和安排自己的生活，这或许更让学生终身受益。

衡水二中的经验告诉我们，高考减压要凸显学生的主体地位。从个体发展的角度来说，学生的学习是一个从依赖走向独立的过程。独立性是主体性中最核心的特性，学生的学习须建立在人的独立性上。为此，教师应充分尊重学生的独立性，正确引导学生发挥自己的独立性，从而培养学生独立学习和独立解决问题的能力。高考压力大是学生面临的共同问题，有怎样的压力及怎样疏通减压，不同的学生有不同的需求和不同的方式，因此，学校和教师不能越俎代庖，管得太多。除培养学生的平常心之外，还需要激发和引导学生自主对待压力，让他们能个性化地自我减压，独立处置。学生的学习行为本质上是自主、自控的，它突出表现在学生的自我计划、自我调整、自我强化上。学校管理的重要职责是培养学生学习的自我意识和自我监控的能力，并帮助他们养成良好的习惯以及勇于担当的责任意识。

课程资源的本土化和多样性

　　2013年，任衡水二中校长的第九年，秦海地在《中国教育学刊》发表文章，谈他对课程改革的理解，并介绍衡水二中的课改实践。文章聚焦于乡土资源的利用，以及课堂教学革新。是年，衡水二中23名学生考取清华、北大。一所名不见经传的薄弱高中，随着教育质量的不断提升，尤其是高考升学率的不断上升，逐渐成为人们关注的热点，成为无数家庭和学生向往的名校。《新课程改革语境下乡土资源的利用》，秦海地这篇文章的意义是多方面的，既有对经济欠发达地区尤其是农村学校课程改革的建言，也有课程改革为衡水二中带来教育质量提升的说明。秦海地在文章中指出，课程改革所要解决的是知识本位和学科本位问题，旨在回归学生全面发展的素质教育，衡水二中在这一精神指引下，全方位推进课程改革的实践，取得的成绩便是实践的成果。秦海地充分认识到，必须改变以往完全依靠课本，僵硬地实施灌输教学的模式。衡水二中对乡土资源的利用、带领学生走向社会与大自然，这些都是课堂教学改革的积极尝试，以加强课程内容与学生生活的联系，强化对现代社会和科技发展的观察。

　　《新课程改革语境下乡土资源的利用》一文，反映了秦海地对课程改革的理解和把握，彰显了衡水二中在课程改革实践中的创造性。没有兴趣就没有学习，没有学生的积极参与就不可能有教育教学的高质量、高水平。秦海地极为关注学生的学习兴趣和经验，强调知识与人的意义联系，他说："这样一来，学生所获得的知识就不再是枯燥的东西，而是充满生命活力的东西。而整个认知过程也变成了认识世界，认识自我，进行创造性表述的过程。"校长持有怎样的教育思想，学校管理就有怎样的文化内涵。

衡水二中利用乡土资源加强学校德育和思想道德建设。秦海地认为，立足于地方特色，整合乡土资源，将其纳入学校德育课堂体系，可以实现德育途径的多元化，体现德育的生活化与生动性。如组织学生走进当地的企业集团，聆听全国人大代表（也是集团总裁）对于全国人民代表大会过程的讲解，使学生理解社会主义民主的实质，坚定社会主义信念。又如组织学生参观优秀共产党员、全国道德模范的事迹展室，通过切身的感受，使学生心灵受到震撼、思想得到升华。秦海地说："学校应发挥乡土资源的优势，围绕德育目标创设一系列学生熟悉的生活场景，使德育确确实实看得见、摸得着，能实实在在地为学生成长的需要服务。"开放办学、生活化德育、活动化展开，这些教学举措拓宽了学生的视野，丰富了学生的情感体验，提高了学生的思想境界，激发起学生的学习动力与进取心。秦海地的文章是对事实的宣扬，以二中的个案为衡水高中学校正名，重申课程改革的理念与素质教育的立场。

通过生动、活泼的多种形式展开，勾连起学校教育与户外教育，让学生亲身体验自然与社会生活，以更愉快的方式习得知识并获得成长，这种寓教于乐的方式会对学生身心健康与未来发展产生深远和持久的影响。衡水冀派内画、武强木版年画、法帖拓印技艺为衡水市三种国家级非物质文化遗产，衡水二中为了拓宽学生美育渠道，将乡土艺术作为教学内容引进课堂，请当地的文化传承人在学校做讲座，同时定期组织学生以实地参观考察的形式开展美术教育。秦海地说："乡土资源中的美感因素以其地缘优势，更易于为学生接受。因此，将乡土艺术融入中学教育中，有助于欠发达地区学校加强学生的美育，促进素质教育多元化发展。"他认为，利用乡土资源进行学生的美育，有利于增强他们对美育的亲切感和认同感，提高学生的审美情趣和鉴赏能力。

利用乡土资源开发学校校本课程，是衡水二中课程改革的重要举措。面对教育资源欠缺带来的选修课不足的尴尬局面，秦海地认为，欠发达地区的学校完全可以依托本地乡土资源，大力开发校本课程，丰富教育教学内容，在新一轮课改中找到自己的位置。衡水二中既尊重国家课程的权威性，又积极开发适切的校本课程。立足于学校的特色、充分利用乡土资源，研发出校本教材三十余部，促进学生个性的健康和多样化发展。秦海地说："这些课程与本土的生产生活方式结合紧密，学生可以边学边用，能迅速体会到求学过程中成功的喜悦，从而激发学生的学习兴趣，提高学生自主、合作、探究学习的能力。"总有人认为源于生活的直接经验是表象的、肤浅的，而间接经验的书本知识才是对事物本质的把握。其实，重要的认识和创新总是基于直接经验，运用间接经验是为更好理解和改造直接经验服务的。

"生活即教育，社会即学校""教学做合一。"陶行知先生强调教育与生活的联系，强调知行合一。陶先生尤为反对"给外国人拉洋车"，重视中国教育的民族传统与本土资源。衡水二中在课程改革中充分利用乡土资源，是对陶先生教育思想的继承。衡水二中的课程改革是务实的，不追求"语不惊人死不休"的话语创新。秦海地清醒地认识到，话语创新除了能给人带来新奇感，并不能解决任何具体问题，更不能带来教育质量的提高。在衡水二中，学生的兴趣得到尊重，个性得到张扬，创造性得到发展。学生需要学习的东西很多，远非学校学科教学所能包揽，因而必须充分挖掘课程资源，使之优先并充分得到运用。秦海地说："培养出既具备公民的基本素养又拥有地方气质，既热爱本土社会又具有爱国情操的高素质的人才。这可能就是新课程改革中地方基础教育的出路所在。"

秦海地的文章强调了课程资源多样性的重要，表达了他的一种教育生态观。在人类改造自然的进程中，曾经有过这样两个案例：近一个多世纪以来，美国人在西部地区按照标准间隔，整齐划一地种下了一排排人工林，栽种的是他们挑选单一的理想树种。这种人工林取代了曾经物种丰富的自然林。起初，植树效果很可观。渐渐地，人们发现，单一树种组成的人工林不仅使他们失去了原本生活在当地的各种野生动植物，而且带来了另一种可怕的灾难——由于这些同龄同种的幼树极易燃烧，当地的山火规模竟越来越大，最终给人们的生活造成了极恶劣的影响。与此相反，据司马迁的《史记》记载，距今三千年前的周朝耕种政策规定，种植谷物时必须选择多种粮食混在一起进行种植。他们没有选种单一的最佳谷物，相反，他们通过多样化种植来抵御可能因自然灾害而产生的减产风险。秦海地的课程管理思想也可说是基于这种生态观，他让我们认识到教育资源的多样性，以及自然资源利用的适切性，提醒我们关注多样个体的共存与和谐发展。

开辟第二课堂　拓宽学习空间

　　《新课程改革语境下乡土资源的利用》，秦海地为什么要研究这个问题，并在学术期刊上发表这样一篇文章？对此，他有一段写作背景的交代，阐述了他对课程改革的思考——"在新课程改革的过程中，各种标准的制定依旧是立足于城市和经济发达地区的教育要求的，对于经济欠发达地区和广大农村的现实状况考虑不足。由于资金投入的问题，新课程标准设置的大量选修课以及校本课程的开发在这些地区成为奢望。如何使经济欠发达地区和广大农村在当前教育改革中获得更大利益，成为摆在教育工作者面前的严峻问题。"

　　课程改革的重要性和必要性毋庸置疑，它所取得的成就及深远意义无法衡量。但改革是一个不断完善的过程，改革意味着持续的探究和调整。就课程改革的进一步深化，秦海地提出一个很现实的问题，也是非常严峻的问题：其一，关于课程改革的相关标准。由于参与标准制定的教育专家主要来自城市，尽管标准制定过程中有较为充分的调研，但相关标准和课程改革的一些设计，与城市学校的契合度比较高，而与经济欠发达地区的学校，尤其是广大乡村学校不够契合，带来了执行与实施的困难。其二，与此相关联的是，经济欠发达地区的教育资源匮乏，尤其是广大农村学校的问题更为突出。选修课及校本课程的开发,尽管与学生的全面发展紧密关联,对基础教育的改革意义重大,但由于经费、师资、设施、场所等诸多条件限制,幅员广大的经济欠发达地区、农村地区很难如愿参与实施。

城乡差距悬殊、各地经济与教育发展水平不均衡的问题,不是短时间内所能解决的。尽管这些地区的教师和校长同样得到培训,理解课程改革的重要意义,掌握了具体的操作方式,但他们习得的模式大体是城市化的。秦海地说:"面对本地区与发达地区教育资源不对等的现状,在全面落实国家的教育方针、推行素质教育的问题面前,(我们)显得力不从心。"这一轮课程改革,实行国家、地方、学校三级课程管理,旨在增强课程对地方、学校及学生的适应性。但面对教育资源不均衡的现实,经济欠发达地区和广大农村在这场改革中可能会被边缘化。课程改革如果不能惠及面广量大的经济欠发达地区及广大农村,这些地方的学校教育如果没有根本的触动、改观与提高,那么课程改革的意愿是不彻底的,甚至是走过场的。

提出这一问题、研究这一问题,具有理论的前沿性和实践的全局性,在很大程度上超越了一位高中校长的视域。在这一问题上,秦海地不仅有宏观的视野,更难能可贵的是有一种历史责任感。他不仅提出这样一个事关课改全局的问题,而且积极探索解决这一问题的路径和方式:"衡水市第二中学,依靠丰富的乡土资源,充分开展社会实践活动,延伸课堂,大力开发校本课程,以弥补教育资源的不足,走出一条崭新的课程改革之路,或许可以为其他兄弟学校提供一定的借鉴。"——立足国家课程改革的大背景,秦海地认真思考所在学校的改革,并以衡水二中课程改革为例,为全国各地的课程改革,尤其是经济欠发达地区和农村学校的课程改革探路。既有理论思考又有实践探索,这样的研究文章是人们所需要的,能为更广大的地区提供经验与借鉴。

秦海地的文章主要谈课程资源的利用。什么是课程资源?课程资源是基础教育课程改革的一个重要概念,广义地说,凡是有助于实现课程目标的一切因素都可以称为课程资源。按照课程资源的功能特点,可分为素材性资源和条件性资源；按照空间分布的特点，则可分为校内课程资源和校外课程资源。乡土资源显然属于校外资源，既有素材性因素，又有条件性因素。乡土资源的利用，重在对资源的创造性开发，以促进课程教学的优化发展。从理论上讲，即使在经济欠发达地区和农村地区，课程资源特别是素材性课程资源也是相对丰富的。各地所缺乏的，是对于课程资源的识别、开发和运用的意识与能力，导致大量课程资源特别是素材性资源被埋没，不能及时地加工、转化和进入实际的课程教学。

秦海地的研究，既提高了资源利用意识，也唤醒了一种关系意识：课程资源与课程存在着十分密切的关系，没有课程资源就没有课程可言。所谓课程资源的利用，意味着只有在经过加工并付诸实施时，资源才能成为课程。课程实施的范围和水平，一方面取决于课程资源的丰富程度，另一方面取决于课程资源的开发和运用水平，即课程资源的适切程度。衡水二中乡土资源的利用，首先在于课堂教学的向外延伸。秦海地说："课程改革带来新的课堂观，即课堂是对话、沟通、交往、合作、探究和展示的平台。课堂是新认识的生长点、新激情的鼓动器，学生带着疑问进课堂，带着更多的疑问出课堂。"他认为，单纯依靠教师对教材的讲解，很难深化学生的知识理解，更难激发学生的想象和联想，对学生学习的主动性、思维的发散性和批判性等缺乏有效推动。因此，课堂向课外延伸，开辟第二课堂，利用各种资源拓宽学生的学习空间，成为课程改革的必然要求。

以生物的实践课为例，二中教师组织学生实地考察省级农业科技示范园区。学生走进蔬菜大棚，积极与工作人员交流，并运用自身所学生物学常识近距离观察植物，思考植物生长习性与蔬菜棚构造的相关性。在这个大自然的全新课堂里，同学们积极研究，开阔了眼界，启迪了思想，积累了实践经验。这一类衡水二中对乡土教育资源的利用，课堂教学向课外的有效延伸，使我们明白这样一个道理：如果学生的学习仅仅停留于符号化知识，进而演化为接受唯一结论，那么教学过程就会成为简单的传授标准答案的过程，绝大多数学生处于被动接受的地位，教与学便都失去了应有的生机和活力。

　　为了使学生们更深入地理解科学发展观，二中组织学生走进衡水湖国家级湿地保护区，学生在尽享家乡美景的同时，实地观察湖区的候鸟种类和习性，并就衡水湖环境变化问题展开走访和调查，使学生对环境变化、对人们生活和社会发展的影响有了更为直观的印象。显然，一个有意义的教学过程，除了具有学习客观知识的特点之外，还应该成为广大师生运用课程资源共同建构知识和人生的生活过程，也是共同生长的过程。诚如秦海地所言："实践证明，利用乡土资源，开辟第二课堂，创造不同于单调课堂的教育情境，可以激发学生学习探究的兴趣，进而实现学生个人情感、态度、价值观的升华，达到新课程改革的目的。"

第五章 | 品牌魅力：育人范式的美誉度和示范性

"居高声自远，非是藉秋风。"社会的认可度和美誉度，形成有口皆碑的影响力，为学校发展提供强劲的精神支持。学校教育质量越高，越能吸引优秀学生和教师，形成学校管理的向心力和凝聚力。品牌魅力，示范并引领教育的改革创新，让更多学校获得借鉴和启示。

坚守教育的精神高地

十年时间华丽蜕变，一路高歌猛进，不断走向新的辉煌，衡水二中是如何做到的？各种见仁见智的议论，多聚焦于这所学校的升学率，却忽视了支撑起这一奇迹的教育思想与学校精神。因此，超越轻率的褒贬，摆脱臆想的执念，认真探索奇迹的缘由，在惊讶之余有理性的思考，或许这些更有意义和价值。实事求是的评价、鞭辟入里的剖析，对衡水二中是有益的指导，对面广量大的县中学校也不无启迪。作为后进变先进的教育典型，衡水二中及校长秦海地，其典范性意义应得到更为充分的研究。阅读《中国教育报》秦海地的那一组文章，或可加深对他精神世界的理解，加深对衡水二中文化内蕴和价值追求的理解。对于衡水二中来说，"风骨"是学校精神，"红色"是生命底色，"坚守"是矢志不渝。秦海地清晰地认识到，倘若失去"风骨"，学校便会成为散沙一盘；倘若失去"红色"，学校便会陷入价值迷茫；倘若不能"坚守"，一切都将成为空话。

坚守，守住的是教育安身立命的根基。教育奠基于对人性的理解，以及对人生意义的理解。教育是要成就人性的美好，即成人之"美"；教育使人生更美好，为学生的终身发展与幸福奠基。因而，教育必然包含着教化与管理。秦海地说："我们必须唤起学生的主动意识，要敢于放手、学会放手，让他们自由成长。同时我们也必须意识到，学生毕竟处于青春期，人生观、价值观尚未成熟，自控力往往不够。"

"要求太严、学习太苦、自由度太小"，对衡水二中的批评常常集中于对学生的管理。这些横加指责的言论依据来自一种"权利本位的个人主义"，与中华优秀传统文化对人性的理解格格不入。将自由的概念仅仅界定为个人的选择自由，缺乏相应的价值导向，最终使个人自由沦为无节制的"欲望解放"。如果听凭这种个人主义思潮泛滥，学生便无法把握人生的根本意义，也无从追寻美好的人生，要么陷入困惑迷茫，要么走向自我放纵，带来道德失范和责任感的缺失，这就从根本上违背了教育立德树人的宗旨。因此，有没有一种警觉和相应的坚守，关系到如何培养人的大问题。

坚守，源于人的德性修养，这是教育的应然之理。秦海地认为，当校长既要谦恭，又要刚强。他以蔡元培先生为楷模。蔡先生平日为人温和，但一旦涉及信仰、价值、操守等方面，他便毫不妥协，如磐石般不可撼动。秦海地说："蔡元培乃一代教育大师，其学识与操守我们绝难望其项背。但我们一定要学习他那坚定立场、坚守原则的精神。学校是一方心灵净土，一处精神高地。作为学校的主心骨，校长必须坚守原则，是非分明，在关乎师生成长、学校发展的各项工作中'刚强之性立见'。"蔡元培先生是清末进士，又是近代著名的教育总长、北大校长，中华传统文化塑造了他的基本人格。秦海地对蔡元培先生的推崇，包含着对中华优秀传统文化的传承，于他而言，对衡水二中发展定位的坚守，是一种文化的自觉，是教育的应然选择，作为校长应有独立不迁的刚毅精神。

坚守，不仅见诸柔性的人格修养，也需借助刚性的制度保障。校长与教师的职责在弘道以利人，学有所得，道有所悟，须在道德实践中发扬光大，使莘莘学子更多受益。坚守是人格修养的过程。坚守倘不修身，教育便沦为作秀；坚守而不修身，己不正，焉能正人？修身的目的，在于修炼自身的精神世界，提升自身的德性境界，是"为己之学"。秦海地说："作为一校之长，容不得我计较个人得失，唯有毫不动摇地捍卫学校的正气，遵规守纪的正气才能形成，各项工作才能正常开展，才能保障师生各项利益的公平公正，才能换来学校的长足发展。"在衡水二中，日常管理中的坚守，是对学校规章制度的刚性执行。秦海地说："制度面前人人平等，制度高于一切，高于人情，高于权力。"在衡水二中，不管是谁，触碰了制度这条"高压线"，就要接受相应的惩罚。秦海地说："制度成为捍卫公平公正的'铁面包拯'，成为我校打造公平和谐校园不可撼动的'保护神'。"一所学校如果只念叨所谓的教育理念，满足于种种道德说教，缺少具体细致并切实可行的制度建设，这样的学校很难行稳致远，很难成为真正意义上的高品质学校。

坚守的伦理基础是公平，公平对待每位师生。"公生明，廉生威。"公平是学校教育的本分，也是一校之长的本色。秦海地说："赏罚不明，百事不成；赏罚若明，四方可行。"在衡水二中，评优评模，先有明确的细则量化，教师根据自己的表现"对号入座"，"一把尺子量到底"，以免有人会遭遇不公，有人会"英雄无用武之地"。教师招聘，学校临时组建评审团，封闭式试讲考核，当天公布结果，全程避免暗箱操作。学校对学生也一视同仁，秦海地说："不能重点照顾学习成绩好、社会关系好的学生，不能忽视成绩暂时落后、家境普通的学生。"学生的各项评优、各项奖惩，完全按照学校相关规定执行，决不允许讲私情。秦海地认为，学生越是成绩暂时落后，越是家境困难，则越是需要激发潜能、纠正习惯、调适心理和强健性格。衡水二中最让人关注的是高考升学率，受称赞最多的是"低进优出"的原生态教育，其实，最值得称道的是办学思想的坚定正确，及对流行的"唯生源论"和"唯分数论"的突破；更值得肯定的是彰显教育的人文精神，培养学生正确的价值观和使命感，积极而自觉地弘扬中华民族的优秀传统文化，坚守教育的精神家园。

坚守体现在学校管理中，是校长能否知人善任。这折射出校长的人格修养和领导能力，影响着一所学校的定位、发展，乃至安危。管子《立政篇》有段名言："君之所审者三：一曰德不当其位，二曰功不当其禄，三曰能不当其官。"管子的意思是，领导者必须审慎用人，坚守原则：第一，品德是否与其地位相称；第二，功绩是否与其俸禄相配；第三，能力是否与其官位相称。毛泽东说，"领导者的责任，归结起来，主要是出主意、用干部两件事。"秦海地的学校管理，可说深谙其中的要义，其成功经验和管理智慧，对当好校长具有重要的启发意义。

打响自己的办学品牌

《品牌：学校发展的生命力》发表于2014年1月8日《中国教育报》。秦海地的这组文章中，第一篇写"风骨"，谈学校的精神支撑；第二篇写"红色"，谈学校的性质特点；第三篇写"坚守"，谈学校的意志品质；第四篇写"品牌"，谈学校的目标定位。由"风骨"至"品牌"，是水到渠成的必然趋势，也是学校发展的必然逻辑。陶行知先生说："人生为一大事来。"就校长而言，就是要办一所品牌学校——"悠悠万事，唯此为大"。既当校长，就要把它当好；既办学校，就要把它办好。这是秦海地的自我期许，也是他的使命感。"好"的标准是什么？简而言之，就是要办成一所品牌学校。什么是品牌？秦海地说："品牌是一种识别标志、一种价值理念、一种精神象征，是品质优异的核心体现。"

为什么一定要把学校办成品牌？秦海地说："于学校而言，它象征着教育的品质和形象，是学校在发展过程中逐步积累的办学特色和社会认同。一所学校，没有学校核心的办学理念，没有自己的教育品牌，就不可能发展成为优秀的学校。"作为校长的秦海地，不安于现状，不甘于平庸，不肯苟且地得过且过。"做一天和尚撞一天钟"，这样的生活态度不属于秦海地；个性要强、做事顶真且勇于创新，校长的个人风格成就了一所学校的独特风采。或许正是从这个意义上说，校长是学校的灵魂。毫无疑问，秦海地是衡水二中的灵魂，带领师生铸就了衡水二中的品牌，成就了学校师生生命的精彩，创造了衡水二中发展历程的辉煌。衡水二中是河北省的教育品牌，也是中国高中教育的著名品牌。

何谓品牌学校，品牌学校与著名学校有区别吗？或许，"品牌"来自人们的品评，所谓有口皆碑；"品牌"须经得起历史考验，品质不能褪色。"品牌"与"著名"，都有知名度，但前者更有美誉度。教育"品牌"，是社会对学校的认可，也包含着学校对社会的承诺。办"品牌"学校，寄托着校长的办学理想，也是全校师生共同的信念与追求。把衡水二中办成品牌学校，愿望为什么这样强烈，精神为什么这样执着？秦海地说："品牌是学校办学的立身之本、发展之基。没有自己的办学品牌，就不会立足自己的办学实际，就没有自己的办学特色，就没有学校鲜活的生命力，也就没有学校的长足发展。"秦海地当校长，着眼点在学校发展，"发展是硬道理。"但怎样发展得更好，怎样发展得更快，怎样发展得更有品位？秦海地念兹在兹的是创造"自己的办学品牌"。

一所新建的高中学校，既薄弱又边缘，刚刚挤进省示范高中的行列，在强手如林的衡水市叨陪末座，办学水平稳稳垫底。这样的高中学校也能办成品牌？当时校外的人们大概不会有人相信，否则他们不会把自己的孩子舍近求远送到郊县学校去，衡水二中也不至于招生指标都不能完成。校内的教师当时更不会相信，从学校的现状看，赶上兄弟学校已殊为不易，超过则更难，办成品牌学校岂不是天方夜谭？然而，秦海地认为，"薄弱学校的发展更需要打响自己的办学品牌"。

打响自己的办学品牌，校长需要有高屋建瓴的气势，有高瞻远瞩的视野，定位学校的超常规发展。打响自己的办学品牌，必须从学校的办学现状出发，夯实学校发展的现实基础。衡水市区的家长和学生都把选择二中视为无奈之举，宁可奔波辗转上百里路到各县中去上学，也不愿意来近在咫尺的衡水二中，这是冷峻的现实。很多教师对学校发展缺乏自信，工作涣散而懈怠，这是持续已久的状态。所有这些，秦海地不是没有看到，而是更为清晰地看到。他深知，这种状态制约着学校的发展。学校的问题首先是教师的问题，教师认同了校长的理念，有投入的热情，充分发挥自己的智慧，品牌学校的建设才有可能。但校长的意愿如何才能成为教师们的共识呢？

柏拉图的洞穴隐喻可给我们一些启迪：一群人被限制在一个洞穴中，只能看到物体投射在洞壁上的影子，却不知道这是有人拿着东西在他们身后的火堆前走动。后来其中有人被解除了枷锁，他看到了自己身后的火，看到了通向洞外的路和阳光照耀下的世界。于是，他尝试将这些新的所见转达给其他困在洞中的人，可是这些人无法理解他。这一隐喻是说，没有人能将所见灌入别人的眼中。还被困在洞穴里的人无法获得新经验，因为他们不能转动自己的目光。这隐喻知识是不能被传递的，而只能被学得。同样道理，校长与教师的共识，只有在创建学校品牌的实践中才能形成，而不能依靠校长苦口婆心地说教。面对严峻的生源实际，衡水二中以"养性格促成长、强品质助学习、抓规范提成绩"为培养架构，以"同样的起点比终点，同样的终点比起点"为评价机制，推动教师投入学校品牌建设。秦海地通过各种不同的途径和方法，吸引与鼓舞教师共同创建学校品牌，让教师不断获得成功的体验，视野不断拓宽，思想不断更新，使品牌创建的理念在衡水二中逐渐地成为共识。

根据学校现状与社会发展的需要，衡水二中将要创建什么样的教育品牌？秦海地认为，学校品牌建设须围绕学生成长展开，包括其学业成就与人格养成等。秦海地说："我们开始努力打造'低进优出'的教育品牌。""低进优出"之"低"，主要体现在二中学生的中考成绩与其他高中名校学生相比更低，相应的知识基础、学习习惯、自信心与自主意识等也都存在差距。"低进优出"之"优"，是让这些中考并不出色的学生获得最大限度的"增值发展"，最终赢得高考；让这些素质似乎平平的学生，获得全面而协调的发展，能个性化地崭露头角。

学生为什么能有这样的变化，学校品牌建设的切入点是什么？秦海地说："'低进优出'教育品牌的魅力，在于让学生看到自己的进步，看到自己的长处，师生不断有共同的成功体验。""低进优出"教育品牌的创建，既是理想，又直面现实。秦海地投入了全部的热情与心血，他说，二中招收的这些学生，尽管他们的考分比较低，存在着这样那样的缺点，综合素质或许不如其他高中名校的学生，但同样是家长心目中的"心肝宝贝"，同样承载着家中父辈祖辈们的期望，同样是社会主义事业未来的建设者和接班人。"我们二中人必须立足生源实际，尽最大努力把每一个学生培养成才。"这是一位校长的肺腑之言，也是他精神动力之源。打响自己的办学品牌，这是一项道德的事业，闪耀着师德的光辉，折射着校长人性的光彩。

低进优出　不断超越

仅2010年至2014年，四年的时间里，全国就有七万多人到衡水二中参观，想看看这所边缘化的薄弱学校，如何一跃成为全国著名高中，成为"居弱图强、后来居上"的教育典范。秦海地任校长十多年，为这所学校带来翻天覆地的变化；"低进优出"的教育品牌，成为衡水市一张靓丽的文化名片。作为一所品牌学校，衡水二中有哪些特点？简而言之，或许可以这样说：其一，办学品位高；其二，教师队伍强；其三，学生成长快；其四，教育质量好；其五，社会影响大。

什么是办学品位高？河南省一位高中校长参观后感慨说："到衡水二中之前，我认为该校的'优出'只是指学生高考成绩上突出，但这次衡水之行，让我看到了'优出'不仅仅是成绩上的优异，还表现在学生心理、品质、能力等综合素质的提高上。"什么是教师队伍强？强，不单纯在教学专业水平，更在于一种精气神的确立。秦海地说："'低进优出'教育品牌的提出，是学校对自身展开的一场精神拯救，让老师看到了前途的光明和道路的可行，老师们有了奔头，学校也就有了冲出低谷、向名校进军的强劲内驱力。"什么是学生成长快？2009年考入二中的王彤同学，在中考时曾以两分之差，落榜本地招生第一批次高中公费线。三年之后，王彤的高考成绩是686分，在河北省排名第71名。这样的典型有很多，许多二中学生一鸣惊人。什么是教育质量高？质量之高，标准不仅在升学率，更在立德树人的成效，在学生的全面发展。仍以王彤的变化为例，他的父亲说："上初中时，儿子是一个拖沓懒散，没有纪律性，没有时间观念的'问题少年'。来到二中，这里管理规范、行为严谨、节奏鲜明的学校生活让他发生了改变。"王彤父母尤为感激的是，孩子懂事了，懂得感恩父母，珍惜亲情，有了集体荣誉感。看着儿子可喜的变化，他们由衷地感谢二中，感谢教师们！秦海地说："就一个学生自身而言，三年的历练与成长、进步与收获，或许正是我校'低进优出'办学品牌的最佳说明。"衡水二中之魅力，在于精神的卓越与品质的优秀。

教育品牌有什么样的效用，衡水二中为什么如此重视？这是人们普遍关心的问题。秦海地认为，教育品牌是学校形成的一种无形的但能产生导向作用的力量，它是学校逐渐积淀成的一笔可以传播的宝贵财富。学校一旦从品牌塑造开始崛起，就能够通过品牌影响学校的教育内涵和核心发展力，扩张学校影响力，进而反哺学校软性竞争力。他说："良好的学校品牌形象可以优化和拓展学校生存和发展的空间，盘活办学资源。它是无形的精神财富，可以促进学校在良性循环的状态中不断优化，为学校创造更多的发展契机。"衡水二中的教育品牌，特点在"低进优出"，难度也在"低进优出"，其示范性的价值与影响，同样离不开"低进优出"。

"低"是普遍存在的教育现象，就生源与师资、设备和经费而言，高中校长大多对现状不满意。矛盾总是有的，旧的矛盾解决了，新的矛盾又出现了，这是事物发展的辩证法。人的主观能动性，在于促使矛盾转化，变消极因素为积极因素。从这个意义上说，衡水二中对所有高中学校都具有示范意义。随着学校教学质量和办学声誉的提高，二中的生源质量有了一定改观，但仍然无法和省内各地区的传统强校及各市级一中相提并论。生源有所改观，"低进优出"办学品牌如何继续完善？秦海地说："按照'同样的起点比终点，同样的终点比起点'的评价标准，努力在学生高中三年学习成绩和综合能力的提升幅度上追求极大化、极优化。"每年刚结束高考，二中的成绩总是再度令人羡慕，那么多低分进校的学生，几乎全部达到一本分数段，学科成绩狂飙式提升。秦海地说："任何学生都有大幅提升的空间，教育的使命就是极大限度地挖掘学生潜能，把这些孩子优秀的潜质全部激发出来。"

二中的学生为什么考得这么好，他们学业负担是不是特别重，学校生活是否特别地单调，学生个性和发展后劲怎么样？几乎每一位来参观的教育同仁都有这样的疑义。"学习成绩的优秀绝非学生综合素质优异的全部。"秦海地说，"因此，我们特别注意学生习惯的培养、情感的陶冶、心性的锻造，通过'赏识激励''情感渗透''分层教学'等手段，优化学生的学习习惯和思想品质，通过活动陶冶学生的性情。"如果说衡水二中有什么秘诀，那么秘诀恰恰不在应试训练，而在习惯的培养、情感的陶冶和心性的锻造，优化了学生的思想品质，提升了学生的心智水平，培育了学生的责任感和使命感。二中实行"激励＋养成"的双优育人模式，开展丰富多彩的文体活动、节庆活动，以及灵活多样的德育活动，活跃了学生的身心，丰富了他们的精神生活。

秦海地告诉我们，十八岁成人礼、感恩节等大型感恩励志活动，让学生更加清楚自己身上所肩负的使命；"中国梦·家乡情"社会实践活动帮助学生树立建设家乡、报效祖国的雄心壮志；新生军训、行为规范月、跑操活动等，促进学生养成良好的行为习惯；学雷锋日、社区爱心服务等，着力培养学生乐于奉献的优秀品质……在高考体育专业测试中，二中学生曾获得当年全省仅有的满分；在高考美术特长生专业测试中，二中学生专业成绩曾在全国数万名考生中位列第17名；二中毕业生入读北京大学后获得新生奖学金等奖金5000元，在当年河北省仅有的三名获奖学生中位列第一；二中师生元旦联欢会在省电视台播出后，出色的才艺展示赢得了观众的一致好评，被称为"具有专业水平的表演"；二中学生在省市各种艺术、体育等比赛中更是大奖不断。

"低进优出"教育品牌的确立，衡水二中的成功经验，有怎样特殊的意义，会给全国高中学校怎样的启迪？秦海地说："学校的成功、品牌的形象使全校师生产生了强烈的荣誉感、自豪感,使师生的精神状态得到提升,并逐渐升华成为一种学校文化,从而给每一位师生注入新的士气和志气。"从这段话里,我们读到的关键词是"志气""自豪"和"文化",这恰恰是衡水二中作为教育品牌的意义和价值之所在。人生贵在立志,薄弱学校如此,寒门子弟更是如此。衡水二中曾特别地薄弱,教师普遍缺乏自信,秦海地视品牌建设为一场精神拯救。没有这一精神拯救,不清除自甘平庸落后之心,二中不可能有根本的改变。为学需要先立志,立什么志向,规定人生道路的方向、性质和归宿。诸葛亮告诫儿子说:"非淡泊无以明志,非宁静无以致远。"立志是立人的根本,也是修身的开端。开端不同,人生的样态就不同。"人皆可为尧舜",有这志向,才能走在朝向圣人的道路上。一所学校也是这样,不甘落后才能走向先进。怀有建树教育品牌的宏愿,才有可能成就一所不同凡响的学校。

教育是广义的文化事业,教育的使命在以文化人、以文育人。教育聚焦于人的发展。人之所以有尊严,是因为他生来具备人类所特有的内在德性,以及实现德性、走向成熟的能力。对于一所学校的教师而言,破除妄自菲薄的心态,成就职业自信与自豪,就是实现自身的德性,回归生命的本色,回归教育的本质。衡水二中的教育改革,"低进优出"教育品牌的创建,旨在回应人民群众对优质教育的期盼,为学生的终身发展更好地奠基,这些都是教育的根本性、原则性问题。秦海地说:"让每一个孩子在更加优质的教育中得以全面成长,进而使我校的办学品牌成为学校发展鲜活的生命力,我们会孜孜不倦地去追求,去探索……"

务实的作风　实干的精神

《务实：学校发展的根本》发表于2014年1月15日《中国教育报》，这是秦海地一组文章中的第五篇。务实，是衡水二中的精神风貌，也是学校发展的力量之源；务实，是教师群体的工作作风，也是一以贯之的教学态度；务实，是校长秦海地的个人风格，也是他的教育哲学。如果说，品牌建设是秦海地的教育理想与衡水二中的发展目标，那么，务实是秦海地的精神写照和衡水二中的行动特征。于秦海地和衡水二中而言，品牌是仰望星空的理想，务实是脚踏实地的践行。没有务实的作风与一步一个脚印的践行，衡水二中的品牌建设只能是空中阁楼式的幻想；没有务实的精神与锲而不舍的努力，衡水二中的品牌建设只能是一场热热闹闹的表演；没有务实的态度与矢志不渝的坚守，衡水二中的品牌建设就不可能达到预定的目标。学校工作千头万绪，秦海地认为必须作风务实，谋而后动，动静结合，才能有条不紊、举重若轻。所谓"静"，是指静心思考、静心坚守；所谓"动"，是指积极行动、扎实行动。"静"，是戒骄戒躁的宁静心态，"动"是脚踏实地的埋头苦干。

务实的理论基础是马克思主义的实践哲学。一所边缘化的薄弱学校，经十多年努力而享誉全国，作为一名校长，秦海地确有自己独到的教育思想，有属于自己的教育哲学。毛泽东同志说："人的正确思想是从哪里来的？是从天上掉下来的吗？不是。是自己头脑里固有的吗？不是。人的正确思想，只能从社会实践中来……"秦海地的教育思想和教育哲学，与他的个人经历和生活体验密切相关，与他职业生涯的实践与反思紧密相连。一个农村穷困家庭出生的孩子，经发奋努力而考进大学，因教学出色而被评为特级教师，因素质优秀而被提拔为高中校长。任职高中原先都是薄弱学校，经努力拼搏而得以改观，这些个性鲜明的生命印记必然融进他的教育思想。读秦海地的文章，与秦海地交谈，最直接的感受就是他的务实。没有时尚的理论，没有新潮的表述，更没有夸夸其谈。他的话语很朴实，说的都是学校发展的实际、校长的责任，都是教学改革的实践、教师的成长，都是学生和家长对学校的期待，以及现实的矛盾等。

马克思说："在思辨终止的地方，在现实生活面前，正是描述人们实践活动和实际发展过程的真正的实证科学开始的地方。关于意识的空话将终止，它们一定会被真正的知识所代替。"秦海地认为，教育是一项"动"的事业，教育需要播种、需要耕耘、需要修剪，它不需要纸上谈兵的理论者，不需要谈玄弄虚的旁观者，而是需要脚踏实地、埋头苦干的躬行者，需要教育者立即行动、积极行动、扎实行动。这不正是马克思所说的"真正的知识"吗？校长的教育思想和教育哲学只能从实践中来，只能从对特定时代个人的现实生活和活动的研究中产生，或许这是秦海地最为清晰的自我认知，也是衡水二中最为明确的发展定位。

务实的文化意蕴是儒家文化提倡的"知行合一"。强调教育实践绝不意味着对理论的排斥，对理论价值的低估，更不是对理论工作者的忽视。教育无疑是实践性非常强的一项事业，充满着复杂的变数和不确定性，不可能完全按照既有的理论观点进行演绎，更不可能把生命成长的多样性限定在某一理论框架之内。这就决定着校长不能作秀，不能满足于概念化的理论自洽，更不能做言行不一的表面文章。秦海地说："师生的教学相长、学校的持续发展，无疑是每一位校长孜孜不倦的永恒追求。作为一校之长，我们不能让学校发展停滞不前，也不要让学校发展陷入表面繁荣，只能让学校快速发展、持续发展。"知行合一是中华文化的优秀传统。王阳明说："知是行之始，行是知之成。"他认为知与行是相通的，"未有知而不行者。知而不行，只是未知。"也就是说，真正的"知"，必定是"行"了才"知"的。因此，满足于夸夸其谈，恰恰是无知的表现。一所学校办得怎样，一位校长当得怎样，不在说得如何，而在干得好不好。"言必信，行必果"，这是校长基本的职业伦理。"人民满意的教育是干出来的，不是说出来的。"秦海地说，"我们教育者以高度的事业心和责任感，实实在在地做事，做实实在在的事，扎实认真地做好各项工作。"不盲从，不跟风；有冷静的思考，又有扎实的行动，这是衡水二中持续发展的根本。

务实的价值取向助推学生的生命成长。秦海地说："教育的对象是各具性情的鲜活生命，教育要向生命处用心。只有点燃学生的成长激情，才能拨动他们的智慧之弦，让他们奏出生命的灿烂乐章。"对于一所学校而言，不能从所谓的"理论前沿"出发，而要从学生成长的实际需要出发。教育理论的价值不在空洞的思辨，而在于教育实践的切实有效，能卓有成效地指引学生健康成长。在衡水二中，以"激情跑操、励志班歌、体育活动、小组活动、各类评选"等为载体的活动激励，以"自强之星、进步之星、学习之星、纪律之星、内务之星"等为载体的榜样激励，以"楼体文化、墙面文化、廊道文化、宿舍文化"等为载体的环境激励，各种方式紧紧围绕"点燃成长激情，激发成长潜能"这一主线对学生展开激情教育。

任何教育理论都要务实，植根于现实生活，服务于学生的成长需要，促进学生的和谐发展。秦海地说："学校必须真实地立足于校情、学情，着眼于学生的学业成长、品质养成、性格锻造，最大限度地激发学生的成长潜能，让学生养成优秀的做人品质与做事习惯，给学生'顶天立地'的气魄，让学生拥有美好的发展前途与广阔的成长空间。"2013届考入北京大学的李晶超同学在给母校的来信中写道："毕业后同学们相互联系时我惊讶地发现，大家都在诉说一样的话语——'好怀念那段充满激情的日子'。在二中这个充满激情的校园，每一次激昂的宣誓、每一段深情的歌唱、每一句嘹亮的口号都使我们对未来满怀信心，二中教会我们'没有想不到，只有做不到'，教会我们'心有多大，梦就有多大'，教会我们在超越中领悟成长的真谛。"

学生是学习的主人，也是成长的主体。学生是知、情、意、行相统一的整体，学生主体作用的发挥不仅取决于知识的主导作用，而且总伴随着主体强烈的情感体验和意志努力。正如马克思所说，"激情、热情是人强烈追求自己的对象的本质力量。"衡水二中所给予学生的不仅是出色的高考成绩，让他们未来的人生之途有更多更好的选择；而且给他们以激情飞扬的青春记忆，有生命拔节成长的幸福体验。边缘化的学校是冷落而寂寞的，聚光灯下的典型又不免遭遇各种拷问乃至苛求。该怎样评价衡水二中这一种求真务实的教育典型？马克思说："我们不是从人们所说的、所设想的、所想象的东西出发，也不是从口头说的、思考出来的、设想出来的、想象出来的人出发，去理解有血有肉的人。我们的出发点是从事实际活动的人……"革命导师的精辟论述给我们以深刻的启发。

托起希望的明天

"恰同学少年，风华正茂。"高中阶段是人生的黄金阶段，是一个人青春最为靓丽的时期，也是美好梦想自由放飞的时期。青春是上苍的恩赐，梦想是成长的印记，告别童年，生命之舟由此扬帆起航。"长风破浪会有时，直挂云帆济沧海。"——在生命成长之途，高考是青春的美好邂逅，给梦想成真提供一次意义非凡的机遇。

作为一位主事二十多年的高中校长，秦海地深深地知道青春之珍贵，在高中学生人生天平上的分量；深知高考之重要，学生的命运可能因此而改变，后续的努力很难如愿补偿。机不可失，时不再来，学生不能掉以轻心，师长不能放任自流。作为长者，尤其是校长，秦海地不能不有所警觉，给莘莘学子以忠告，着意进行引导。在衡水二中，高考这个目标赋予学子们追梦的力量，激励他们尽情挥洒青春的力与美。面对高考，秦海地说，"学生都以特有的姿态去迎接命运的挑战"，二中老师齐心协力"托起希望的明天"。

学生怎样看待高考，以怎样的态度对待高考，很大程度上取决于校长和教师的引导，尤其是校长。一个校长的高考观，其实也是他的人生观。怎样看待高考，即怎样看待人生，看待自身工作的责任。校长对高考的权衡，是对生命存在意义的一种确认，自然会影响教师和学生。秦海地认为，对每一个高中生来说，高考无疑是一个寻求升入大学、更好成才的机会；对校长和教师而言，深知高考之重要，无需再掂量和彷徨，不值得费口舌争辩。智者不辩，辩者不智。秦海地说："赢得高考，是学生人生中一个极其重要的阶段性目标。"

　　人生是一个不断选择的过程，选择什么，就会朝什么样的方向和目标努力，就会有怎样的机遇和发展，就会有怎样的人生。人生中最重要的是树立远大的目标，且以足够的才能和坚强的忍耐力来实现它。挑战高考是高中生一次重大的人生契机，也是其最为切近的人生目标。"人生的道路虽然漫长，但紧要处常常只有几步，特别是当人年轻的时候……"秦海地以作家柳青这一名言提醒与告诫学生。高考不仅是人生的挑战，也是发展的机遇，具有不可替代的价值和意义。

　　秦海地说："人生如同一场长跑，每个人成长的过程中都会有各式各样的考验，当成长的脚步踏入高中，就必然面对高考的考验；当青春的身影与高考邂逅，高考就在青春的画卷上涂抹了浓重的底色。"高考虽然不是人生的全部，但它在无数高中生的成长中，注定是通向终极目标的一个个台阶中最为重要的一阶。青春是美好的，但如果人生缺乏目标，就会在得过且过中虚度年华。青春是珍贵的，但学生的心理与思想成熟度不够，常常不知道如何珍惜。

　　秦海地说："而恰在此时，高考的出现为他们的成长明确了方向，梦想的召唤激扬了青春的力量。高考的主旋律是拼搏，是青春路上的一种鞭策。凡是参加高考的同学，既没有时间悠闲自在，也没有时间怨天尤人，每个人都专心致志，为梦想打拼，为明天奋斗，成长的热情空前高涨。"教育以立德树人为宗旨，独立人格的形成是人之为人的第一要义。人格的独立即主体的个体化，这不是人自在自发的"我行我素"，而是人的自由自觉的"我行我所应当行"的自律状态，学生迎战高考的过程，正是一种自觉和自律的过程，有利于培养学生独立的人格。

　　秦海地说："正因为有了高考这个阶段性目标，学子们远离了任性与迷茫，增添了责任与担当，在走向高考的道路上不断延展着青春的高度与宽度。"高考制度与学校课程相匹配，课程规范着学校的教学目标，为教育目标的达成提供实施路径。课程最为通俗的解释就是"道路"，为教学活动提供方向，为学生成长提供路径。古罗马政治家、哲学家塞涅卡说过这样一段话："是人都希望生活幸福，可是，说到是什么成就了生活幸福，大家却茫然不知。确实，获得幸福生活是有难度的，难就难在如果一个人把方向搞错了，那么他越是奋力争取，就会越是远离幸福。一旦南辕北辙，疾速飞奔只会令他越来越远离自己的目标。因此，首先必须确定我们企望得到的是什么，其次必须寻找到达那里的最佳捷径。"

对大多数普通人而言，高考就是朝向人生目标的某种"最佳捷径"，它不是学生额外的负担，更不是一种伤害，而是生命成长的迫切需要，不仅赋予学生发展的机会，而且丰富了学生的精神生活，充实了学生的生命内涵。"宝剑锋从磨砺出，梅花香自苦寒来。"所有的理想、目标都不可能一蹴而就，许多获得巨大成功的人，都具有非常惊人的忍耐精神。正是由于他们的这种精神，才不断地推动着他们前进，在前进中充实和完善自己，在前进中走向一次一次成功。这种百折不挠的精神，大多是在青春期培育起来的，由此收获意志的坚强与生命的厚重。

高考是难忘的人生经历。秦海地说："高考作为高中生的一个重要节点，交织着许多个他们与同学、教师和家人一起奋斗拼搏的日子，他们每一分的努力都为着能实现一个最真切而美好的愿望。"人生就是经历，是体验，从这个意义上说，所有的经历都是财富。生命的意义不在苟活，人与动物的区别在于人有自己的体验。人生体验能使人摆脱无思想的麻木不仁，使人领悟到精神自我的充盈与价值自我的高贵。秦海地说："高考是道坎儿，完全可以逾越，只要自己为之努力过、奋斗过、全力付出过，未来的人生道路上就能以一种无畏的态度去面对一切。"人生在世，不可能每次尝试都能见到黎明的曙光，没有百折不挠的坚韧，就很难领略到成功的欣喜。

衡水二中带领学生挑战高考,不仅让学生能选择心仪的大学,更重要的是获得一种精神成长,一种伴随终身的精神品质和人生境界。"师者,所以传道授业解惑也。"学生就读怎样的学校,碰到怎样的教师,有怎样的校长指引,就会获得怎样的人生成长。塞涅卡说:"所以,我们要把目标和路线都确定下来,此外,还要有一个勘察过我们必经领域的经验丰富的向导,因为这一旅途的情况将很特殊,与大多数旅途上的情况都不一样。"衡水二中就是这不一般的学校,秦海地就是这样一位不一般的校长,一位出色的向导,成就学生生命的精彩,托起学生希望的明天。

亚里士多德认为,人有三种不同的认知方法,三种不同的探索世界的态度,三种不同的行为方式。它们就是理论、技术和实践。理论以最纯粹的形式代表着我们的认识功能,因为它力图从既定的和需要解释的感觉材料的世界中进行抽象、概括、归纳和演绎。理论的这种特出之点在于探寻第一原理,在其影响所及的广阔领域中,它提供了智慧的视野。理论最为慷慨地赋予我们的东西是技术,即为事物提供生产管理的认知模式、艺术技巧和产品。实践作为一种复杂而微妙的基本概念,它一方面表现为行动中的意识或反思,另一方面则是行为和责任感。实践被认为是管理的精髓,是理论和技术之间的联系环节。秦海地管理学校有他独到的理论认知,更重要的是能转化为实践中的管理智慧,转化为一系列切实可行的组织行动策略和实施方案。秦海地的学校管理是理论、技术和实践的有机统一。

做强高中教育品牌

高中教育是衡水市最值得自豪的文化名片之一。衡水中学、衡水二中等，多年来，无论怎样风吹浪打，始终旗帜不倒、声誉不减、品牌坚挺，全国参观者络绎不绝。这样的教育典型，放眼全国似乎绝无仅有。除衡中、二中，还有十三中等，衡水市的区县高中，办得出色的有好几所，共同支撑起教育之乡的荣光。

二中校长秦海地说："我市高考成绩已连续十余年稳居全省前茅，每年向清华、北大等著名学府输送学生占全省半数以上。衡水已经成为闻名全国的教育强市，衡水高中教育名城的品牌已经叫响。每年数目庞大的参观考察人群和外地学生为我市住宿、餐饮、旅游、零售、交通运输等诸多行业都带来了相当可观的经济收益。衡水高中教育的辉煌，不仅为地方经济、社会的发展培养了大批人才，还有效拉动了地域经济发展。"这段话见诸他的一篇文章，发表在2013年4月12日的《衡水日报》。秦海地文章的主题是"做强高中教育品牌、助力衡水跨越发展"，旨在呼吁教育同行共创衡水高中教育品牌，吁请社会和政府更为关注衡水高中教育，擦亮这一教育名片，激励它不断跨越发展，回应人民群众和时代发展的新要求。

衡水高中教育的成绩是辉煌的，当然，辉煌并不意味着尽善尽美。有缺点，有不足，正说明有发展的空间，有继续提升的必要，衡水教育人担有长善救失、开拓创新的重任。高考成绩出色、升学率高，是衡水高中学校共同的特点。恰恰因为这一点，衡水高中学校受到的批判和指责也多，甚至还必须面对各种无稽之谈。因而，办得好的高中学校面临的压力也大，考得越好，压力越大，校长的精神负担比较重。所谓高处不胜寒。名满天下，常意味着谤满天下。正因如此，衡水的高中学校，特别是校长，期盼得到中肯的评判、善意的建议，让自己能专心致志办好学校，搞好教育。

秦海地的文章反映的是校长的共同心声，包含着他自己不断努力、不断自我超越的强烈愿望。"素质教育更能提高升学率"，这几乎成为衡水各高中学校的共识。事实上，有良好学习习惯的学生，责任感和使命感强的学生，学习勤奋并意志顽强的学生，在高考中更从容，更能出色地发挥，考出优异的成绩。怎样看待衡水高中学校取得的成绩，与此相关联的是怎样看待学生，怎样定位学生成长与教育的关系。衡水高中学校的校长与一些教育专家的分歧，关键点在学生观与教育观的差异，背后其实是两种不同理念的冲突。当然，这与态度是否认真、作风是否严谨、研究工作是否踏实、思想方法是否恰当、思维是否严密等关系也很大。

改革开放以来，先后有几次思潮的社会影响比较大。一是尼采热：倡导重估一切价值；二是弗洛伊德热：关注潜意识与人的本能；三是萨特热：强调存在先于本质。教育领域影响最大的是建构主义思潮。这几种思潮有共同的特点：即质疑理性，解构神圣，否认客观真理，张扬个人意志。这些思潮对于解放思想、推崇个性、容纳多元价值等，有一定的积极意义，但它们的消极影响也同样不能低估，尤其是对教育领域形成了一定的干扰。把生命价值和意义简单归属于个人的"私人领域"，忽视了"客观性"与"普遍性"。过于强调学生的自由，让渡教师的教育观显然不妥。

在中华文化的语境里，教育应促进学生精神生命的成长，而不是听任花季生命沉沦。在衡水二中，道德价值的根基是"孝悌"，从道德人格的感性阶段出发，将爱敬父母作为德育的基本要求，比较而言，考分的高低并不特别重要。子曰："君子务本，本立而道生。孝弟也者，其为仁之本与！"教育的道德境界追求"仁"，"仁"的含义就是"爱人"，爱人是一种普遍性的情感。因此，教师之爱学生，有敬业精神；学生之爱国，爱家乡，有家国情怀，有责任担当。奋发努力地学习，正是以这种普遍的爱为起点和本源。由此，教学便升华为教育，立德树人的教育宗旨贯穿于教学过程中，成为学生精神成长的强大助推。

廓清衡水高中学校的基本立场，明白其教育价值与意义所在，对他们的理解和支持就能更加理性，更有底气，立场更坚定。高中校长不是专业的理论研究者，但绝不等于他们没有相应的教育理论。在教育实践活动中，繁忙的日常事务和带有驳杂印象的各自的经验，极大地缩小着人们的视野。在这里，人们无须依据普遍的理念进行哲学的思考。然而，校长们总会保有他们的机智，拥有一种敏捷的判断。这种教育机智成为沟通理论与实践的桥梁，并在教育与管理的过程中发挥无可替代的作用。

在学校的教育工作中，有两种职能是不可缺少的：一是以教材为媒介，使所有学生平等地掌握将来作为一个社会成员从事活动所必需的能力与态度，教师的职责在学习指导，必须尽心尽力；二是引导每个学生根据自己的素质、环境与将来的发展，确定自我实现的态度、能力和目标。高考作为国家的考试制度，将这两点综合起来了，既是对学生学习成就的检测，也是对学校和教师工作成效的检测。无论从哪个角度看，面对高考，任何高中学校都不能掉以轻心。

将教育简单地分为素质教育和应试教育，将高考和学生成长完全对立起来，这在理论上是缺乏逻辑的，在实践中是有害的。因此，衡水高中学校的成就，他们所做的努力，应该得到更为中肯的评价，得到更为充分的肯定和有力的支持。成绩来之不易，衡水市应珍惜高中教育品牌，爱护高中校长，做强高中教育品牌。

　　教育向来是推进社会阶层流动、阻隔贫困代际传递的有效工具。衡水是经济欠发达地区，优质教育资源先天不足，但衡水高中学校自力更生，奋发图强，建立了名满天下的教育品牌，开创了红红火火的高中教育新天地。衡水的高中学校是优秀的，它们以高质量教育回应人民群众的期盼，让更多的家庭看到希望，让更多的贫困家庭孩子通过受教育而改变自身的命运。衡水的高中校长是卓越的，也是艰辛的，他们理应得到尊重、表彰与鼎力支持。

办好县中，促进教育均衡发展

　　2021年12月9日，教育部、国家发展改革委、财政部等九部委印发《"十四五"县域普通高中发展提升行动计划》，提出到2025年县中整体办学水平显著提升的目标。2022年7月5日，教育部举行第七场"教育这十年""1＋1"系列发布会，介绍党的十八大以来普通高中教育改革发展成效。在发布会的答问环节，教育部基础教育司司长吕玉刚表示，必须把县中放在重要的位置上，从而整体提升我国普通高中发展水平。

　　优质高中是高质量教育体系的重要组成部分，高中教育的均衡发展是教育公平的具体体现。办好高中对于整个基础教育而言，具有基础性、全局性和先导性的作用；办好高中对于社会稳定和经济发展，具有充分的保障、促进和引领性作用。

　　2013年4月12日，秦海地在《衡水日报》撰文："衡水市普通高中教育坚持规模发展与内涵发展并举，办学实力获得快速提升，全市十二所省级示范性高中整体办学水平长期走在了全省前列。"文章充分肯定了衡水高中教育取得的成就，同时又指出各学校之间发展的不平衡、校际办学实力和教育教学成绩差距较大。秦海地说："普通高中教育既是民生之热点，也是经济、社会水平的具体体现，这些问题不仅制约着我市整体高中教育的发展，也深刻影响着改善民生、推进教育均衡化的实现。"他主张，利用衡水市高中教育蓬勃发展的有利态势，大力解决高中教育发展不均衡问题，着力提升县中的办学水平，充分放大衡水高中教育品牌效应，为衡水加快发展助力加油。

早在七八年前，秦海地就开始关注县中发展，强调县中发展和提升的重要性；关注高中教育整体均衡发展，强调县中教育质量对地方经济和民生事业的重要影响。鱼游水中，冷暖自知。基层一线的校长对教育发展重点有直观的感受，有感同身受的直接感悟，一种敏锐的先见之明在秦海地身上有充分体现。他认为，所在市域必须办好每一所县中，各项政策应向县中倾斜，促进教育均衡发展，推动高中学校品牌建设，将衡水高中教育提升到一个新的水平，促进地方经济的繁荣和社会事业的发展，满足人民群众对优质教育的期盼。在一个县里，县中是连接城乡教育的枢纽，肩负着为国家输送培养优秀人才的重要使命，又牵引着县域的义务教育。县中作为县域基础教育的龙头，对于引导和促进县域义务教育优质均衡发展、服务乡村振兴战略和推进以县城为重要载体的城镇化建设，具有重要的支撑作用。

衡水二中正是由县区高中发展而来，对于办好县中和创品牌高中之重要，秦海地有深刻的体会。作为市属高中学校的校长，秦海地主动为县中发展建言献策，显示了他理念的前瞻性，有一种美美与共的使命感和大局观。一花独放不是春，万紫千红春满园。衡水市高中教育的整体水平高，离不开某些学校和校长的示范引领，也离不开市域内其他高中校长的善于学习和积极实践，这是一种良性的竞争与和谐的互助。秦海地对办好县中的建言，期待每所县中都能成为品牌学校，愿衡水市高中教育能高位均衡发展，大幅度提升高中教育的整体水平，这本身就充满着善意，有一种殷切的期待，是衡水教育人性化和谐追求的最好说明。

衡水市教育的均衡发展，重点在于办好每一所县中。办好县中的目标与途径在于品牌学校的建设——"致力于把所属高中学校建成高起点、高水平、

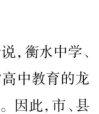

现代化的全省领先、全国知名的品牌校和名牌校。"秦海地分析说，衡水中学、衡水二中的办学声誉和成绩闻名全国，已经成为衡水乃至全省高中教育的龙头学校，部分县属省级示范性高中的办学质量也处于全省前列。因此，市、县（区）两级政府尤其是各县级政府须充分重视高中教育发展品牌战略。衡水市部分县属高中学校开始有了自觉的品牌创建意识，在省内外有了一定的影响和声誉，这意味着衡水市高中学校品牌建设有良好的基础，有可供学习借鉴的各种典型经验。衡中能做到，二中能做到，其他学校通过努力也能做到。通过品牌创建，可以形成县中学校你追我赶的良性竞争生态，推动衡水市高中学校跨越式发展。

办好县中，做强衡水高中教育，需要打造一支优秀的高中校长队伍。秦海地认为，校长是办学治校的核心，是一所学校的灵魂，一个好校长就能带活一所学校，因而，校长在学校品牌化发展中的作用显得至关重要。怎样的校长是好校长？秦海地认为，首先是"实在"，来不得半点虚假和形式，不能搞花架子、做表面文章。其次是"热爱"，有真挚的教育情怀，有为教育献身的精神。这一方面，秦海地本身就是很好的榜样，衡水二中的发展历程就是最好的说明。

办好县中，做强衡水高中教育，需要加强校际交流合作。秦海地建议：其一，建立各高中学校间校长的定期交流机制；其二，尽可能多地组织各学校教师间的教学观摩、理论培训和教育研修；其三，破除关门办学的思想，增进学校间的相互联系，以更加开放的姿态、更加开阔的视野、更加高远的眼光来参与校际交流与合作。所谓"人以群分，物以类聚"，不同地区的同类型学校，常常会结成友好学校，彼此之间切磋借鉴。同一地区，优质学校对一般学校的指点帮助，则普遍不很热情。二中这样的名校、秦海地这样的名校长，有这样主动的姿态和建议，显示了一种开阔的胸襟和人生的大格局。

办好县中，推动衡水高中教育的均衡发展，需要进一步优化教育发展环境。秦海地认为，衡水市高中教育能够取得今天这样可喜的成就，与市委、市政府对教育高度重视、做出了一系列科学战略决策部署密不可分，同时也是各级部门重视教育、全市人民支持教育的结果。秦海地期待，各级政府和部门能出台相应的高中教育品牌保护政策，创建更加宽松的发展环境，为继续做强衡水高中教育品牌保驾护航；强化高中教育品牌发展的解读和宣传，促使各级部门主动关心高中教育发展，激发全社会关注和支持高中教育发展的积极性、主动性和创造性。

秦海地建议，两级政府要继续加大对高中教育的投入和支持力度，在资金分配、人员编制等方面给予适当倾斜；建立学校办学成就目标考核机制和奖惩机制，激发学校发展的内驱力；合理制订发展规划，形成学校文化，优化学校形象，突出个性，办出特色，充分发掘高中名校的品牌价值和品牌效应。

衡水市的高中教育已成为中国基础教育一道特殊的文化风景，既是全国高中学校关注和学习借鉴的榜样，也成为各个方面和各种舆论的热点，作为高质量示范性高中教育的典范，在被关注和称赞的同时经受各种质疑和追问，正所谓"树欲静而风不止"，这些是很自然也是很正常的。但校长们顶着很大的压力，地方政府也会感受到某种压力。化解各种压力，始终保持一种定力，须基于自信和强烈的责任心，基于对教育事业的忠诚和对人民群众的真诚，有求真务实的态度和作风。

学校有使个人社会化及传授知识技能的职能，但从社会学观点看，与使个人社会化同等重要的职能，是选拔与分配。高中教育的重要职能是向高等学校输送人才。尽可能让自己的学生走进心仪的大学，这是高中学校职责之所在，也是校长和教师责任之所在。尽管强调的程度有别，但学校教育起着促进个人社会流动的职能，这一点是当今公认的事实。无论怎样贫困的家庭和学生，倘能成功地通过取决于智力和努力的学校教育的选拔与分配的过程，就能受到社会的好评并获得高校的接纳，个人发展能有更多的机会和可能，生活品质能有更多保障与提高——这一看法，是在某种程度上反映了社会现实。这样的氛围，有助于形成学习化社会，形成努力学习、勤奋工作的风气。

但光有这一点是不够的，学校教育以立德树人为宗旨。衡水市的高中学校都考得好，但又不仅仅是考得好。考得好是高质量教育的重要标志；既要考得好又要学生成长得好，是衡水市高中学校共同的追求。衡中、二中这样的品牌学校之所以让政府放心，之所以为人民群众所称赞和向往，究其原因，在于教育过程始终贯彻社会主义核心价值观。衡水市的县中学校，有一部分办学水平也很高，在省内外有相当的知名度。促进高位均衡，创建品牌高中，致力于办好县中，提升县域教育质量，应是当下衡水教育的一项中心工作。成就一所品牌高中很难，让一所品牌高中倒掉很容易；整个市域保持教育的高水平、高质量很难，但质量的滑坡和下降却很容易。不进则退，对此，必须有高度的警觉，有相应的政策措施。秦海地说："继续做强高中教育品牌，打造更加辉煌的教育神话，需要我们进一步扩宽思路，敢于探索并积极地付诸实践。"

作为衡水二中校长的秦海地，他所考虑的不仅是自己所在的学校，视域所及是全市的高中学校，尤其是县域高中学校。他所关心的，是衡水市所有高中的均衡发展及品牌建设，以及全市高中教育的与时俱进、行稳致远。正如"经营之圣"稻盛和夫所说："所谓真正有实力的人，是指不仅拥有恪尽职守的能力，同时还要拥有高尚的人格和值得尊敬与信赖，并且愿意为了大家的利益而发挥自己能力的人。"他还这样说过，"要想把成功长期地持续下去，其描绘的愿望和热情必须是纯洁的。换而言之，渗透到潜意识里的愿望纯洁与否，那才是关键的问题。持有纯洁的愿望，坚持不懈地努力，那么那个愿望一定会实现。"

坚守中华民族的文化阵地

习近平总书记指出："在历史长河中，中华民族形成了伟大民族精神和优秀传统文化，这是中华民族生生不息、长盛不衰的文化基因，也是实现中华民族伟大复兴的精神力量，要结合新的实际发扬光大。"

如今享誉全国的衡水二中，十多年前却默默无闻、名不见经传。既无办学历史的积淀，也无学校文化的传承，这样的学校不仅资源薄弱，而且精神贫乏、人心涣散。秦海地出任衡水二中校长，想要办一所有文化的学校，要办出历史的厚重，办出文化的丰富，而不局限于学校的高考升学率。为了寻找学校发展的突破口，二中领导班子推出了一系列大刀阔斧的改革举措，决心用优秀传统文化强化青少年思想道德建设，把学校办得有生气，有特色。学校有文化愿景，师生有文化自觉，锲而不舍地坚持以文化人、以文育人，以中华民族优秀文化为学校注入强大的精神动力，衡水二中一跃成为全省一流、全国知名的品牌学校。

《用优秀传统文化强化青少年思想道德建设》，这是秦海地发表在《中国青年报》的一篇署名文章，时间在 2012 年 12 月 11 日。秦海地认为，为谁培养人、培养什么人、怎样培养人，这在一所学校必须形成共识；立德树人的教育宗旨必须贯穿于学校管理的全过程，渗透于各学科教学活动之中。中华优秀传统文化的核心理念是中华民族向心力、凝聚力的源泉，也是一所学校的文化向心力和凝聚力的源泉，是推动一所学校不断进步的内在动力。古人云："古之欲明明德于天下者，先治其国；欲治其国者，先齐其家；欲齐其家者，先修其身；欲修其身者，先正其心；欲正其心者，先诚其意。"儒家经典《大学》的这一段名言，衡水二中以鎏金大字醒目地题写在学校的墙壁上。秦海地说："我国优秀传统文化的一个显著特征就是将道德之美作为人生追求的理想境界，民族文化中积淀了诸多有益的道德观点，众多优秀的先人又为后人做出了榜样。"二中师生以思想道德文化为龙头，在思想教育与价值引领中增强文化自信。仁爱孝悌，是衡水二中最为基础的道德教育，热爱祖国、孝敬父母、推己及人，是师生为人的基本伦理；诚信本分，是衡水二中最为基本的道德自律，"言必信、行必果"、求真务实，是师生人格的基本修养；质朴节俭、勤学苦读，是衡水二中最为普遍的校风和学风；"一身正气、两袖清风"，是校长和教师精神面貌的真实写照。衡水二中将中国的传统美德教育作为开展德育活动取之不尽、用之不竭的文化资源，这也成为学校师生在奋发前行的道路中，规范自己行为道德的宝贵财富。

2014年初，教育部印发《完善中华优秀传统文化教育指导纲要》，文件指出，加强中华优秀传统文化教育，对于引导青少年学生坚定走中国特色社会主义道路、实现中华民族伟大复兴中国梦的理想信念，具有重大而深远的历史意义。这是教育系统持续推进社会主义核心价值体系建设的重要和关键环节。如何使二中学生在未来肩负起实现中华民族伟大复兴的历史重任？秦海地经过深入的思考，认识到，学校在进一步完善学生思想道德建设的过程中，须更多地关注中华民族的传统美德与现代道德观念的融合，注重把弘扬中华民族优秀传统与青少年思想道德建设有机地结合起来，从长远的战略目标出发，探索出青少年思想品德教育的新途径。学校在教学实践中将优秀传统文化与当前学科教学相结合，可以让学生更加真切地感受到传统文化的现实性，激发学生传承与弘扬传统文化的主动性。秦海地说："有了传统文化进课堂的教育意识，就可以在教学过程中找到更多的思想道德教育结合点，让各种道德元素渗透到教育教学的全过程。"

体现国家意志，这是学校教育的基本原则和职责；弘扬民族文化，这是学校教育的重要使命。我国有独特的历史，独特的文化，独特的国情。中国基础教育的改革，必须植根于中华民族文化的精神土壤，在指导思想上不能照搬外国的教育理论，发展模式上不能参照国外依样画葫芦。中国近代自然科学落后于西方是事实，但中国的人文科学特别是教育有自己的优秀传统，这同样是不可否认的事实。更何况，我们的教育要为党育人、为国育才，办好人民满意的教育，更要自觉深入挖掘中华优秀传统文化的精神标识和文化精髓。中华民族文化是铸牢中华民族共同体意识的来源。通过深入学习与实践中华文化的基本理念和智慧，让青少年学生获得思想启迪和情操陶冶，这是衡水二中的成功之处，也是衡水二中的可贵之处。在众说纷纭的教育理论的喧嚣声中，秦海地始终自觉坚守中华民族的文化阵地，不盲从，不跟风，不人云亦云。在学生心灵中植入民族文化的精神基因，这是衡水二中最值得称道的地方。秦海地最值得自豪的不是高考升学的奇迹，而是一以贯之地引领衡水二中的教师们，用眼睛发现中国精神，用耳朵倾听人民呼声，用心感应时代脉搏。衡水二中最应该得到肯定的是，想国家之所想，办人民群众之所需，全面提高学生的核心素养，坚持把立德树人作为根本任务，着力培养担当民族复兴大任的时代新人。

中华民族自古重视如何做人的教育，衡水二中对此有非常自觉的践行。《中庸》曰："人一能之，己百之；人十能之，己千之。果能此道矣，虽愚必明，虽柔必强。"这种刻苦学习、不甘平庸的精神，在衡水二中蔚然成风。《周易》说："天行健，君子以自强不息。"衡水二中的发展历程，教师和学生的精神面貌，充分体现了这种刚健进取的人生态度。《论语》说："不义而富且贵，于我如浮云。"校长廉洁奉公，教师恪尽职守，学校风清气正，这三点正是衡水二中崛起和腾飞的精神支撑。《孟子》说："天时不如地利，地利不如人和。"天时、地利、人和都关系到事业的成败，但"人和"是排在第一位的。领导班子精诚团结，师生之间关心体贴，家校关系亲近和谐，衡水二中的行事风格与校长秦海地的人生哲学，始终恪守中华优秀传统文化的价值理念，执着守护着学校教育的精神高地。

完善中华优秀传统文化教育

习近平总书记指出："中华优秀传统文化是中华文明的智慧结晶和精华所在，是中华民族的根和魂。"衡水二中的蜕变、奇迹的创造，得益于中华优秀传统文化的精神滋养，中华优秀传统文化是二中崛起的强大精神动力。弘扬中华优秀传统文化，以多种方式和途径对学生培根铸魂，是衡水二中十多年来一以贯之的坚守与践行。这带来了学生精神面貌和学校风气的根本改观，整个校园洋溢着一种奋发向上的蓬勃生机。秦海地认为，随着我国政治、经济发展的加快，思想道德建设呈现出积极、健康、向上的良好态势。但由于价值观念的多元化发展和社会生存竞争的激烈，同时受外来不良文化的冲击，青少年的思想中仍存在着不容忽视的问题。就学校而言，青少年思想道德建设在一定范围和程度上面临着新挑战。因此，他强调说："学校必须紧紧抓住立德树人这一根本，着力以优秀传统文化加强对学生的思想道德教育。"

教育使人潜在的可能成为现实，因而，施以什么样的教育就能培育出什么样的人。教育作为广义的文化活动，正是通过文化熏陶人，引导人，塑造人，因而，弘扬什么样的文化，就会化育出什么样的人。关注衡水二中、评说衡水二中、学习和借鉴衡水二中的成功经验，须臾不能离开中华优秀传统文化这一"根"

和"魂"。如果离开了中华优秀传统文化的丰富内涵，衡水二中将是一个无足轻重的物质空壳；离开了中华优秀传统文化的熏陶和精神滋养，衡水二中不可能有朝气蓬勃的气象和奋发向上的氛围，也就不可能取得这样的成就，更不可能造就令人感叹的奇迹。

《完善中华优秀传统文化教育指导纲要》，教育部的这一文件坚定了秦海地的信心，也让衡水二中学校德育的方向更明确，重点更为突出，形式更为多样。秦海地认识到，坚持传统文化教育要与践行社会主义核心价值观相结合，与时代精神教育和革命传统教育相结合；弘扬民族优秀文化要遵循教育教学规律和学生身心发展特点，贯穿学科教学的全过程和学校管理的各个方面，活动形式和方式要让高中学生喜闻乐见。秦海地说："如语文教学中的文学名篇、辞赋经典等，历史学科中所蕴藏着的民族文化的发展历程等。这些都体现了教育就是'导人向善'。只要有了传统文化进课堂的教育意识，就可以更多地找到教学过程中的思想道德教育结合点。"衡水二中的民族优秀传统文化教育，以弘扬爱国主义精神为核心，从爱国、处世、修身三个层次对学生进行思想教育和行为习惯培养。

爱国从爱家开始，以孝敬父母为起点，对学生进行家国情怀教育，培养爱国情感，树立民族自信，形成为实现中华民族伟大复兴而不懈努力的理想追求。处世从诚意开始，以仁爱共济为起点，引导学生正确处理个人与他人、个人与社会的关系，学会理解他人、尊老爱幼、关心社会，培育服务奉献的精神。修身从正心开始，以人格修养为重点，引导学生明辨是非、遵纪守法、奋发向上，养成自律的道德品质和勤奋的学习习惯。衡水二中的传统文化教育，不仅有思想和意愿，而且有具体的内容，有扎扎实实的行动。学校充分利用重大节日组织学生召开主题班会，开展蕴含浓郁传统文化气息的各种活动。如元宵节，开展"感受文化魅力，共庆元宵佳节"校园元宵灯谜会；中秋节，开展"迎中秋做月饼，体味传统文化"活动；重阳佳节，将传统文化教育与社会实践活动相结合，发动学生走进社区看望老人，表达一份敬老之心，创造一份和谐亲情。

秦海地说："通过这些活动的开展，营造出浓厚的人文教育氛围，让学生体验节日风俗，在传统节日文化的熏陶中，增强他们对民族文化的认同，增进'老吾老以及人之老'的人文关怀。"秦海地说："'德'是一个高度抽象的概念，看不见，摸不着。因此，教育不能仅仅依赖单一的理论知识，而需要良好的文化氛围去浸润。作为一种特殊的教育形式，文化建设特别是校园文化建设对青少年思想有着潜移默化的影响。"他主张从传统文化中汲取精华，将其与学校的办学理念、价值追求紧密结合，充分利用校园物质资源，把古典音乐、古典书画，把古代先贤的事迹、语录引入校园，结合墙面主题文化，让每一处景观蕴含深意，让每一面墙壁说话，让每一个角落都成为育人的基点。

对于衡水二中及秦海地而言，中华优秀传统文化不仅是道德教育的工具，不仅是滋养学校师生成长的精神食粮，而且是推动教育改革的强大思想武器，是构成中国教育自主知识体系的精神内核。习近平总书记强调指出，"要以中国为观照、以时代为观照，立足中国实际，解决中国问题，不断推动中华优秀传统文化创造性转化、创新性发展，不断推进知识创新、理论创新、方法创新，使中国特色哲学社会科学真正屹立于世界学术之林。"

回顾近代以来的中国哲学社会科学知识体系的建设历程，一个毋庸置疑的事实是，以解决紧迫现实问题为导向的"拿来主义"现象居多，缺乏对自身历史文化传统的认真梳理与充分认知，缺乏将国家发展进程中所创造的新经验、新优势、新模式转化为标识性的概念创造与体系化的理论提升。

作为哲学社会科学重要组成部分的教育学，现代学校制度来自西方，有关教育教学理论也主要来自国外，中国现代学校制度的建立及教育改革，主要参照的是日本、欧美各国和苏联的经验。如何弘扬中华民族优秀文化，通过创造性转化和创新性发展，构建具有中国特色的教育理论体系和实践范式，这一时代的重任需要教育学界的专家和基层学校校长、教师的共同努力。衡水二中的探索与成就在这个意义上，应得到充分的肯定。尽管这些探索和成就还是初步的，但它体现了一种文化自觉，也显示了中华优秀传统文化强大的生命力。

中国传统社会管理，既不是完全意义上的法治，也不是纯粹意义上的人治，而是天理、国法、人情三者的统一，现代学校管理不能不受到这一传统文化的影响。从中华优秀传统文化中获得启迪，借鉴其思想资源和管理智慧，古为今用并推陈出新，是秦海地学校管理智慧的一个重要方面。诸如，从阳明心学的角度来看，"天理"是普遍而唯一的。每个人通透明净的内心都能够感知到天理。所以，追求和恪守天理同样是对自身和师生的要求。据此，学校管理中的协调性能够得到很大的提升。人们常说教育工作是良心工作，如果从校长到师生凡事都能循"天理""致良知"，那么人人都会自觉地认识到，工作和学习得更好，让学校变得更好，这是自己应尽的职责，且同自己的利益与价值息息相关。不仅是学校的制度规定，而且有每个人的道德自律，因而衡水二中的人际关系融洽，学生学习状态好，教师工作效率高。

《衡水日报》记者的采访

　　优良的高中教育是衡水市一道靓丽的文化风景，办学水平和教育质量长期保持全省领先位置。衡水成为全国高中教育的领跑者，每年都吸引着全国各地数以万计的参观者前来考察"取经"。作为享誉全国的衡水二中校长，秦海地对衡水高中教育也有着自己的思考和忧虑。2015年2月6日，《衡水日报》记者采访秦海地，话题是衡水市基础教育的整体发展，重点是高中教育的发展战略选择，特别是如何推进衡水高中教育优质并可持续发展。对此，秦海地提出了三点建议：一是学校必须有先进的办学理念和思想来支撑。他说："不同的土壤适合不同的作物，不同的教育土壤适合不同的教育模式。在教育模式名目繁多的今天，一个学校要取得长足发展，必须有自己先进的办学理念、鲜明的办学特色。"二是加强校际交流合作，促进共赢发展。应建立各高中学校间校长的定期交流机制，便于各学校拓展办学视野、更新教育管理理念，互相取长补短。三是进一步优化教育发展环境。制定相应的高中教育品牌保护政策，把高中教育作为基础性、先导性、全局性的事业，从"发展衡水高中教育品牌就是促民生、促经济、促发展"的高度，创建更加宽松的发展环境，为继续做强衡水高中教育品牌保驾护航。

这番话说得很真诚、恳切,也很有见地。首先,适合的才是最好的,有个性的才是有价值的。学校办出了风格和特色,是校长管理思想成熟的标志。根据学校自身的实际情况,量身定做学校发展规划,根据自身特点和需要有选择地借鉴外来的经验,这考验着校长的眼光、品位和胸襟。校长如果自以为是、故步自封,学校的发展必然滞后,教育质量也难以得到保证。"三人行,必有我师焉。"校长既要有虚怀若谷的学习态度,又要有以我为主的文化自信,只有这样才能扬长避短,在学习和借鉴中成就自己。一种开放的态度和学习的精神,一种择善而从和为我所用的策略,保证了衡水二中的跨越发展及质量的持续提升。

反之,许多学校的发展滞后,或遭遇重大挫折,都与缺乏正确的学习态度,缺乏分析的头脑有关,因而之不能立足自身,陷于盲目性,缺乏自觉性。当下的基层学校的确面临各种花样翻新的理论轰炸,各种经验模式乱花渐欲迷人眼,作为校长,既要认真学习理论,借鉴外来的经验,又要有定力,能守正创新,从容穿越概念的丛林。衡水二中的经验告诉我们,要办好一所学校,须不趋时,不跟风,不盲从,这也是对校长的基本要求。"不同的土壤适合不同的作物,不同的教育土壤适合不同的教育模式。"秦海地这话朴素而形象,有充分的说服力。选择适合自己的理论和模式,创造性地转化为属于自己的理论和模式,这是校长的责任和水平的体现,这也意味着一所学校办学的成功在望。

秦海地的第一点建议是一所学校和一个校长面对各种理论观念的态度,第二点建议是面对同行和兄弟学校应持的态度。如果说对理论和理念的学习态度是选择、借鉴、转化和创造性应用,那么对于同行和兄弟学校则应持一种友善和开放的姿态,着眼于相互交流和合作,期待共赢和发展。所谓尺有所短,寸有所长,每个学校都有自身的长处,每位校长都有自身的优点,都有值得学习的地方。对此,秦海地有很清醒的认识,有虚心的学习态度。他不是一般的泛泛的表态,而是很积极地提出建议,建议学校之间、校长之间形成一种定期交流的机制,让互相学习和借鉴能有制度化的保证,以保证相互交流经常化,成为一种常态。如果每个学校、每位校长都能集思广益，那么学校的管理水平和教育质量一定能够得到大幅度提高。对此，秦海地有更为具体的设想，期待借助全市范围的各类评比和教学检测，从教学观摩、理论培训、先进教学经验推广等多方面入手，促进全市教师队伍的全面发展和整体提升。如果说理论学习需要有眼光，校长必须有选择、有革新、有创造，能为我所用。那么校际交流需要有胸襟，校长必须虚心、坦诚、善于学习与借鉴，以期达到合作共赢。既立足自身，又设身处地为兄弟学校打算，秦海地期待衡水市所有高中学校和教育质量能得到整体提升，这是难能可贵的。这建议显然超越了校长的视野，落子布局具有大局意识。

如果说秦海地的第二点建议是对自身的超越，超越一所学校的本位主义，超越一个校长的角色限定，有更宽广的视野、更广阔的胸襟，着眼于衡水市的所有高中学校，关心整个衡水市高中教育质量的提升，这是空间的维度，体现一位校长的气度。那么秦海地的第三点建议则有一种高瞻远瞩的战略眼光，有一种鞭辟入里的思想穿透力，他看到衡水高中教育所取得的成就，看到典型学校及经验模式所包含的价值，同时又看到它所面临的各种压力和危机。"木秀于林，风必摧之；行高于众，人必非之。"因而，地方政府既要为高中教育的成就而自豪，又要看到高中教育的未来发展，以及质量的进一步提升所存在的危机。秦海地提出品牌保护的建议，期待保护衡水市来之不易的高中教育品牌，让高中校长能安心办学，高中学校能行稳致远。

秦海地这一建议是从时间维度着眼，也就是从历史维度着眼，优质高中教育不仅要提升得快，更重要的是要发展得平稳，行走得更为长远。品牌意识、品牌建设、品牌保护，是衡水二中跨越发展的战略定位，体现了秦海地作为校长谦虚谨慎、居安思危的精神品质。为衡水高中教育的长远发展，秦海地及时提出了品牌保护的建议，这是作为一位校长，也作为一位人大代表，向政府的积极建言，是充满热忱的建议。作为基层一线的校长，秦海地由衷而急切地感受到，制定相应的高中教育品牌保护政策是多么的重要，衡水市政府必须把高中教育作为基础性、先导性、全局性的事业。秦海地认为，要从"发展衡水高中教育品牌就是促民生、促经济、促发展"的高度，坚持教育优先发展，创建更加宽松的发展环境，为继续做强衡水高中教育品牌保驾护航。

《衡水日报》记者在报道中写道："近年来，衡水二中取得了令人瞩目的成绩，在高考升学、素质教育等方面都荣居全省前列。秦海地表示，在今后的工作中，衡水二中将继续注重教育管理和教学研究，不断探讨新的教学管理模式，牢固树立'精神立校、文化育人'的办学理念，追求学校特色发展，让更多的学生享受优质教育资源，全力促进衡水教育事业发展，为衡水跨越发展尽一份绵薄之力！"当时的衡水二中连续八年跨越发展，作为校长，秦海地不仅履行了自己的诺言，而且把学校带到了一个全新的高度。他与报社记者当年的对话，有一种理性的清醒，有一种先见之明。秦海地的三点建议，在今天依然有现实的针对性。尤其需要引起警觉的是，名校品牌的创建非常艰辛，特别是一所享誉全国的高中名校，但如果不着意珍惜和保护，失去宽松的生长环境，在岁月风雨的侵蚀中，则很有可能逐渐走向消亡。

对话《燕赵都市报》记者

　　2015年9月，秦海地接受《燕赵都市报》记者采访。9月10日，《燕赵都市报》刊发了《对话名校长》一文。从这篇报道中可以看到，当年衡水二中有33名学生考进清华、北大。记者感慨说："对于建校只有十九年的中学，这是一件很不容易的事。"学生考进清华、北大，难度之大，众所周知。清华、北大是中国最顶尖的大学，考生最为心仪的大学，也是社会美誉度最高的大学。诚然，把学生送进清华、北大，不是高中学校的唯一目标，也不是高中学校的主要任务。但是否有学生考取清华、北大，数量有多少，是衡量高中教育质量的一个重要标志，这一点大概谁都不会否认。学生考进清华、北大，比较而言，他们受到更好的教育、获得更好的发展的概率也会更大。

　　当然，对于报社记者而言，他所感兴趣的，不在于有多少学生考取清华、北大，而在于这些学生为什么能够考取，一所学校为什么能考取这么多，况且，是在各方面条件不占优势的情况下。记者所关注的，其实也是社会所关注的；记者所要探究的，其实也是社会普遍感到好奇的。"衡水二中做了哪些工作，实现了由薄弱学校到高中强校的转型？"这是记者的发问，也是人们普遍期待校长秦海地回答的，成为记者与秦海地对话的中心话题。一所建校只有十九年的中学，原来是那样的薄弱和边缘化，为什么能取得这样辉煌的成就？要知道，中国有相当一部分高中学校，建校一百多年，没有一名考取清华、北大的学生，不管怎么说，这都是非常遗憾的，也就反衬出衡水二中的不平凡。

《燕赵都市报》的这篇文章不长，但主题集中，层次分明。"只有十九年"，是说建校时间之短；"薄弱学校"，是说起点之低；"33名学生进清北"，是说成绩之好，凸显反差之大，衡水二中崛起之神奇。这固然是一所省级示范高中，却又是"非常不起眼"的。记者追溯学校发展史，先问建校之初，何以举步维艰、处境如何尴尬。秦海地如此回答："占地面积不足17亩，只有40余名教师、几百名学生，是二三批次的普通高中。"时间定格在1996年，衡水二中创办时，就是如此光景。

"创立之后的几年，有过哪些突破？"面对记者的发问，秦海地回答说："2001年完成新校区一期建设，2003年学校晋升为河北省省级示范性高中。"他特别强调，由一所二三批次的普通高中，跻身省级示范性高中行列，实现了学校发展的一次飞跃，这是很鼓舞士气的。秦海地所没有说的是，这是一所先天不足的示范性高中，教育质量毫无悬念在全市十二所示范高中中垫底，《燕赵都市报》称之"非常不起眼"，很有点调侃的意味。2004年，秦海地奉调衡水二中任校长，全面主持学校的工作，由此，衡水二中开始第二次飞跃，也是更为艰难的飞跃，《燕赵都市报》称之为"强势逆袭"。这一逆袭却是华丽的蜕变，到2015年已整整十个年头。十年辛苦不寻常。

记者问："衡水二中短时间内实现了强势逆袭，有哪些具体举措？"或许这是人们最为关注的，尤其是全国各地的高中校长。秦海地到底有什么秘诀？秦海地的回答从容而诚恳，他认为，衡水二中的逆袭，并非"奇迹"，更不是"速成"的。看似寻常最奇崛，成如容易却艰辛，世事大体如此。秦海地说："薄弱学校的崛起与发展，必然要有一个漫长的积蓄能量、强本固基的过程。"具体而言，主要有三项举措：其一，以超越的精神滋养师生争先的自信；其二，锻造"低进优出"的办学品牌；其三，展开扎实有效的励志教育与养成教育。这三点形成逻辑自洽的有机整体。没有自信就不会有动力，没有超越就会滞后于现状，变化就不可能发生；没有理想目标就会失去方向，没有共同理想就不会有凝聚力，做一天和尚撞一天钟不可能创造什么奇迹；励志而且须养成。这三点中，品牌的锻造无疑是核心，作为学校华丽蜕变的标志，标志着这所薄弱学校的成功崛起。

"低进优出的效果怎么样？"记者的发问是很自然的。秦海地告诉记者，那些起点并不出色的学生，在学业知识、综合素质上都能够获得最大限度的"增值发展"，从而赢在高中的终点。他说："同样的中考成绩比高考成绩，同样的高考成绩比中考成绩，用实实在在的数据证明，我们学生的增幅是最大的。"

立足高考看成绩，回到起点看成长，把三年的学习生涯贯通起来，看变化有多大，增幅有多高，一切让数据说话，这是最有说服力的。考分当然不是学生进步的唯一指标，但考分同时又是精准的量化指标，能充分反映学生学习状况的前后变化，能说明学校的教育质量，同时也能衡量一个学生的发展水平。基础教育是养成教育，高中教育同样在为学生的终身发展奠基，强本固基既是学校的核心工作，也是学生成长和发展的必然要求。

素质教育还是应试教育？凡高中学校几乎都会碰到这样的追问，特别是高考成绩出色的高中学校。记者的最后一个问题，自然涉及素质教育和应试教育的关系。照录如下——

记者："有观点认为，一所学校的高考升学率高应该就是应试教育抓得牢，在高考竞争的压力面前很难收获素质教育和升学率双重果实。您对这二者的关系是怎样看的？"

秦海地："当前，高考越来越重视对学生综合素质的考查，越来越能体现出高中素质教育的成果。没有扎扎实实的素质教育，学生就不会具备高考所需要的知识迁移、探究探索和多元思辨等能力，也就很难在高考这种选拔性考试中脱颖而出。要使学生取得优异的学习成绩，必须对学生进行持久有效的励志教育、养成教育，通过校园活动、校园文化等让学生学会做人、学会学习、学会思考、敢于质疑、懂得创造，促进其全面发展。"

我们国家正在着力构建高质量教育体系。提高教育质量是一个系统工程，涉及教育观念、教育体制、教学方式的全方位调整，需要做到教师"教好"、学生"学好"、学校"管好"三位一体。2022年11月的《人民日报》曾记载时任国务院副总理孙春兰要求各级各类学校："牢固树立教育质量观，把促进人的全面发展、适应国家社会需要作为衡量教育质量的标准，以提高教育质量为导向完善管理制度和工作机制，统筹教育发展的规模、结构、效益，把资源配置和学校工作重心集中到教育教学上来，全面提高各级各类教育的质量。"秦海地当校长，管理学校，始终关注着人民群众的满意度。衡水二中坚持教育质量的生命线，是因为人民群众有强烈的意愿和期盼，人民满意的教育必定是高质量的教育。秦海地一以贯之地朝着这个目标努力，矢志不渝，砥砺前行。

且听《中国教育报》怎么说

2012年1月，《中国教育报》记者采访秦海地。历史的镜头推到十年前，这是 个长镜头。2004年12月，秦海地任二中校长。2012年1月，秦海地接受《中国教育报》采访。时间跨度整整七年。七年时间发生了什么变化呢？据《中国教育报》报道，在河北省市各种艺术、体育等比赛中，衡水二中大奖不断。高考成绩如何？这是读者最为关心的。《中国教育报》告诉我们，衡水二中本二、本一上线人数分别列全省第一、第二，一位学生以高考总分700分的成绩，夺得全省理科第二名。作为更具权威的主流媒体，《中国教育报》的行文显然经过审慎推敲，因此表达比较有分寸。诸如，先说学校艺术、体育教育取得的成绩，而不是直接拿高考升学率说事，让读者可以直白地感受到，这所学校的"五育"并举与学生的全面发展。这就避免了一些不必要的误解，让人们能较为全面地评价这所学校，看到学校学生的精神面貌。

报道高中学校，评价高中学校的教育质量，绕不开高考升学率，也没有必要绕开高考升学率。但媒体既要客观公正报道，回应读者对真实情况的了解，又要重视舆论导向。对于衡水二中的高考成绩，《中国教育报》并没有着意渲染。在这一地域，面对这些学生，衡水二中能取得这样的成绩，实在是不容易的，甚至可以称之为"奇迹"。《中国教育报》尽管行文很克制，语气很平和，但还是由衷地称赞说："这个'传奇'属于河北省衡水二中，而'低进优出'正是它一份享誉全国的光荣。"称赞它的"低进优出"，既是实至名归，也是一种正确的价值导向。不争生源，不歧视低分学生，不妄自菲薄，在奋斗中提升自己的办学水平，这些恰恰是面广量大的高中学校最该坚守的一种品质。

《中国教育报》调研衡水二中，采访校长秦海地，大概正是出于这样一种考虑。衡水二中作为这样一个教育典型，对中国教育基础教育的改革，对高中学校的高质量发展，都有重要的启发、借鉴意义。从2004年底到2012年初，七年的时间不算长，但变化却是翻天覆地。"桃李不言，下自成蹊。"《中国教育报》告诉我们，衡水二中每年吸引着成千上万的参观学习者，这些学习者从全国各地千里迢迢地来到衡水二中。他们来干什么，如此不辞劳苦？一言以蔽之，他们是来"取经"的——迫切地想知道二中到底是用了什么样的"绝招"，让那些已经落后的孩子重新站在了队伍的前列？发现典型，总结经验，示范推广，这是教育媒体职责之所在。

身为衡水二中的校长，秦海地是二中传奇的主要缔造者，对于他治校的才干，当时的副校长王锦旭说："秦校长到学校后，带领大家经过一系列努力，现在学校仿佛形成了一个强大的磁场，不管你来的是什么样的学生，都会在这个磁场中被迅速'同化'，最后想不优秀都难！""想不优秀都难"，这话掷地有声。《中国教育报》是如实的报道，王锦旭副校长是中肯的评价。起点之低，成就之大，影响之广泛，故被称为"传奇"。这份光荣归之于衡水二中。王锦旭副校长关于"磁场"的比喻十分形象与贴切，《中国教育报》以此作为整篇报道的标题——好学校是个超强磁场，从而对衡水二中和秦海地校长，给予了高度的肯定和褒奖。

超强磁场，其吸引力来自何方，这"场"又是怎样形成的？《中国教育报》提纲挈领、条分缕析，将它归结为三点：其一规矩之场：养成教育筑"基"；其二心态之场：激励教育给"力"；其三精神之场：校园文化塑"魂"。基础教育是养成教育，筑"基"，是要培养学生良好的习惯。中国古人说没有规矩不成方圆，叶圣陶先生说教育就是要养成习惯。从规矩培养和习惯养成入手，衡水二中将引导和规训结合起来，对学生严格要求、精准训练。无论气势磅礴的集体跑操，还是细致入微的日常学习，学生都高度专注，全身心投入，一丝不苟，持之以恒。《中国教育报》评论说，衡水二中为学生找到了撬起人生光明之途的支点，为他们的健康成长奠定了雄厚的基础。衡水二中追求的是一种"原生态"的教育，秦海地说："'态'强调的是'心'上的能力。"他认为，二中学生起点普遍偏低，除了学习习惯上有欠缺之处，更严重的是自信心不足，学习的主动性不高。

秦海地说，首要一点是改变学生的自卑心理。二中通过各种活动，激发学生的斗志，培养学生的上进心、奋斗精神，创造人人争先的学校生态。学校形成了追求完美、超越不止的气场。教师们各负其责、爱岗敬业，学生们争先恐后、爱学乐学。超越不止、唯先必争，成了全校师生的学习生活常态。秦海地说："一所学校，养成教育是给学生立了个基本规矩，这是学生人生之路的基础；激励教育是给学生以积极向上的信心和勇气，这是学生人生前行的力量；但最重要的是要给学生以文化的灵魂，这是学生人生的价值和归属所在。"他以小和尚撞钟的故事说明以文化人的重要——"和尚撞钟，有其声未必有其韵，仅准时、响亮是不够的，还要有穿透力和感召力，要能唤醒沉迷的众生。教育也是这样，有其形未必有其神。同样道理，教育的外形容易模仿，但要做到形神皆备，则需要扎实开展的真功夫、硬功夫。"

从2004年到2012年，整整七年，秦海地创造了衡水二中的传奇。从2012年到2022年，秦海地将衡水二中带到一个新的高度。今天重读《中国教育报》这篇报道，既有一份亲切，又能感到历史的厚重。创业固然艰辛，但与时俱进地不断创新，则更为艰难。逆水行舟，不进则退。时光的风雨中，多少典型褪色了；时代的前行中，多少典型掉队了；改革的浪潮中，多少典型被淘汰了。在时间的长河里，多少教育典型也曾轰动一时，但其兴也勃，其亡也忽，不久便销声匿迹。衡水二中一直站在时代的潮头，"超越永无止境"，创造和创新也永无止境。

　　十年前，《中国教育报》报道了这一典型，衡水二中以自己不懈的努力，回应了《中国教育报》的这份信任，回答了全国许许多多高中学校的期待。恩格斯曾经说过："即使只是在一个单独的历史事例上发展唯物主义的观点，也是一项要求多年冷静钻研的科学工作，因为很明显，在这里只说空话是无济于事的，只有靠大量的、批判地审查过的、充分地掌握了的历史资料，才能解决这样的任务。"报纸文章留下了历史的记忆，历史则对文章的价值作出评判。记住衡水二中成就的同时，人们也记住了《中国教育报》务实的作风，对高考升学一笔带过，对立德树人浓墨重彩加以描绘。时任国务院副总理孙春兰说："培养什么人，是教育的首要问题。这是思考和谋划教育工作的逻辑起点，也是丝毫不能偏离的政治方向。青少年是价值观形成和塑造的关键时期，党的教育方针始终强调德育为先。"立德树人始终是秦海地主事学校的根本宗旨，也一直是衡水二中学校管理的主旋律。

参考文献

[1] 秦海地,思绪的痕迹:一位中学校长的管理心语,北京:首都师范大学出版社,2012年4月.

[2] 秦海地,且把年华许杏坛:走在高中教育探索之路上,北京:人民日报出版社,2017年12月.

[3] 秦海地编著,原生态教育:我与衡水二中,北京:首都师范大学出版社,2011年4月.

[4] 秦海地主编,我的教育故事,石家庄:河北教育出版社,2013年3月.

[5] 秦海地主编,快乐高考,石家庄:河北教育出版社,2014年6月.

[6] 秦海地主编,感动的力量:衡水二中100个动人故事,北京:红旗出版社,2020年5月.

[7] 秦海地主编,寸草春晖:衡水二中第七届成人礼学生感恩父母征文合集,石家庄:花山文艺出版社,2017年11月.

[8] 叶水涛,奔跑的校长,上海:上海教育出版社,2022年12月.

[9] 倪闽景,学习的进化,上海:上海科技教育出版社,2022年6月.

[10] 石鑫,高品质高中精神文化的时代建构,南京:江苏凤凰教育出版社,2020年12月.

[11] 陈静静,教师实践性知识论:中日比较研究,上海:华东师范大学出版社,2011年10月.

[12] 冯茁,教育场域中的对话:基于教师视角的哲学解释学研究,北京:教育科学出版社,2011年2月.

[13] 叶浩生主编,具身认知的原理与应用,北京:商务印书馆,2017年4月.

[14] 余文森,核心素养导向的课堂教学,上海:上海教育出版社,2017年7月.

[15] 张斌贤、刘云杉主编,杜威教育思想在中国:纪念杜威来华讲学100周年,北京:北京大学出版社,2019年4月.

[16] 曾繁仁、谭好哲主编,当代审美教育与审美文化研究,北京:人民出版社,2016年6月.

[17] 高觉敷、叶浩生主编,西方教育心理学发展史,福州:福建教育出版社,1996年8月.

[18] 朱永新,致教师,武汉:长江文艺出版社,2015年8月.

[19] 钟启泉,课程的逻辑,上海:华东师范大学出版社,2019年7月.

[20] 王策三,恢复全面发展教育权威:王策三新世纪教育文存,北京:人民教育出版社,2018年10月.

[21] (英)伯特兰·罗素著,谭新木译,教育与美好生活,上海:上海社会科学院出版社,2021年1月.

[22] (法)爱弥尔·涂尔干著,陈光金、沈杰、朱谐汉译,道德教育,上海:上海人民出版社,2006年7月.

[23] 陈向明等,搭建实践与理论之桥:教师实践性知识研究,北京:教育科学出版社,2011年7月.

[24] 傅建明,教师专业发展:途径与方法,上海:华东师范大学出版社,2007年5月.

[25] 朱永新,朱永新与新教育实验,北京:北京师范大学出版社,2021年3月.

[26] (美)杜威著,胡适口译,杜威五大讲演,合肥:安徽教育出版社,2005年5月.

[27] 张瑞璠主编,中国教育哲学史,济南:山东教育出版社,2000年3月.

[28] 许苏民,人文精神论,武汉:湖北人民出版社,北京:人民出版社,2011年4月.

[29] (美)彼得·德鲁克著,辛弘译,卓有成效的管理者,北京:机械工业出版社,2022年4月.

[30] 何钟秀,现代管理学概论,杭州:浙江教育出版社,1985年12月.

[31] 余秀兰,中国教育的城乡差异:一种文化再生产现象的分析,北京:教育科学出版社,2004年12月.

[32] 程天君,"接班人"的诞生:学校中的政治仪式考察,南京:南京师范大学出版社,2008年12月.

[33] 厉以贤,教育·社会·人:厉以贤教育文集,北京:人民教育出版社,2010年3月.

[34] 周善乔编著,西方管理理论与实践,哈尔滨:黑龙江人民出版社,2002年12月.

[35] 张小强,匠心智造:工匠精神与强国制造落地手册,广州:广东人民出版社,2018年4月.

[36] (日)皆木和义著,吴常春译,稻盛经营哲学50条,北京:东方出版社,2020年4月.

[37] 陈赟,儒家思想与中国之道,杭州:浙江大学出版社,2016年9月.

[38] 孙畔,周易哲理与管理智慧,北京:世界知识出版社,2006年10月.

[39] 钱穆,中国思想通俗讲话,北京:生活·读书·新知三联书店,2002年8月.

[40] 杨泽波,儒家生生伦理学引论,北京:商务印书馆,2020年7月.

[41] 李梦云等,阳明心学与企业家精神,北京:中国社会科学出版社,2021年12月.

[42] 陈华蔚编著,德是业之基:当代日本经营之圣稻盛和夫的经营哲学,北京:东方出版社,2021年11月.

[43] 汪凤炎、郑红,智慧心理学的理论探索与应用研究,上海:上海教育出版社,2014年6月.

[44] (日)松下幸之助著,蒋敬诚译,天心:松下幸之助的哲学,北京:东方出版社,

2021年11月.

[45] 冯沪祥,中国传统哲学与现代管理,济南:山东大学出版社,1998年10月.

[46] 成中英,文化·伦理与管理,北京:东方出版社,2011年1月.

[47] 舒志定等著,教育哲学研究,福州:福建教育出版社,2022年3月.

[48] 李泽厚,论语今读,北京:生活·读书·新知三联书店,2004年3月.

[49] (明)王阳明,传习录,南京:江苏古籍出版社,2001年6月.

[50] 郑振伟,道家诗学,南京:江苏人民出版社,2009年6月.

[51] 李兰芬,管理伦理学,北京:中国商业出版社,1995年2月.

[52] 赵向阳,大变局下的中国管理,北京:中国人民大学出版社,2021年7月.

[53] 蔡一,管见录:中国传统文化管理思想探析,南京:南京大学出版社,2017
年7月.

[54] 李四龙编,人文立本:楼宇烈教授访谈录,北京:北京大学出版社,2013年
9月.

[55] 杨适,人的解放:重读马克思,成都:四川人民出版社,1996年3月.

[56] (美)卢克·拉斯特著,王媛、徐默译.人类学的邀请,北京:北京大学出版社,
2008年1月.

[57] (德)雅斯贝尔斯著,邹进译,什么是教育,北京:生活·读书·新知三联
书店,1991年3月.

[58] 马克思、恩格斯著,中共中央马克思恩格斯列宁斯大林著作编译局编译,
马克思恩格斯全集(第3卷),北京:人民出版社,1960年12月.

[59] 张焕庭主编,西方资产阶级教育论著选,北京:人民教育出版社,1979年
9月.

[60] 成中英,成中英文集(第八卷)C理论:中国管理哲学,北京:中国人民大
学出版社,2017年5月.

[61] (古罗马)塞涅卡著,覃学岚译,论幸福生活,南京:译林出版社,2015
年7月.

[62] 张孝若,张謇传,长沙:岳麓书社,2021年1月版.

[63] (美)卢克·拉斯特著,王媛、徐默译,人类学的邀请,北京:北京大学出版社,2008年1月.

[64] (美)安乐哲著,田辰山、温海明等译,"生生"的中国哲学——安乐哲学术思想选集,北京:人民出版社,2021年9月.

[65] (德)叔本华著,金铃译,爱与生的苦恼,北京:光明日报出版社,2006年6月.

[66] 鲁洁、夏剑、侯彩颖选编,鲁洁德育论著精要,福州:福建教育出版社,2016年6月.

[67] 马克思、恩格斯著,中共中央马克思恩格斯列宁斯大林著作编译局译,马克思恩格斯全集(第2卷),北京:人民出版社,1957年12月.

[68] (美)埃·弗洛姆著,孙依依译,为自己的人,北京:生活·读书·新知三联书店,1988年1月.

[69] (英)怀特海著,庄莲平、王立中译注,教育的目的,上海:文汇出版社,2012年10月.

[70] (德)赫尔巴特著,李其龙译,普通教育学,北京:人民教育出版社,2015年1月.

[71]唐有权,周易与怀德海之间——场有哲学序论,沈阳:辽宁大学出版社,1991年3月.

[72] (宋)朱熹,(宋)吕祖谦编,(宋)叶采,(清)茅星来等注,程水龙整理,近思录,上海:上海古籍出版社,2016年10月.

[73] 马克思、恩格斯著,中共中央马克思恩格斯列宁斯大林著作编译局译,马克思恩格斯选集(第1卷),北京:人民出版社,1956年12月.

[74] 姜义华等编,中国知识分子,上海:上海人民出版社,1988年6月.

[75] 李大钊,李大钊文集(上),北京:人民出版社,1984年10月.

[76] 陶秀璈,儒家哲学和西方哲学:它们的历史命运和当代相会,北京:中国

社会出版社,2009年4月.

[77] 毛泽东,毛泽东选集(第四卷),北京:人民出版社,1991年6月.

[78] 列宁,哲学笔记,北京:人民出版社,1998年2月.

[79] 王德峰,哲学导论,上海:复旦大学出版社,2019年8月.

[80] (苏联)B.A. 苏霍姆林斯基著,杜殿坤编译,给教师的建议,北京:教育科学出版社,1984年6月版.

[81] 余文森,核心素养导向的课堂教学,上海:上海教育出版社,2017年7月.

[82] 赵祥麟、王承绪编译,杜威教育论著选,上海:华东师范大学出版社,1981年1月.

[83] 中共中央文献研究室编,毛泽东文集(第八卷),北京:人民出版社,2009年5月.

[84] 马克思、恩格斯著,中共中央马克思恩格斯列宁斯大林著作编译局译,马克思恩格斯文集(第1卷),北京:人民出版社,2009年12月.

[85] 马克思、恩格斯著,中共中央马克思恩格斯列宁斯大林著作编译局译,马克思恩格斯全集(第42卷),北京:人民出版社,2016年12月.

[86] 马克思、恩格斯著,中共中央马克思恩格斯列宁斯大林著作编译局译,马克思恩格斯选集(第2卷),北京:人民出版社,1995年6月.

图书在版编目（CIP）数据

管理的智慧：衡水二中的腾飞 / 叶水涛著. — 上海：
上海教育出版社，2023.9
ISBN 978-7-5720-2248-7

Ⅰ.①管… Ⅱ.①叶… Ⅲ.①衡水二中－学校管理－
经验 Ⅳ.①G639.282.23

中国国家版本馆CIP数据核字(2023)第168177号

策划编辑　庄晓明
责任编辑　王　璇　李清奇
封面设计　titi studio

管理的智慧：衡水二中的腾飞
叶水涛　著

出版发行　上海教育出版社有限公司
官　　网　www.seph.com.cn
地　　址　上海市闵行区号景路159弄C座
邮　　编　201101
印　　刷　上海盛通时代印刷有限公司
开　　本　700×1000　1/16　印张 18.25
字　　数　250 千字
版　　次　2023年9月第1版
印　　次　2023年9月第1次印刷
书　　号　ISBN 978-7-5720-2248-7/G·1997
定　　价　68.00 元

如发现质量问题，读者可向本社调换　　电话：021-64373213